国家社科基金项目（13BGL040）资助
武汉理工大学研究生教材专著资助建设项目资助

我国中小银行功能定位与中小企业融资问题研究

胡国晖 著

企业管理出版社
ENTERPRISE MANAGEMENT PUBLISHING HOUSE

图书在版编目（CIP）数据

我国中小银行功能定位与中小企业融资问题研究/胡国晖著. -- 北京：企业管理出版社, 2021.9

ISBN 978-7-5164-2417-9

Ⅰ. ①我… Ⅱ. ①胡… Ⅲ. ①中小企业—融资—研究—中国 ②中小企业—商业银行—研究—中国 Ⅳ. ①F279.243②F832.33

中国版本图书馆CIP数据核字（2021）第122909号

书　　名：我国中小银行功能定位与中小企业融资问题研究
作　　者：胡国晖
责任编辑：郑　亮　　黄　爽
书　　号：ISBN 978-7-5164-2417-9
出版发行：企业管理出版社
地　　址：北京市海淀区紫竹院南路17号　　邮编：100048
网　　址：http://www.emph.cn
电　　话：编辑部（010）68701638　发行部（010）68701816
电子信箱：emph001@163.com
印　　刷：北京七彩京通数码快印有限公司
经　　销：新华书店
规　　格：710毫米×1000毫米　16开本　16.25印张　233千字
版　　次：2021年9月第1版　2021年9月第1次印刷
定　　价：68.00元

目 录

第 1 章
绪　论

1.1　问题提出及研究意义

1.1.1　问题提出

当前，中小企业（包括微型企业）融资难、融资贵依然是我国经济领域中的突出问题，与此同时，银行类金融机构也面临着资产质量和盈利能力下降的困境。近年来不利的宏观因素主要有以下三点。

（1）经济下行压力加大。

自 2008 年以来，受到国际金融危机和国内宏观经济形势变化的影响，我国经济运行出现不利情况，部分行业产能过剩，资源环境约束趋紧，原材料、人力、物流仓储、租金等生产要素成本上升，导致中小企业的低成本竞争优势逐渐丧失。根据中国中小企业协会发布的中国中小企业发展指数（SMEDI），自 2010 年以来，中小企业发展指数从峰值 107 下跌，至今一直持续着低位小幅波动态势，始终未达到 100 的景气临界值。中小企业投资空间收窄，盈利率下降，财务不确定性上升，使得银行贷款的违约风险增大、不良贷款率上升。

（2）外部发展环境恶化。

当前国际政治经济关系的不确定性增加，全球经济金融结构的不平衡继续扩大，贸易和投资保护主义升温，叠加新冠肺炎疫情的持续冲击，对全球经济和金融市场产生消极影响，加剧我国经济下行压力，出口导向型的中小企业的经营活动更是受到直接影响，融资变得愈发困难。

（3）国内金融监管趋紧。

在金融行业防范风险的大背景下，近年来监管层措施密集出台，金融机构加快了去杠杆步伐，金融条件收紧。一方面，银行表外类信贷业务渠道收窄，导致企业对银行贷款的依赖增强；另一方面，银行风险偏好下降，对信用贷款发放更加谨慎，银行信贷供求不平衡加剧。在普遍风险厌恶的银行业环境中，中小企业融资难的问题比以往更加突出。

可见，当前中小企业的生存环境十分严峻，然而中小企业在国民经济中的作用却有增无减。“互联网 +”“双创”“一带一路”“国内外经济双循环”等经济社会新增长点的出现，催生出广阔的市场蓝海。市场门槛的降低，使中小企业特别是小微企业的数量更为庞大、组织形式更加多元、市场覆盖和渗透性更强，对稳定增长、保障就业、改善民生、促进市场化结构改革具有不可取代的作用。2017 年 9 月《中华人民共和国中小企业促进法》（以下简称《中小企业促进法》）修订版颁布，规范和完善了财税支持、融资促进等相关措施，为新时期我国促进中小企业发展提供了法律制度保障。同年，国务院、各有关部委陆续出台了 50 项有关中小企业的政策，在金融、财税、创业、产业、公共服务及营商环境等方面扶持中小企业发展，形成了以《中小企业促进法》为核心的促进中小企业发展的政策体系。如 2017 年 8 月国务院颁布《融资担保公司监督管理条例》，提出推动建立政府性融资担保体系，建立政府、银行业金融机构、融资担保公司合作机制，要求各级人民政府财政部门对主要为小微企业和“三农”服务的融资担保公司提供财政支持。2018 年以来，监管部门也持续发力，多个专项领域的监管文件出台，对委托贷款、债券业务、同业风险暴露、同业负债、资管业务等领域进行了详细规范，以抑制银行资产负债的同业化，鼓励银行回归传统业务的本源，服务实体经济。2020 年新冠肺炎疫情突袭而至，政府各部门进一步强化对中小企业的金融支持政策，以缓解新冠肺炎疫情对中小企业的影响，防止资金链断裂。可见，缓解中小企业融资难、融资贵问题一直是近年政策关注的重点，而政府的频繁举措也从侧面反映出此类问题的普遍性和严重性。

将中小银行经营发展与中小企业融资联系在一起，是本书研究的出发点。理论上，中小银行主要以中小微型客户为服务对象，这一点在学术界和金融界具有广泛共识。然而在实践中，虽经过多年努力，我国中小银行的数量类型和业务规模已有了很大增长，但其发展仍相对滞后，对中小企业的总体服务能力不足；一些中小银行的定位偏离初衷，并不专注于为中小企业服务，其发展模式越来越难以维系。随着经济金融改革的推进、信息技术及金融科技突飞猛进，我国金融业态日趋丰富和复杂化，中小银行所面临的竞争对手越来越多，在系统建设、科技投入、运营效率等方面处于劣势，加上经济下行压力叠加，使得中小银行经营遭遇困难。特别是信贷能力下降，利润增速放缓，业务"脱实向虚"现象严重，发展前景堪忧。因此，我们需要重新反思：中小银行为什么会偏离预先设定的目标而走向与大型银行趋同的道路？目前出现的种种新情况对中小银行的优势和定位会产生何种影响？中小银行未来的生存空间在哪里？

本书将中小企业融资问题和中小银行发展问题作并行研究，同时将金融科技、金融业竞争这些新的主题纳入研究范畴，从中小银行比较优势和功能实现的视角，揭示中小银行发展困境和中小企业融资困境的关联和症结，从而对上述问题给出更为系统的答案，为加快破解中小银行的发展约束和中小企业融资难题提供整体的新思路。

1.1.2 研究意义

（1）理论意义。

第一，中小企业融资是世界范围的普遍难题，中国中小企业融资难的成因和破解之策与国际中小企业融资既有共性，也存在特殊的中国因素，相关研究吸引了无数的研究者。本书从金融结构角度切入，研究现有银行体系在中小企业融资功能方面的局限性，通过揭示"小银行优势"的前提条件和形成机理，探讨当前我国中小银行为中小企业服务的约束条件。这一研究在理论上继承了学术界关于中小银行和中小企业融资关系的主流研究范式，同时又通过对"小银行优势"假说的深度解读和延伸研究，为研究转型国家的中小银行及中小企业融资提供一些新的证据。

第二，当前金融业中的规模倾向加强，金融业组织形态和市场结构正在发生深刻变化。在过去，中小银行似乎是为解决中小企业融资问题而生，而现在，大型银行、互联网金融企业在中小微信贷领域取得长足发展，创造出各种新的信贷模式。中小银行和中小企业之间的紧密对应关系正在松动，“小银行优势”的传统观点受到多重挑战。本书拟将时代因素纳入进来，探讨中小银行和中小企业关系的演变，论证影响“小银行优势”发挥的各种障碍及可能的解决之道，借此对中小银行存在的合理性和发展前景作一定程度的阐释。

（2）现实意义。

从金融结构看，迄今为止中国仍然是以银行间接融资为主的国家。根据中国人民银行社会融资规模存量统计，2019 年年末，对实体经济发放的人民币贷款余额占同期社会融资规模存量的 60.3%，外币贷款占比 0.8%，委托贷款、信托贷款余额分别占比 4.6% 和 3%，未贴现银行承兑票据 1.3%，企业债券余额占 9.3%，政府债券余额占 15%，非金融企业境内股票余额占 2.9%。可见我国社会融资整体仍以银行信贷为主，中小企业的状况更是如此。大多数中小企业直接融资能力弱，银行以外的融资方式难以企及。虽然“多层次”的股权和企业债券市场为中小企业融资开辟了越来越多的渠道，但鉴于准入门槛、信息披露要求、融资成本等限制，至少在短期内还难以成为众多中小企业的主要融资途径，外源融资只能高度依赖银行贷款。然而，中小企业对银行信贷的巨大需要与银行追求盈利性、安全性的信贷准则相冲突，银行系统对中小企业的规模歧视、惜贷、限贷现象普遍存在，构成金融领域最为尖锐的矛盾之一。

中小企业融资问题是一个长盛不衰的研究课题，当前社会经济、金融体系的深刻巨变，赋予了这个课题新的时代意义。其一，当前我国中小微企业融资问题受到各方热烈关注，决策层更是将之视为战略性问题。在政策驱动下，各类金融机构均已进入中小企业信贷领域，并显示出各自的相对优势。其二，金融权利平等化理念广泛传播。纠正市场不完备、推进普惠金融已成为社会共识。金融机构只追求经济效益的做法不能得到监管部门和社会认可。努力为传统上被排除的中小微客户提供正规金融服务，已成为金融机构不可推卸的社会责任。其三，随着金融生态环境的整体变迁，中小银行的生存条件发生了巨大变化，同质竞争策略越来越行不通。中小银行与中小企业两者之间共生共荣的关系及其变化，不仅事关中小企业融资、中小银行发展，同时也关系到经济发展和社会稳定。因此，本书研究具有显著的现实意义。

1.2 理论基础及研究空间

理论上，将中小银行和中小企业进行关联的研究有两大思想来源。一是信息经济学的信息不对称理论，二是金融结构优化论。中小企业融资问题的产生从微观来看源自银行对客户信息的高标准要求与中小企业信息不透明的矛盾，也就是信息不对称问题；在宏观上则与金融业结构与功能的不匹配有关。大银行控制着主要的信贷资源和市场份额，由于存在规模不经济和代理成本，客观上不利于对中小企业融资，金融结构方面的问题造成了资源配置效率方面的巨大损失。

Stiglitz 和 Weiss（1981）从信息不对称角度对中小企业的信贷配给有过精辟论证，但并未涉及金融业结构特别是中小银行的作用。到20世纪80年代中期，一些发达国家出现了大规模银行并购，导致银行业发生结构性改变。实力弱小的中小银行被兼并，使得有些学者担心，中小银行数量的大幅度减少会削弱银行体系为中小企业服务的功能，不利于经济增长和就业，变成一种社会成本。此后研究者开始从理论和实证两方面探讨小银行的独特作用，“小银行优势”假说因而受到广泛重视。其基本观点是小银行在为中小企业服务方面具有信息优势，因而比大银行更倾向于向中小企业提供贷款。关于“小银行优势”的形成机理，代表性的研究有：Banerjee、Besley 和 Guinnane（1994）提出的“长期互动”假说和“共同监督”假说；Berger 和 Udell（1995），以及 Berger、Demsetz 和 Strahan（1999）

对银行组织结构的分析；Stein（2002）提出的控制权激励效应；Brickey、Linck 和 Smith（2003）提出的所有权激励效应；Berger 和 Udell（2002）提出的关系型贷款优势论；等等。

与国外中小银行遭受银行并购潮、数量急剧下降的研究背景不同，国内对中小银行的关注是从中小企业融资的现实需求出发，论证中小银行存在和发展的必要性，重心指向金融体制改革和结构调整。如林毅夫、李永军（2001）通过分析以我国大银行为主的金融体制的缺陷，以及中小银行向中小企业提供服务所拥有的信息优势，认为发展中小银行是解决我国中小企业融资难的根本出路。李志赟（2002）、张捷（2002）等通过理论模型推导，提出了类似的研究结论和政策建议。史晋川（2003）通过对浙江温州、台州地区中小银行和中小企业发展的实际调研，证明两者之间的互动关系，呼吁政府放松对金融机构市场准入的限制，鼓励民营中小银行发展。此后，林毅夫等学者关于新结构经济学最优金融结构理论的研究，进一步认为一个经济体的最优金融结构由其在不同发展阶段的要素禀赋结构决定，要素禀赋结构决定了该阶段的最优产业、技术结构，而后者又内生决定了最优金融结构（林毅夫、孙希芳和姜烨，2009；林毅夫，2011）。因此，最优金融结构需与实体经济对金融服务的需要相适应。中国现阶段的要素禀赋结构决定了中小企业在我国产业结构中是最具活力的企业形态，因此最优金融结构应该适应和满足中小企业融资的需要。姚耀军、董钢锋（2015）依据最优金融结构理论，通过实证检验，认为中小企业融资与银行业结构因素存在显著关联性，由中小银行发展所推动的银行业结构变化可以显著缓解中小企业融资约束；中国金融改革应围绕银行业结构调整，为中小银行发展创造有利空间。

上述研究对国外“小银行优势”假说有所借鉴，在理论上建立中小银行与中小企业之间的对应关系，同时又与我国特殊的金融体制相联系，从金融改革角度主张大力发展中小银行。从经济与金融结构互动的角度看，自改革开放之后，我国日益壮大的中小企业经济成分缺乏与之对应的金融服务体系，至少在 21 世纪初，金融领域仍存在比较严重的“抑制”问题，特别是存在“所有权歧视”现象，控制着主要金融资源的国有银行将信贷资金大部分投向国有大中型企业，广大民营中小企业所获的金融资源与其对国民经济的贡献不成正比。因此，从金融结构——功能匹配视角探讨中小企业融资难的成因，进而提出建立中小企业金融服务体系的主张，得到了学术界和决策层的广泛认同。但是，有关中小金融服务体系的研究一旦深入到微观机理，追究为什么要将中小银行定位于中小企业服务机构，就绕不开“小银行优势”问题，在这一点上却存在着不少争议。

首先，中小银行对中小企业融资优势的发挥隐含着一系列前提条件。国内外学者曾一再探寻“小银行优势”的来源，从组织结构、地缘关系、控制权激励、所有权激励、银行服务的个性化程度等角度广泛研究“小银行优势”的形成机理，也获得了相当多的实证证据。但也有学者看到，一旦放松“小银行优势”假说的限定性条件，关于银行规模、贷款技术和企业规模三者之间关系的传统观点就会出现疑问（Berger、Black，2011；程超、林丽琼，2015）；人们也注意到，市场竞争、信息技术和贷款技术进步对银行结构和经营方式已经产生巨大的影响，小银行和关系型贷款不再是唯一的出路，大银行正越来越多地利用自身优势开拓中小客户（Torre 等，2010；李华民、吴非和陈哲诗，2014）。那种将企业规模和银行规模简单对应的观念，在当今金融科技融合发展、金融业形态日新月异的趋势下，越来越缺乏说服力了。

其次，对于“小银行优势”在中国的适用性问题存在不同的看法。国外中小银行的存在是长期以来市场内生和监管打磨的结果，“小银行优势”假说是对既有金融体系及其变化的理论阐释，而国内主张发展中小银行，则是在先验性地接受“小银行优势”假说基础上进行的一项制度创新。国外相关研究结论不应该照搬到中国。实际上，在中小银行逐步发展的过程中，众多研究者在不同时期和范围内，使用不同样本和研究方法对“小银行优势”在中国的适用性进行了验证，但迄今为止结论依然不一致。以较为近期的研究为例，部分学者的研究明确支持“小银行优势”假说（程超、林丽琼，2015；刘畅、刘冲和马光荣，2017）；而另一些学者的研究表明，通过银企间长期合作产生"软信息"的"关系型贷款"在中国银行机构中并未得到有效利用，这实际上表明"小银行优势"的发挥受到明显限制（张杰、经朝明和刘东，2007；张晓玫、潘玲，2013；张晓玫、马文睿和宋卓霖，2015）。

总体而言，关于中小银行与中小企业融资的关系，国内外现有研究成果甚为丰富，但也存在分歧和不足之处，构成了本书的研究空间：①已有文献对于中小银行与中小企业融资关联从结构、功能匹配方面的研究比较多，对功能如何实现的研究有待加强；②对中小银行比较优势的解读和抽象的理论证明比较多，结合我国实际对其形成机理和约束条件的研究相对不足，无法解释实证研究结论的分歧；③对影响中小银行为中小企业提供融资服务的制约因素的分析，以外部制度环境方面的研究居多，对银行自身行为的微观分析相对不足；④对中小企业融资、中小银行发展的一般性对策研究较多，结合其功能定位和功能实现的系统解决方案尚需进一步探索；⑤以往研究中有一部分已跟不上时代的变迁，近年来有关中小银行与中小企业融资关系的研究产生了许多新的课题，需要我们依据当前经济社会和科技发展的条件，进行更贴近现实及前瞻性的研究。

1.3 研究对象概念辨析

本书所涉及的两个研究对象：中小银行和中小企业，都有模糊、多变和易于混淆的特点，实际上存在多种界定的方法。因此，在研究之前需要进行必要的辨别和说明。

1.3.1 中小银行

我国对中小银行并没有权威或统一的界定。在国际上，一般依据金融机构的资产、人员等规模指标，以及服务对象的范围等标准划分大、中、小金融机构。2015 年，我国"一行三会"和国家统计局推出《金融业企业划型标准规定》，依据资产规模对各类金融业企业进行规模划分。对于银行业存款类金融机构，规定资产总额在 40000 亿元以下的为中小微型企业。

其中，资产总额5000亿元及以上的为中型企业，资产总额50亿元及以上的为小型企业，资产总额50亿元以下的为微型企业。这个划型规定的优点是有明确的量化标准，缺点是在目前政府部门发布的统计资料中较少采用，在学术研究中也比较少见。

除了上述金融企业划型标准之外，比较常见的官方划分还有：①银保监会按管理条线，划分政策银行部、大型银行部、股份制银行部、城市银行部、农村银行部等。其中大型银行通常是指“工农中建交”五大行，但从2019年起，中国邮政储蓄银行纳入“大型商业银行”汇总口径。银保监会对不同类型银行实施分类管理，监管政策文件及统计数据也多按此口径进行发布。②中国人民银行自2010年1月开始，根据本、外币资产总量划分大、中、小型银行[①]，以本、外币业务统计数据为基础编制货币统计报表。本、外币资产以2008年年末各金融机构本、外币资产总额为参考标准，其中大型银行指本、外币资产总量大于20000亿元的中资银行，包括中国工商银行、中国建设银行、中国农业银行、中国银行、国家开发银行、交通银行、中国邮政储蓄银行，中型银行指本、外币资产总量大于3000亿元且小于20000亿元的中资银行，包括招商银行、中国农业发展银行、上海浦东发展银行、中信银行、兴业银行、中国民生银行、中国光大银行、华夏银行、中国进出口银行、广发银行、平安银行、北京银行、上海银行、江苏银行等；小型银行指本、外币资产总量小于3000亿元的中资银行，包括恒丰银行、浙商银行、渤海银行、小型城市商业银行、农村商业银行、农村合作银行、村镇银行。如果不考虑政策性银行和邮储银行，人民银行划分的大型银行与银保监会的分类一致；中型银行则包括了多数股份制银行和少数大型城市商业银行；小型银行除了3家较小的股份制银行外，大致相当于银保监会划分的城商行和农村金融机构。③在中国人民银行的《区域金融运行报告》中，有关于地方法人银行的统计数据，地方法人银行主要包括城市商业银行、农村金融机构等，这个类别是比较典型的兼备规模

---

① 在2010年之前，《中国人民银行年报》也是按政策性银行、国有商业银行、城市商业银行、农村金融机构、外资银行进行分类统计的。

和地域特点的中小银行。但遗憾的是，《区域金融运行报告》中的相关统计数据均比较概略，较难满足本书研究所需。

鉴于中小银行界定的各种口径并存，每种界定都有其优点和不足，学术界的做法是依据研究目的的不同而各自进行适当界定。例如，从金融市场和结构的层次研究中小银行通常会采取比较宽的口径，基本上是将除了"工农中建交"五大国有控股商业银行以外的其他所有银行业金融机构定义为中小银行（姚耀军、董钢锋，2015；李广子、熊德华和刘力，2016），这种分类固然是因为五大行的巨大规模，但也明显强调了体制机制和市场势力方面的差异性；而在微观层次的研究则会采取比较窄的口径，除了规模仍是不可缺少的标准之外，还强调大型银行和中小型银行在分支机构数量和经营地域范围上的差异。例如，程超、林丽琼（2015）在对县域地区的银行规模、贷款技术与小微企业贷款关系的研究中，将国有商业银行和其他股份制商业银行作为大银行，小银行指农村商业银行、农村合作银行（包括农村信用社）和村镇银行，即突出了银行股权及业务的小型化、本地化特征。

在本书的语境中，中小银行的界定参照银保监会的分类，定义为除政策银行、大型银行以外的银行业金融机构，包括股份制商业银行、城市商业银行、农村金融机构[①]。本书之所以采取比较宽的口径，是因为研究内容涉及宏观、中观和微观的不同层面，在研究银行业结构和功能的适配性时，对中小银行不宜采取窄口径定义。当研究比较微观的问题时，需要进行类别细分，强调股份制商业银行、城市商业银行、农村金融机构之间的差异。在具体问题研究中可以侧重某个银行类型，比如在研究地方政府干预的影响时，以表现比较典型的城市商业银行为样本进行研究，以体现其地域性特点。

---

① 因业务对象或统计数据方面的原因，本书研究农村金融机构而非仅仅研究农村商业银行，农村金融机构包括农村商业银行、农村信用社、农村合作银行和新型农村金融机构。此外，本书没有考虑外资银行和民营银行。

1.3.2 中小企业

中小企业也是一个相对动态的概念。理论上，中小企业是与其所处行业的大企业相比，人员规模、营业收入与资产规模相对较小的经济单位，但在不同时期的具体衡量标准不同。在较早的时候，各部委曾有多个版本的中小企业统计口径，且没有区分小型和微型企业。2011 年，工业和信息化部、国家统计局、国家发展改革委、财政部联合发布《中小企业划型标准规定》，成为我国企业划型的正式标准。新标准根据企业从业人员、营业收入、资产总额等指标，结合行业特点，将中小企业划分为中型、小型、微型三种类型。对于工业企业，从业人员 1000 人以下或营业收入 4 亿元以下的为中小微型企业。其中，从业人员 300 人及以上，且营业收入 2000 万元以上的为中型企业；从业人员 20 人及以上，且营业收入 300 万元及以上的为小型企业；从业人员 20 人及以下或营业收入 300 万元以下的为微型企业。此文件颁布之后，成为企业划型的“国家标准”，得到监管部门和商业银行的普遍采纳[①]。

2011 年版的《中小企业划型标准规定》将微型企业单列出来，与小企业并称为小微企业，目的是将政府对中小企业发展的优惠政策重心下移，重点支持小微企业，防止政策红利被中型企业独享。微型企业的概念出现较晚，早期学术界和实践部门都是将除大型企业之外的企业统称为中小企业，其中自然包含了微型企业。因此，以往大量有关中小企业的基础性文献也适用于微型企业分析。按照目前的实际情况，中小企业的概念有广义和狭义之分。广义的中小企业包括了中型、小型和微型企业。例如，2020 年 11 月东盟十国和中国、日本、韩国、澳大利亚、新西兰签署的《区域全面经济合作伙伴关系协定》关于中小企业的章节中，对中小企业的界定包括了微型企业。而狭义的中小企业则不包括微型企业。在较近的一些学术论文、政府文件和业界论坛中，也有的将中、小、微型企业三者并提。

---

① 监管部门有时也根据工作需要界定小微企业贷款标准，一般是在上述标准基础上加入融资规模变量，以考核各家金融机构对小微企业的支持程度；有些银行也会根据自身情况对小微贷、微贷等概念进行界定，作为开展业务的内部标准。

本书对中小企业采取广义定义，在理论分析中以中小企业泛指中、小、微型企业，忽略操作层面的具体划分。在引用和评价文献时将尊重原文，直接采用文中的中小企业、小企业[①]、小微企业等用法；在进行实证分析时，由于涉及数据源的不同，将根据实际情况，以数据库或出版物的界定为准，对样本和数据给予具体的说明。

特别需要指出的是，在2012年前后，在由人民银行、金融机构、研究机构发布的各种出版物中，统计对象都经历了从中小企业到小微企业的转变。这一变化给相关研究的前后连贯性造成一定的困扰。因此，若研究需使用时间序列或面板数据且避不开2012年前后统计口径问题，只能有所取舍，本书将选取2012年之后（含2012年）的样本，以小微企业作为中小企业的代表。

1.4　研究框架及研究方法

1.4.1　框架结构

本书按照“理论基础→现实情况→约束条件→破解之道”的基本思路，多层面、多方法研究中小银行功能实现所面临的约束及其破解之道，简要叙述如下。

（1）理论基础。

从我国金融机构结构变迁的历史背景和理论渊源两方面，分析我国中小银行产生与中小企业金融服务的关联性；深入挖掘中小银行为中小企业服务的理论基础，对“小银行优势”假说进行重新解读，从而揭示中小银行对中小企业融资优势发挥所隐含的前提条件，提出本书研究框架。

（2）现实情况。

对现实中我国中小银行服务于中小企业的状况进行详细考察和量化评

① 在国外的相关研究中，有时用小企业指代中小企业或小微企业，本书将直接采用原文说法，不再一一进行说明。

价，比较大型和中小型银行对中小企业服务专注程度的差异，发现其中存在的问题，为后续研究提供现实和直观的论据支持。

（3）约束条件。

理论联系实际，从“小银行优势”的前提条件出发，结合当前我国现实情况，从机构内部、市场、环境三个层面，推断制约中小银行比较优势发挥的因素。这是本书篇幅最大的部分，既需要有深入的理论研究，又要对中国实际情况进行准确判断，是研究的重点。

（4）破解之道。

在上述研究的基础上，对如何破解约束、促进我国中小银行服务于中小企业的功能实现，提出创新性的思路，是本书的落脚点和难点。

基于上述研究思路，本书的研究结构及具体内容安排如图 1–1 所示。

1.4.2 研究方法

本书剖析我国中小银行对中小企业服务功能实现的约束条件及破解之法，以系统论为统领进行整体研究，在具体问题上将定性与定量分析、规范与实证研究结合起来，进行相应的实证分析和案例研究，采用的主要研究方法包括以下四种。

（1）文献调研。

文献调研与归纳演绎法主要运用在两个方面，第一，金融机构的结构变迁与中小银行的功能定位是现代金融领域的重要课题，研究成果极为丰富，本书通过对相关研究脉络的梳理，聚焦于金融结构——功能观及其与“小银行优势”假说之间的内在逻辑关系，进而揭示中小银行对中小企业融资优势发挥所隐含的前提条件，作为本书研究的切入点。第二，关于中小银行服务于中小企业的机理及约束条件，各种研究所涉及的理论观点、研究范式、政策推论比较分散和繁杂。为此，本书将对现有文献进行深入挖掘，并结合两者关系的演进，对传统理论框架进行拓展，合理推断制约中小银行比较优势发挥的约束因素。

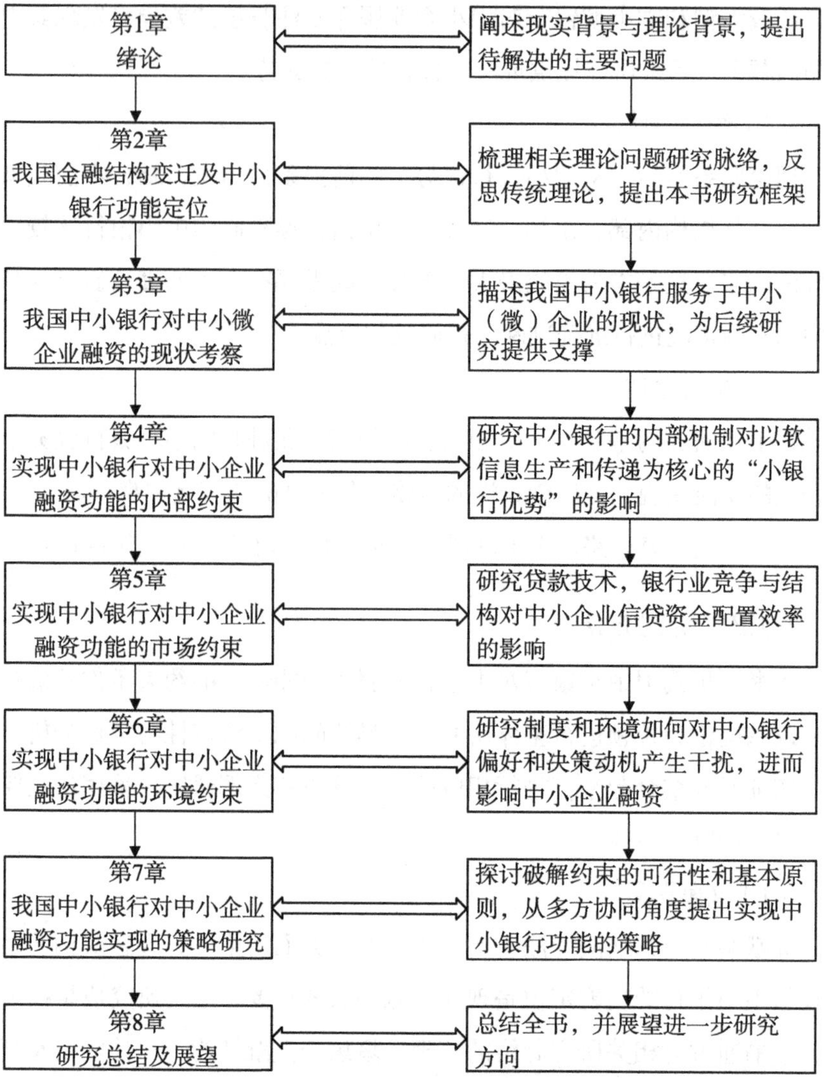

图 1–1　本书的研究结构及具体内容安排

（2）统计与案例分析。

本书涉及大量的统计数据及实际案例的搜集与分析。在考察我国中小银行服务于中小企业的现状时，将通过大量统计数据对比分析各类型商业银行服务于中小企业的倾向性与差异性。鉴于我国中小企业和中小银行的各类数据披露相当缺乏，且常常遭遇数据缺失或统计口径不一的情况，因此，本书在数据收集和整理上尽量进行了甄别。为了增强研究的针对性和实践性，本书以实地调研和案例分析法作为补充，通过中小银行案例分析，以及对中小银行客户经理和主管进行深度访谈，了解中小银行对中小微企业放款的实际情况，如贷款技术和流程、小微贷款产品、人力资源及激励情况等，从而发现关键或遗漏问题，保证研究结论的有效性。

（3）实证检验。

本书的主体部分是探讨我国中小银行服务于中小银行的内部约束、市场约束和环境约束。为此，本书以文献研究和理论分析为基础，对各层次的约束条件进行分析，并对其中比较重要或典型的因素提出研究假说，用大量经验数据进行特征事实描述，对理论假说进行计量检验。主要的实证检验包括：在微观层面，从中小企业的软信息生成和利用条件出发构建“关系型贷款潜力指数”，实证检验关系型贷款潜力大小对缓解中小企业融资约束的影响；在市场层面，实证检验银行竞争作为缓解中小企业融资约束的市场机制的作用；在制度层面，实证检验地方政府干预对城市商业银行小微企业贷款的影响。

（4）比较与归纳总结。

基于理论和实证研究，综合运用比较分析及归纳总结方法，借鉴国内外相关经验，探讨中小银行功能实现的机制及路径，从多方协同的角度提出破解约束的系统解决方案。

1.5 主要创新点

第一，在理论思想上，发展了以往文献的结构——功能研究范式，反思金融机构的结构变迁对解决中小企业融资问题的实际作用，挖掘以往被忽略的结构——功能匹配命题中所隐含的假设条件，揭示了“小银行优势”假说的内在必要条件和外在环境因素。以此为基础，联系我国实际赋予“小银行优势”以新的诠释，为学界的理论分歧找到出路。

第二，在实证研究上，通过对当前我国中小银行、金融市场和制度环境现状的全面分析，合理推测制约中小银行比较优势发挥的各种因素，并对其中重要的实证检验问题进行深入研究。在以往的学术研究中，多数文献只是关注某个或某些方面的制约因素，而本书则系统、深入地探讨了中小银行功能实现的内部约束、市场约束和制度约束，对已有文献形成拓展和集成。

第三，充分关注近年来在中小企业金融服务方面的各种变化因素，揭示各方参与主体在中小银行的功能实现过程中存在的复杂关系。在理论框架和基础结论上，结合中国目前中小银行的内部条件、市场和宏观环境，从多主体协同角度提出实现中小银行功能的策略思路。

第2章
我国金融结构变迁及中小银行功能定位

本章将从我国中小银行发展的历史背景和理论渊源两方面，分析中小银行产生及其与中小企业金融服务的关联性。结合我国中小银行发展及其功能异位问题，进一步阐述中小银行为中小企业服务的理论基础，着重从微观机理上对“小银行优势”假说进行深入解读，以揭示中小银行对中小企业融资优势发挥所隐含的前提条件，并由此提出本书的研究思路。

2.1 金融结构变迁视角下的中小银行发展

金融结构是构成金融总体的各组成部分的规模、运作、组成与配合的状态（王广谦，2002），反映的是各要素之间量和质的关系，其中包括各类金融机构的构成状况。金融结构处于动态演进的过程中，在经济发展的不同阶段展现不同的结构模式。中小银行的发展是我国金融结构变迁的重要组成部分，有一定的经济基础，但在很大程度上也是制度设计的结果。在我国理论和政策层面，普遍将中小银行发展与解决中小企业融资问题联系在一起。可以说，我国中小银行发展的出发点，就是通过完善金融机构体系，纠正金融结构的缺陷来弥补对中小企业融资功能的不足。正如褚伟（2002）所指出，从根本上说，中小银行发展的目的应该是以其合理的市场定位提高金融资源的优化配置。

2.1.1 中小企业融资难成因概要

中小企业融资难是个世界性难题，无论在经济发达、金融业成熟的国家，还是在经济落后、金融业抑制的国家，中小企业融资难的问题都或多或少地存在，经常受到关注。有关中小企业融资难的成因，现存大量文献涉及不同国别和不同时间跨度，有各种不同的解释。总的来看，中小企业融资难有某些共性的原因，如文献中普遍提及的银企之间信息不对称问题；也有各国特殊的原因，如发展中国家存在程度不一的金融抑制，加剧了中小企业融资的障碍，使中小企业融资问题比发达国家更为严重。

中小企业融资问题常常被归结为中小企业难以从商业银行获取信贷资金，其原因在于中小企业融资方式单一。一般而言，在外源融资中，股权融资和债务融资是两种有代表性的直接融资方式。中小企业由于自身弱质性，在一些硬性指标上很难达到在股票或债券市场上公开募集资金的要求。随着多层次资本市场的发展，中小企业直接融资的门槛已大大降低，但是，市场上的资金供给者对中小企业仍会有更高的风险补偿要求，这体现在直接融资的高成本之中。与直接融资相比，间接融资方式借助金融中介机构来收集和审查中小企业的相关信息、签订借贷合同，并在事后跟踪企业财务状况，追偿本金和利息，对中小企业信息透明度的要求相对较低。在发放信贷的各类金融机构中，商业银行的作用又远高于小贷公司、担保公司、典当行、互联网金融平台等。商业银行通过创造信息、分析信用风险和控制道德风险，降低了最终投资者的风险及中小企业的融资成本，故成为中小企业最重要的融资渠道。然而，从资产安全性角度考虑，商业银行在投放信贷时会进行客户筛选。在客户资源充足的情况下，由于大企业在信息透明度、财务状况及贷款抵押条件上明显优于中小企业，商业银行整体上会偏向于大型企业，而忽视对中小企业的信贷投放。

最早提出企业规模会影响其融资方式及融资难度观点的是哈罗德·麦克米伦，他在 1931 年向英国金融委员会提交的《麦克米伦报告》中指出，在“一战”之后的经济大萧条背景下，由于央行规定的基准利率低于市场均衡利率，导致小规模企业对资金的需求远高于金融体系愿意提供的资金规模，小企业始终存在资金缺口，称为“麦克米伦缺口”（Macmillan Gap）。对于“麦克米伦缺口”的成因，后续研究者大致提出了以下三种解释。

（1）信息不对称说。

一般认为，中小企业贷款难的关键在于，与大企业相比，中小企业与银行之间信息不对称的问题更加严重，信息不对称所导致的逆向选择和道德风险是中小企业遭受信贷配给的主要原因。早期代表性的研究见于Stiglitz和Weiss（1981）关于中小企业信贷配给的S-W模型分析。在需求方面，由于中小企业缺乏完备的财务报表或相关信息的披露，银行难以获取充分有效的信息来核准贷款发放，同时中小企业缺少足值的抵押品来确保在贷款违约时银行能够保全资产，因此很难获得银行的信贷支持。在供给方面，由于银行对中小企业贷款面临更高的信用风险，需要收取较高利率作为风险补偿。但是，即便不考虑中小企业承受高成本的能力，单从银行的角度看，高利率可能阻止低风险借款人向银行借款，鼓励高风险借款人积极寻求资金，并为了偿还高利息而冒更大的风险。这就是银行面临的逆向选择和道德风险问题。也就是说，高利率虽然可以提高银行对中小企业的信贷供给，但未必能有效补偿风险。从资产安全性考虑，银行更愿意通过“信贷配给”的方式平抑中小企业的资金需求，对贷款者进行选择性授信，即完全拒绝一部分申请人，或仅仅满足其部分资金需求，而非采取提高利率的办法。信贷配给机制与利率调节机制不同，对信贷资源配置会产生不同的影响。中小企业融资难是信息不对称下利率调节机制失灵的反映，是信贷配给的结果。

（2）规模不经济说。

中小企业融资难的另一个症结是规模不经济，银行发放中小企业贷款的单位成本较高。银行开展业务和维持自身运营需要为数不菲的固定成本开支，当发放大额贷款时，只需少量客户就可以形成足够的业务量来弥补固定成本。与之相反，中小企业单笔业务量小，且期限短、频率高、用款急，需要银行开发大量客户、发放很多笔贷款才能摊薄固定成本，但这样又会产生更多变动成本，特别是收集中小企业客户信息及监控贷款执行的成本较高。张捷、王霄（2002）认为，构成我国中小企业融资壁垒的主要因素是市场经济中普遍存在的规模歧视而非转轨经济所特有的所有权歧视，规模歧视是更具长期性和普遍性的问题。从银行的角度看，中小企业融资需求是不经济的，对于大银行而言更是如此。

（3）金融抑制说。

发展中国家中小企业融资难常被归结于金融抑制。发展中国家金融业落后，市场化程度低，金融体系存在明显的“二元结构”。政府对信贷机构实行严格控制，国有金融机构主导金融资源分配，以人为压低的利率将廉价资金投入优先发展领域。金融抑制的结果造成融资结构失衡，信贷资金投放偏重国有经济和大企业，而具有较高生产力的中小企业无法获得与其贡献相当的金融资源，因而阻碍了经济增长和经济效率的提高，也不利于金融机构稳健经营和金融体系发展（林毅夫、李永军，2001）。邢乐成、梁永贤（2013）等学者也认为，我国中小企业融资难的根本原因是制度问题，中小企业融资需求特点与金融体系不匹配，所以唯一的解决办法是体制创新。

2.1.2　“小银行优势”假说与最优金融结构论

（1）“小银行优势”假说与中小银行功能定位。

在20世纪80年代，发达国家银行业并购潮使中小银行的数目明显减少，银行业朝集中化发展。一些学者开始研究中小企业融资是否会受到银行规模改变及银行信贷技术的影响（殷孟波、翁周杰，2007），在大量实证研究的基础上逐渐形成了“小银行优势”假说的经验命题，可概括为以下三点。

第一，关系型贷款可以较好地解决信息不对称问题。由于小企业信息不透明，银行无法使用财务分析及资产抵押等传统的信用评估方法及贷款技术来处理其贷款需求，只能退而求其次，依赖建立长期密切的银企关系来进行软信息挖掘。较早的一些研究证明，若企业与银行有更好的关系，其贷款可获得性会增加（Petersen 和 Raian，1994）；建立关系是小企业贷款的重要特点（Stiglitz 和 Weiss，1981）；企业软信息的获取确实可以在很大程度上降低银行所面临的信贷违约风险（Boot 和 Thakor，2000）。这些研究肯定了银企关系与软信息的价值，但并没有指明哪些银行能更好地处理和运用软信息。此后，Berger 和 Udell（2002）依据贷款技术的不同将银行贷款分为财务报表型贷款、抵押担保型贷款、信用评分技术贷款及关系型贷款四种类别，前三种类别所依赖的贷款技术统称为交易型贷款技术，主要是考量信贷投放对象的硬信息指标，涉及企业财务状况、信用级别、资产抵押价值等一系列容易量化统计的信息。有了这些硬信息指标，银行便可以使用标准化的信贷流程，控制信息投入的成本，加快信贷投放速度。与交易型贷款相对应的是关系型贷款，它以银企之间长期互动关系所产生的软信息为基础。软信息难以量化和传递，往往因为信贷人员建立“关系”的不同而产生较大差异，但它弥补了中小企业硬信息的不足，缓解了银企间的信息不对称问题，在无法了解中小企业的真实财务信息又缺乏合格的抵押担保的情况下，可以为银行信贷决策提供支持，因而被认为是中小企业的最优贷款技术。

第二，中小银行在关系型贷款方面具有比较优势。大银行由于资金雄厚，具备提供大额贷款的能力，加上高长型纵向结构特征，硬信息易于上传至决策者，因而适合对大企业进行交易型贷款。而中小银行在资金、技术、声誉等很多方面不及大银行，难以为大企业提供大规模放款；但它们在规模上与中小企业较为匹配，组织结构相对简单，信息传递链条较短，且一般具有地域性，在收集、传递和利用软信息方面有比较优势。相对于大银行而言，小银行更擅长利用软信息实现关系型贷款。中小银行通过长期、大量的人力和时间投入，与中小企业建立密切、具有排他性的银企关系，通过私有信息投资降低信息劣势，控制贷款的信用风险，并获取相应的回报，这是大银行难以做到的。Berger、Miller 和 Petersen 等（2005）的研究证明，大银行主要向会计记录良好的企业贷款，而小银行相比大银行会更多地贷款给那些信用程度相对较低的企业；在与借款者关系方面，大银行与借款者的面对面接触较少，与借款者的关系期较短、关系不专一，且贷款距离较长。

第三，中小银行比大银行对中小企业贷款有更强的倾向性。基于上述原因，中小银行与中小企业之间就形成一种对应关系。Berger 和 Udell（1995）通过大量的实证研究发现，在中小企业贷款占银行总资产的比率和中小企业贷款占全部企业贷款比率这两个指标上，小银行的数值都高于大银行；另有一些研究表明，当小银行被兼并时，会导致小企业贷款的比率下降（Peek 和 Rosengren，1998）。

关于小银行优势的形成机理，代表性的研究有所有权激励理论、控制权激励理论与层级控制理论等。Brickley 等（2003）认为，小银行的信息优势源于所有权，在较小的银行里，信贷人员直接拥有银行的大部分股票，有更高的所有权激励，因此会努力搜集软信息，并保证对软信息的使用符合股东的要求；以 Williamson（1998）所提出的经典层级控制理论为基础，Berger 等（2002）指出，规模较小的银行可以减轻关系型贷款所产生的委托代理问题。这里的委托代理问题是指银行在开展关系贷款时不得不将权利授予信贷经理，因为软信息的获得需要信贷经理对被贷款人进行深入了解，且难以形成直观的统计数据，软信息通过基层经理上传给决策人员，容易产生传递延迟、信贷人员道德风险等问题。但是小银行由于层级简单，可以及时处理软信息，也可以对信贷人员进行有效监控。此外，还有学者强调小银行在地域上与借款者的距离较近，有利于银企之间形成良好的关系，所以形成了“小银行优势”（Hauswald 和 Marquez，2002）。

（2）最优金融结构论与中小银行功能定位。

国内学者对中小银行在中小企业融资方面表现的倾向性也有很多见解。对于“小银行优势”形成机理，张捷（2002）构建了基于代理成本与信息成本权衡以寻找最优决策点的理论模型，分析银行组织结构与对中小企业贷款决策的关系，以此证实关系贷款上的“小银行优势”。更多学者则将“小银行优势”与金融结构相关联，探讨金融结构对中小企业融资所造成的影响，认为我国现行金融体系长期遭受金融抑制，其构成与实体经济的产业结构不相匹配。金融体系的功能没有得到很好发挥，中小企业未能得到相应的金融支持。

根据林毅夫等学者提出的新结构经济学的“最优金融结构”理论，一个经济体的最优金融结构由其在不同发展阶段的要素禀赋结构决定，与实体经济对金融服务的需求相对应。由于现阶段要素禀赋结构决定了中小企业是中国的主要企业类型，因此最优金融结构就应该适应和满足中小企业的融资需求，才能实现金融资源的优化配置。金融结构的优化与中小企业发展存在密切的关联性，这一观点得到很多学者的支持（姚耀军、李明珠，2013）。从最优金融结构视角研究中小企业融资，就是将企业规模、银行规模与企业最优融资渠道联系起来，将中小企业融资与中小银行善于甄别企业软信息的比较优势联系起来，主张实行大银行专注服务大企业、中小银行专注服务中小企业的专业化定位，以提升银行体系的整体效率（张一林、林毅夫、龚强，2019）。

2.1.3　我国中小银行发展及其市场地位

（1）我国中小银行发展历程。

回顾我国金融结构变迁，随着金融总量的快速增加，金融市场结构、产业结构、融资结构等也发生了很大变化。在解决中小企业融资问题上，中小银行的重要性逐步凸显，金融体系的结构缺陷逐步纠正。

自 1978 年改革开放以来，我国金融改革从改革高度集中的“大一统”金融体系开始，先后经历了三个阶段：政策性金融与商业性金融分离；建立以商业银行为主体、多种金融机构并存的金融机构体系；形成多元化的金融产业结构。在这些重大的结构变化中，中小银行从无到有迅速发展，在我国金融业中逐步占据一席之地，构成金融组织结构变化的重要部分。中小银行在成立之时，基本上定位于“立足地方、服务中小”，将支持地方经济发展，支持民营企业、中小企业及个体工商户作为工作重点，成为服务中小企业的重要力量。

首先，全国性股份制商业银行陆续成立，改变了国有银行一统天下的局面，金融结构呈现出机构种类增多、服务多元化的趋势。1987 年，我国第一家完全由企业法人出资建立的股份制银行——招商银行成立；同年成立的中信实业银行，以及 1992 年成立的光大银行和华夏银行，均为大型综合企业集团的下属子公司，是产业资本向金融领域延伸的产物；1995年，第一家主要由民营企业发起的商业银行——民生银行成立。在经济较发达省份，先后成立了深圳发展银行（1987年）、广东发展银行（1988年）、福建兴业银行（1988年）、上海浦东发展银行（1993年）等区域性股份制商业银行。此后，又有平安银行、浙商银行、恒丰银行、渤海银行等经过重组或改制的股份制商业银行先后成立，改变了我国银行业结构高度集中的局面。

相对于国有银行，股份制银行具有一定的体制优势，对市场反应较灵敏，金融服务效率较高。为了开拓业务，股份制银行自主研发了许多新型金融产品和服务，以适应不同客户群体的需要，特别是为一部分达不到国有商业银行融资标准的民营企业和中小企业提供了巨大支持。但伴随着中国经济高速增长，股份制银行的经营规模和范围快速扩张，在很短时间内成为资产规模仅次于五大国有银行的一批中型银行，广泛涉及公司金融、零售金融、小微金融、金融市场等业务板块，大部分股份制银行的辐射范围已触及全国，只有规模相对较小的浙商银行、恒丰银行、渤海银行等，仍具有区域性的特点。

其次，城市商业银行在全国范围内迅速崛起，使我国金融机构结构的组成更加多样化，更加适应经济主体多层次的金融服务需求。20世纪80年代，伴随着个体、民营经济的快速发展，城市信用社迅猛发展，到20世纪90年代，全国城市信用社的规模发展到3000多家。在民营经济发展较快的浙江省，中小金融部门占据了全省存、贷款约1/4的份额，超过全国平均水平6至10个百分点。在某些区域内，中小银行甚至已开始占主导地位，如台州市路桥区，以城市信用社为主体的民营中小银行的实力大大超过当地四大国有银行分支机构（史晋川，2003），其中就有日后鼎鼎大名的银座诚信社和泰隆诚信社。但是，全国各地城市信用社的质量良莠不齐，部分城市信用社存在严重的违规经营，潜伏着极大的金融风险。为规范城市信用社发展，国务院于1995年颁布《国务院关于组建城市合作银行的通知》（国发〔1995〕25号），要求在城市信用合作社的基础上组建城市合作银行。1995 年 6 月，深圳城市合作银行（现为平安银行）成立，揭开了各大中城市商业银行发展的大幕。1998 年，城市合作银行统一更名为城市商业银行。

城市商业银行大多数立足于地方，主要为当地中小企业和市民提供金融服务，具有鲜明的地域特点。以城市商业银行为代表的中小银行的出现推动了我国银行业金融结构的进一步变革，为中小企业的融资环境带来利好。

最后，农村商业银行和新型农村金融机构的发展，完善了我国农村金融体系，更好地满足了农户和当地中小企业的小额贷款需求。在中华人民共和国成立初期，农民根据自愿原则集资入股，建立合作金融组织，此后农村信用合作社（以下简称农信社）成为农村金融市场上覆盖面最大的供给主体。但农信社发展几经曲折，在农业银行等商业银行网点大量撤离之后，农村地区出现相当严重的金融服务空白区，农信社缺乏竞争，加上金融环境较差，农信社在完善自身机制和金融服务创新方面动力不足，资产质量下降，经营风险上升。2003 年起，农信社开始走向分层式改革，经济发达地区组建股份制商业银行，欠发达地区继续实行合作制。农信社改革总的趋势是走向商业化和股份化。

在农村金融的增量改革方面，为了满足农户的小额贷款需求，服务当地中小型企业，银监会在 2006 年出台了《关于调整放宽农村地区银行业金融机构准入政策，更好支持社会主义新农村建设的若干意见》，允许在广大农村地区成立村镇银行、农村资金互助社、贷款公司等新型农村金融机构。新型农村金融机构的出现丰富了农村金融供给主体，为农村经济发展提供了有力的支持。

在传统中小银行崛起的同时，我国小额贷款公司、融资租赁公司、信用担保公司、典当行等非银行金融机构也日渐发展。金融机构类型的多元化，投、融资形式的不断创新，扩展了中小企业的融资方式，提高了融资可得性。

值得补充的是，近年来互联网金融及金融科技产业蓬勃兴起，产生了更为丰富的金融业态。实力雄厚的互联网企业及传统企业斥巨资成立网络银行，将互联网与小微贷款技术结合，为缓解中小企业融资问题展现了新的前景，也倒逼传统银行对金融科技所涉及的关键技术及应用进行研究和相关布局。目前，很多大中型银行都成立了自己的金融科技子公司，如建设银行的建信金融科技、民生银行的民生科技等，并纷纷与BATJ（百度、阿里巴巴、腾讯、京东）科技巨头开展合作。银行与科技企业之间的关系从过去相对独立或彼此竞争的关系转变为相互依存的合作伙伴关系。

（2）我国中小银行的市场地位。

整体上看，中小银行的产生和发展，弥补了我国金融体系的结构缺陷，在提高金融服务覆盖范围、深化金融服务层次、促进金融市场竞争、提高资金配置效率等方面发挥了重要作用。经过多年发展，我国中小银行的数量和业务规模有了质的飞跃，市场地位不断提高。据《中国金融稳定报告（2019）》，目前国内中小银行已达4000余家。另据银保监会2019年年报，截至2019年年末，全国银行业金融机构中包括6家大型商业银行[①]、12家股份制商业银行、134家城市商业银行、1478家农村商业银行、28家农村合作银行、722家农信社。在银行数量上，大、中、小型银行呈现金字塔形。在业务规模上，表2-1显示从2004—2019年的十多年间，我国各类银行资产份额此消彼长的现象。表中五类银行业金融机构中，大型商业银行资产所占比重从53.58%下降至40.27%，股份制商业银行占比从14.87%上升至17.86%，城市商业银行占比从5.41%上升至12.85%，农村金融机构及其他类金融机构整体上有所上升；在2004年，后四类金融机构资产总共只占46.42%，而大型商业银行独占53.58%；到了2019年，后四类金融机构总共占比59.73%，已超过了大型商业银行的40.27%。对各类银行存款、贷款量及其比例关系进行分析也可以得到类似的结果，这说明我国股份制商业银行、城市商业银行和农村金融机构等中小银行业金融

① 在银监会统计中，大型商业银行过去是指“工农中建交”五大行，从2019年起，邮政储蓄银行纳入“大型商业银行”汇总口径。但为了保证数据可比性，本书一般采取2018年的数据，下不赘述。

机构的业务规模和市场份额已能够与大银行相抗衡，中小银行在金融体系的地位逐渐凸显，金融机构体系正在向符合我国经济发展需要的“最优金融结构”趋近。

表 2-1　2004—2019 年我国银行业机构资产及占比情况

机构类型	2004		2019	
	资产 / 万亿	占比 /%	资产 / 万亿	占比 /%
大型商业银行	16.93	53.58	116.78	40.27
股份制商业银行	4.70	14.87	51.78	17.86
城市商业银行	1.71	5.41	37.28	12.85
农村金融机构	—	—	37.22	12.83
其他类金融机构	8.26	26.14	46.95	16.19

注：2004 年银监会将农村金融机构计入其他类金融机构，总体上占比 26.14%，而 2019 年农村金融机构与其他金融机构分开统计，两者合计占比达到 29.02%。

资料来源：银保监会网站统计信息。

2.2　我国中小银行的功能异位现象

虽然中小银行自成立以来就被定位于服务地方经济、中小企业，但研究者发现，众多中小银行尽管所处区域不同、规模和实力相距悬殊，但普遍存在强烈的扩张冲动，在市场定位和经营模式上求大求同，整体上服务于中小企业的预期功能并未充分发挥（傅勇，2011），中小企业信贷可获得性仍然偏低。在过去很长时间，部分中小商业银行没有对自身所处的金融环境和自身实力进行细致、科学的分析，也没有正确认识制约银行市场定位的基本因素的发展变化，而是机械地采取了跟随型的市场定位策略（虞群娥，2016）。

所谓中小银行功能异位，指的是某些中小银行未能充分发挥自身优势并专注于中小企业金融服务，其经营缺乏核心竞争力，对外界环境依赖性强。中小银行功能异位现象主要表现在以下三个方面。

（1）片面追求规模扩张，业务和客户对象倾向于大中型企业。

理论上，银行规模并不是盈利的充分条件，中小银行发展应以适度规模为目标。但在实践中，我国金融发展由政府主导，具有很强的外生性。大多数中小银行并非自发产生，较少经过市场的磨合。由于时代的局限，它们本身缺乏明确的战略定位，其经营模式、管理体制和产品服务等在很大程度上借鉴了大银行的经验，难以契合中小企业客户的特点。加上既有体制和监管政策偏向于大型金融机构，中小银行生存环境不理想，在很长时间里只能依赖政府和国有大中型企业，同时将扩大规模和跨区经营作为提高盈利、分散风险的主要手段。

根据表 2–1 相同来源的数据，2004—2019 年，股份制商业银行和城市商业银行的资产分别增长 11.02 倍和 21.80 倍，均高于大型商业银行的 6.90 倍。可见中小银行资产规模扩张速度远远高于大型银行。其中，原本规模较大的股份制商业银行和城市商业银行通过上市、引入战略投资者、跨区经营等，在短时间内发展成“大型”全国性商业银行，形成规模效应。尽管在网点布局等方面仍远不如国有大行，但在经营模式上却向大银行靠拢，将大城市、大业务作为发展重点，有些股份制商业银行实际上已不再坚持“服务地方经济、服务中小企业”的初衷。而实力一般的中小银行在迅速“做大”的热潮中，也不满足于发展适度规模和中小客户的市场定位，往往不顾自身条件，不惜成本跟随大银行去争夺大企业或大型集团下的子公司，使自己在全然没有优势的大客户市场上进行低水平竞争，在特色化和精细化发展方面下的功夫不足。

（2）广设分支机构、追求跨区域经营。

不仅股份制商业银行通过不断建立分支机构而基本覆盖了大中型城市，就城市商业银行而言，早期实行“一城一行”政策，城商行（城市商业银行的简称）一般只能在所在城市区域开展业务，但自 2009 年以来，由于监管政策的松动，城商行开始加快跨区域发展，在所在区域甚至全国进行布局，设立跨城市、跨省的分支机构，不断扩大经营目标。截至 2010 年 6 月末，共有 60 多家城商行通过在异地设立分支机构实现跨区域发展，在全部城商行中占比近 50%，还有 10 多家农村商业银行也进行了异地设立分支机构①。跨区域发展模式开启后，一方面，地方金融的格局受到影响，金融资源向经济发达、竞争激烈的大中城市聚集，造成城郊、县域的金融服务相对不足；另一方面，城商行的地缘优势减弱，丧失了与中小企业的天然联系，而原本的管理链被拉长，在信贷过程中形成了更为复杂的委托代理关系。部分城商行资金周转困难，资本充足率不足，经营风险上升。这些消极变化抑制了小银行优势的发挥，导致城商行对中小企业的金融服务能力减弱。有些城商行在异地新设的分支机构将新增贷款的大部分投向了大型企业，甚至出现有银行 100% 投向大型企业（中国人民银行沈阳分行课题组，李良宏，2013）。

（3）依靠同业模式发展，信贷业务弱化。

自 2015 年以来，随着利率市场化推进，存贷利差收窄，中小银行加大了投资类资产比重。部分中小银行的资产负债同业化现象比较突出，偏离信贷主业。在负债端，通过同业拆入或发行同业存单大量吸收成本较低的同业资金；在资产端，将资金用于固定收益的债券投资，或者通过委外投资购买同业理财或非银资管产品，就可坐享类似存贷息差的高利润。银行不必自己去从事信贷业务，更不必面对中小客户做尽职调查，开拓关系型贷款业务。但是，银行同业化扩张加剧了银行和金融市场的风险，一方面，银行通过吸收表外资金规避存款准备金监管，过快的资产扩张导致资本充足率下滑；另一方面，由于事实上的刚性兑付，发行理财产品的银行和非银行资管机构不得不追求高收益，因而产生高杠杆经营、期限错配、资产质量下降等一系列问题②。这种“套利型”的盈利模式还使银行业资金产生“空转”，甚至通过资管通道或互联网金融平台跨出本地、流向全国，不能

① 张春超，王安国．机构扩张抑或市场开拓：中小银行异地业务拓展模式研究［J］．金融发展研究，2011（5）：35.

② 钟林楠．中小银行的焦虑、迷茫与转型［N］．华尔街见闻，2018-10-23.

不引起监管部门的警惕。

综上所述，盲目追求扩张和偏离信贷主业的策略使部分中小银行的发展方向和经营战略与其拥有的内部资源、竞争优势不一致，与外界环境及国家政策走势不协调。如果说在经济高速增长时期，中小银行还可以借助经济发展红利，利用低成本储蓄和高利率信贷资产赚取息差，以粗放式增长方式来扩大规模和提高盈利；甚至在监管空缺的条件下，利用低成本同业负债和高收益的同业理财及资管产品在金融市场上进行套利，那么，在经济处于新常态背景下，随着经济增长放缓、金融脱媒进一步凸显、监管措施不断升级，单纯扩张式的发展道路已经越来越行不通。中小银行定位不明确、战略规划笼统的问题严重制约其进一步发展。

近年来，政府以前所未有的力度倡导、推动小微企业融资，甚至直接动用监管指标，强制银行回归本源，服务实体经济，开展小微贷款，并限制地方性中小银行的资金投向。这种自上而下的推动无疑取得了一定的成效。每年年初，各银行总行制定规划，确定指标并分配到各分行和条线，想方设法完成监管要求。但银行对中小企业贷款的积极性仍然不足，缺乏内在动力。部分中小银行与大银行一样，也是倾向于对公司和个人的两端拓展，对处于中间的小微贷款业务以完成任务为目的。小微业务被视为边缘化业务、政策性业务，中小企业依然处于被动的卖方市场地位。

2.3 国内外学者对“小银行优势”假说的质疑

2.3.1 “小银行优势”的论证逻辑

在近些年的国内外文献中，有关中小银行与中小企业关系的分析，基本上是以“小银行优势”和关系型贷款理论为依据。小银行优势与关系型贷款这两种说法之间有较大的重合。翁舟杰（2007）认为，“小银行优势”实际上包含着关系型贷款理论，两者之间的关系是：关系型贷款能够有效解决中小企业的信息成本问题，而中小银行在关系型贷款方面又具有优势，因此中小银行在为中小企业提供贷款方面有比较优势。目前有关“小银行优势”假说的文献非常丰富，分析视角各不相同，为了从庞杂的文献中理出线索，我们将文献中涉及中小银行与中小企业关系的论证区分为下列三个相互关联的命题：①关系型贷款与中小企业的特性相契合；②中小银行在关系型贷款上具有优势；③中小银行比大银行更倾向于向中小企业贷款，如图 2–1 所示。

图 2–1 论证“小银行优势”的逻辑步骤

对“小银行优势”的论证应该包括这三个方面才是完整和严谨的。但查阅相关文献可以发现，由于关系型贷款难以量化，对上述三个递进式命题同时进行实证检验的难度较大，很多文献都跳过关系型贷款，直接进行第三步的检验。例如，有些学者证明了银行中小企业贷款与银行规模之间存在很强的负相关关系（Berger、Kashyap 和 Scalise，1995）；也有学者发现 20 世纪 80 年代中期以后的银行并购对中小企业贷款产生了不利影响（Peek 和 Rosengren，1995）。这些研究能够说明银行规模和贷款规模的匹配性，或者说小银行对中小企业贷款的倾向性，但并不能证明小银行拥有对中小企业发放关系型贷款的优势。有些学者从银企关系的角度开展研究，证明较强的银企关系能提高贷款可得性，降低利率和抵押要求（Berger 和 Udell，1995；Petersen 和 Rajan，1994，1995；Cole，1998；Harhoff 和 Korting，1998；Sena，2017；马理、高冰、葛斌，2018），甚至于证明贷款可得性和银行信任正相关（邓超、周峰和唐莹，2017）。但这些研究至多也只能说明关系型贷款中软信息的价值，并没有证明小银行更擅长生产和处理软信息。只有少数研究直接检验了大银行和小银行贷款技术的不同。如 Berger 等人（2005）利用美联储 1993 年的全国小企业金融调查的 1131 家小企业数据，实证研究证明：①大银行的贷款对象主要是拥有较好财务记录的大企业，小银行则更多地贷款给缺乏正式财务信息的企业；②大银行比小银行有更多远距离、非人际接触形式的贷款；③大银行与其客户之间的关系不如小银行持久专一；④大银行在减轻信贷约束方面不如小银行有效。这些结论比较充分地证明了小银行在基于软信息的关系型贷款方面具有优势。但是，这类证据仍然比较有限，而对“小银行优势”假说的质疑却越来越多。

有些学者针对第一点提出质疑，认为关系型贷款并非唯一适合中小企业的贷款技术，大银行运用交易型贷款技术也能较好地解决中小企业融资中的信息不对称问题（Berger、Rosen 和 Udell，2007；Torre、Martinez 和 Schmukler，2010）；针对第二点，有学者认为，虽然小银行比大银行更倾向于向中小企业贷款，但并不一定是因为小银行对中小企业贷款具有优势，很可能是因为不得已而为之。如 Strahan 和 Weston（1998）认为，中小银行集中于中小企业贷款的原因在于监管限制，由于小银行本身资本有限，根据监管要求，银行给单个借款者的贷款比例不能超过总资本的一定比例，这就决定了小银行只能提供规模较小的贷款。即便监管限制放开，中小银行也不适宜集中放款给单个借款人，因为无法分散风险。此外，中小银行缺乏大银行的范围经济优势，而企业偏向于从一家银行获取所需全部金融服务。在业务种类的全面性、综合性和专业性方面，中小银行处于劣势，但拥有必要的资源可以满足中小企业的需要。因此，中小银行倾向于中小企业贷款主要是受自身规模条件所局限，未必是其优势所在。

下文将归纳国内外文献中对银企规模匹配性、关系型贷款对中小企业的价值这两方面所提出的疑问和证据，因为这两类问题比较多、比较集中。同时本书认为，对“小银行优势”假说进行实证检验的难点在于贷款技术方面，即小银行在关系型贷款上是否确实比大银行具有优势？小银行是否具有生产软信息的激励机制？这个优势在不同时期、不同环境下是否会发生改变？在 2.4 节中，我们将聚焦于此，总结探讨中小银行关系型贷款优势形成的条件。

2.3.2　对银企规模匹配性的质疑

很多研究者质疑银行与企业之间的规模匹配性，他们认为“大银行——大企业服务，中小银行——中小企业服务”的二元匹配关系并不成立，提出了多方面的证据。

（1）大银行能力论。

大银行由于具备资金、规模、网点、技术、人才、声誉、管理等众多优势，不仅适合为大企业提供金融服务，也适合对中小企业发放贷款。Strahan 和 Weston（1998）对美国银行并购的研究认为，银行规模和复杂性的改变对小企业贷款有两个方面的影响，一是随着银行规模和复杂性的增大，组织的不经济可能导致小企业贷款成本的提高；二是银行规模增大所产生的多样化可能促进小企业贷款。他们实证的结论支持了银行规模增大的多样化效应，即银行规模增大提高了银行的贷款能力，包括对小企业贷款的能力，多样化效应抵消了组织不经济和代理成本增高的负面影响。强调大银行对中小企业贷款劣势的观点，往往忽略了大银行内部组织创新与商业模式重构的能力。大银行可以通过组建独立的中小企业服务机构，采取专门化的中小企业授信模式，来提高为中小企业服务的能力，如新加坡淡马锡、美国富国银行、印度尼西亚金融银行等大型金融机构都已形成各具特色的业务模式。Torre 等（2010）研究发现，当大银行市场份额提高时，小企业的贷款可得性增加而贷款利率下降，这意味着大银行可以更好地解决中小企业贷款问题。Hatice（2014）以土耳其商业银行为研究对象，发现大银行更加倾向于给中小企业贷款。在国内研究中，翁舟杰（2012）运用实证方法考察不同规模的银行对中小企业融资的综合效率、盈利效率和服务效率，结果显示大银行的效率总体优于中小银行。李华民、吴非（2015）认为，大银行凭借其范围经济优势，具备以低利率为小企业融资的充分条件，中国大银行机构惯性地拥有软信息贷款技能，不同规模银行的软、硬信息处理能力存在此消彼长的演化，在一定的竞争格局下，大银行综合信息处理的成本优势越来越凸显。

（2）环境适应论。

自20世纪80年代以来，来自“平行银行体系”（Parallel Banking System）的竞争加剧，削弱了小银行的竞争地位（Basset和Brady，2001）。Ongena和Smith（2000）指出，需要通过银企之间关系创建的金融交易方式越来越少，大多数金融交易是通过自动化、匿名的市场方式实现的，因而他们对关系型贷款的价值提出质疑。一些研究者认为，在当前的经济金融环境下，大银行已将小企业作为业务发展规划的关键，很重视发展与小企业客户的关系。大银行与小企业是相互关联、相互受益的，它们之间存在着一种金融共生关系（邓超、敖宏等，2010）；随着银行间竞争程度的加剧，大银行会通过贷款技术创新开发出更加适合中小企业的信贷产品，大银行也可以通过对软信息技术的开发扩大关系型贷款，扩充更多的客户资源。因此，大型银行贷款业务边界下移是必然趋势（黄宪、叶晨和杜雪，2016）。我国大银行机构从2008年以前排斥中小企业，到现在积极发展中小微信贷业务，彰显了大银行对中小企业融资的贡献以及扩张潜力。而政府政策偏好变序、金融脱媒现象显化、企业信用环境改善以及利率市场化进程加快等环境条件的变化，更加促成了大银行对中小企业的融资行为变化（韩亚欣、何敏和李华民，2016）。

（3）小银行劣势论。

杨晔（2008）认为，中小银行并不是按照原来定位那样选择中小企业作为其业务市场，反而仿照大银行，更加倾向于将大企业作为其客户。张晓枚等（2016）利用中国中小企业贷款数据，实证检验在金融危机和非危机两个时期，小银行对中小企业的关系型贷款。结果表明，与大型银行相比，小银行只在现有的特定关系下提供中小企业关系贷款，无论有没有金融危机。如果没有预先存在的关系，小银行和大银行在向中小企业提供贷款方面都没有优势。在现实中，我国小银行未能保持与中小企业的密切关系。

2.3.3 对关系型贷款价值的质疑

Berger和Udell（1995）的研究显示，小银行所发放的小企业贷款的利率比大银行向小企业发放贷款的利率高，他们认为这是因为小银行发放更多关系型贷款的高风险和高成本需要更高的利率进行补偿。但 Strahan 和 Weston（1998）认为，另一种可能的解释是大银行比小银行的成本更低，所以可以向小企业提供低利率的贷款。有些研究者（如曹廷贵、苏静和任渝，2015）进一步指出，所有信贷技术中都会同时涉及软信息与硬信息，差别仅在于比例不同。在一定条件下，两种信息可以实现转换。Berger 和 Black（2011）分析美国小企业调查数据和银行的有关数据发现，总体上银行对小企业贷款基于硬信息的比例达到 88%，而基于软信息的比例仅为 12%，同时还发现以软信息为基础的贷款并非只有关系型贷款一种，还存在判断型贷款，这种形式主要针对与银行尚未建立很强关系的中小企业。

一些学者认为，随着贷款技术的进步，关系型贷款在银行发放贷款中的作用越来越不重要，相反交易型贷款在中小企业信贷中发挥着越来越重要的作用。一方面，随着银行贷款技术的进步，大银行可以将中小企业的部分“软信息”硬化；另一方面，信息技术的进步使硬信息生产和处理的成本进一步降低，大银行可以通过严格监督，为中小企业提供更多交易型贷款（梁笛，2007）。

还有一些学者认识到，关系型贷款并非中小企业所必须和独有的贷款技术。如 Beck 等（2008）发现，在控制银行特征和产权类型后，贷款技术、组织结构与中小企业贷款之间的匹配关系与传统的研究结论不一致，中小企业贷款实际上并不单纯依赖关系型贷款。Udell（2008）指出，交易型贷款并非不能用于财务不透明的企业，现有的许多交易型贷款技术完全可以支持财务不透明的中小企业。Uchida 等（2012）将日本银行的贷款技术分为财务报表型贷款、房地产抵押贷款、其他固定资产抵押贷款和关系型贷款四类，研究发现各种类型贷款技术的使用频率并不随银行规模而变化。也就是说，中小企业在从中小银行获得关系型贷款上并不占优。

2.3.4 针对上述质疑的反思

（1）关于银企规模的匹配性。

“小银行优势”是否指的是中小银行与中小企业之间存在天然的匹配性？或者说，是否只要金融机构的规模小，就自然具备了为中小企业服务的优势？答案是否定的。银行与企业的匹配关系并非二分法那样简单，中小企业并不是只能从中小银行获得贷款，中小企业贷款也并非中小银行的专属，大银行在小企业贷款中也发挥着重要的作用。

“小银行优势”真正所指的是大银行在交易型贷款上的比较优势和小银行在关系型贷款上的比较优势。正如粟勤、田秀娟（2011）所说，“小银行优势”的正确理解应该是小银行具有的关系型贷款优势，而不是中小企业贷款优势。反过来说，大银行在关系型贷款方面具有劣势，并不代表大银行无法为中小企业提供贷款，因为大银行事实上可以通过多种交易型贷款技术向中小企业提供贷款。“小银行优势”假说偏重从软信息角度对大银行和小银行进行比较，但并非排斥其他因素的作用。实际上评价银行信贷融资效率应该对风险、成本、信息等因素进行综合考虑（翁舟杰，2007）。从这个意义上说，大银行即便是在中小企业金融服务方面也有很多明显或潜在的优势。“小银行优势”只是一种比较优势，而非绝对优势，只不过相对而言，大银行在功能和市场定位、客户选择等方面更倾向于大型企业，而小银行更加倾向于中小企业。至于大银行在中小企业融资领域是否比小银行有效率，尚未有明确的结论。

如果“小银行优势”假说指的是小银行在关系型贷款上具有比较优势，那么主张发展小银行以解决中小企业融资难的问题，可能高估了关系型贷款技术在解决中小企业融资问题上的作用，更忽视了贷款技术发展的历史趋势（廖海波，2016）。Kallberg 和 Udell（2003）及 Deyoung、Hunter 和 Udell（2004）认为，信用评分模型和在线贷款申请等新的贷款技术使外地银行能够以相对较低的成本搜集小企业借款人的信息，还可以通过贷款证券化方式在资产市场打包出售这些贷款以管理风险，这些“交易型”贷款方式具有规模经济特征，较之于社区银行存在成本优势。总之，在当前变化了的科技、金融环境下，对银企规模匹配的刻板观点，是导致某些争议的主要原因，对研究和解决问题不利。

（2）关于贷款技术的划分。

进一步看，关系型贷款和交易型贷款的划分也是相对的，并不存在单纯的交易型贷款或单纯的关系型贷款。第一，交易型贷款以硬信息为主要依据，但也不排斥软信息的使用，信贷决策在一定程度上也受到软信息因素的影响，如西方最早的5C模型，从借款人品（Character）、能力（Capacity）、资本（Capital）、抵押（Collateral）、外部条件（Condition）等方面进行考察，其中明显包含了硬、软两方面的信息，需依靠信贷专家的经验判断。第二，在关系型贷款中软信息的作用更大，但银行也会尽量收集和利用硬信息，尤其是对首次贷款客户，硬信息仍然是很难绕过的“硬约束”。第三，与企业相关的硬信息和软信息在企业总体信息中构成一个结构关系，不同的信息结构会带来不同的融资类型。如果硬信息比例较高，倾向于形成交易型贷款；反之，则倾向于形成关系型贷款。当竞争性不强时，大银行会选择低成本的硬信息贷款方式，因为硬信息成本具有固定成本的特性，单位成本会随着贷款规模的增加而下降。而随着竞争加剧，大银行也可以发展与中小企业的关系型贷款，在软信息方面加大投入以取得私有信息的垄断和信息租金。所以绝对的二分法是错误的，不同贷款技术在解决中小企业融资问题方面都有用武之地。第四，贷款技术具有强烈的动态性特征。随着金融基础设施日益完善，金融科技迅猛发展，银行获取企业信息的渠道越来越便利、高效，信息不对称的程度会大大缓解，银行贷款技术随之创新。大银行和小银行之间业务竞争、相互渗透和交叉趋势越来越明显。

（3）关于关系型贷款的现实价值。

尽管我们承认大银行对中小企业融资的作用，但这并不能否定关系型贷款的价值。关系型贷款对解决中小企业融资仍具有现实意义，原因在于：第一，我国中小企业数目庞大且差异性显著，部分中小企业财务信息不透明、缺乏良好的信用记录和可抵押资产，在短时间内很难根本改变。由于无法采取资产抵押贷款和小企业信用评分等方式进行交易型贷款，中小企业融资仍需要银行对其软信息进行评估，即运用关系型贷款技术给予满足和支持；第二，当前中国金融基础设施和信用环境依然不完善，数据的互联互通仍存在很多障碍，信贷市场存在结构失衡的现象，关系型贷款发挥作用的空间仍然较大；第三，尽管外部环境已经发生了巨大变化，但我国幅员辽阔，区域经济和科技发展极不平衡，即便是在金融科技迅速发展的今天，依靠大银行和大数据对中小企业信息进行全面覆盖仍做不到，关系型贷款技术在填补市场空白的中小企业普惠型融资方面仍有用武之地；第四，中国历来就有熟人社会、关系社会的传统，当前各种社会关系网络借助新科技手段迅速拓展，可将众多分散的小客户依据产业链（产业集群）、商圈、社群等结构网络联系起来，利用社会网络的信任机制和监督机制，提高中小企业贷款的贷前资信评估和贷后监管效率，具有极大的潜在价值，如果利用得当，可成为关系型贷款发展的广泛社会基础。综上所述，尽管中小银行发挥优势的空间被压缩，但是关系型贷款存在的土壤仍然丰厚，中小银行仍可立足于关系型贷款优势以谋求生存和发展。

2.4 中小银行实现“小银行优势”的隐含条件

上文中强调“小银行优势”根本上是指小银行的关系型贷款优势。判断中小银行和中小企业的契合性的关键，是小银行的关系型贷款优势能否形成和充分发挥。现有文献对“小银行优势”的形成有多种解释，如规模经济说、风险说、市场细分说、距离说、信息优势说、市场竞争说、贷款成本说等。深入分析这些观点，我们认为小银行优势形成最重要的前提是中小银行具有在软信息投资上的优势，同时信息投资能够弥补成本，两者缺一不可。由此出发，我们可以探讨中小银行实现“小银行优势”所隐含的一系列条件。

2.4.1　影响“小银行优势”实现的内部条件

（1）银企关系条件。

银行无论大小，发放关系型贷款必须具备信息获取的便利，因此第一个必要条件就是能够建立长期、多渠道、排他性的银企关系，具体理由如下。

第一，根据 Boot（2000）的经典解释，关系型贷款是建立在私有信息技术之上的，具体而言应满足三个特征，关系银行对信息的占有具有非公开性、长期性和专有性。关系型贷款的盈利模式是：银行通过与企业的长期多渠道交流合作，获取非公开信息，然后以此为基础进行企业授信，为企业提供持续贷款，并交叉销售其他金融产品，持续取得关系租金。换言之，银行获取软信息的成本具有显著的时间衰减性，初始成本很高，但长期成本越来越低。关系型贷款前期投入的高额信息成本是依靠跨期重复使用信息的方式得以分摊的，长期租金存在是银行发展关系型贷款的主要动力。

第二，随着银企关系的持续发展，软信息的积累会越来越多，对客户贷款条件的影响也会越来越大。通过建立长期多渠道业务关系，可以产生连续性的信息积累和交换，增加银行和企业之间的互信，形成更加牢固的关系。在银行方面，通过对借款人的持续密切监督，对贷款定价和条件实行动态激励，可促使企业采取合作策略，降低银行贷款的风险；在中小企业方面，则可以借助长期隐性合约，从关系银行获得稳定的资金来源，加快融资速度，降低融资成本。同时在与银行重复谈判和签订协议的过程中获取更多话语权，争取更好的贷款条件，使贷款期限、还款方式等条件与自身融资需求和企业战略更加匹配。

需要指出的是，长期和相对封闭的银企关系也存在弊端，它要求双方都承担一定的义务。银行需要承诺在未来给予企业长期和多次贷款，包括在企业处于财务困境或宏观信贷紧缩时给予支持，由此可能产生“软约束”问题。而企业为了获取长期利益只能与一家或少数几家银行建立长期和特殊的关系，放弃通过其他银行融资的机会。银行或企业任何一方若想退出长期关系，短期内都很难重新发展足够深入的银企关系，原先积累起来的软信息随之损失，这些损失的信息构成了很高的转换成本，须以适度的市场竞争予以抑制（周鸿卫、文慧，2011）。这就涉及影响“小银行优势”实现的外部条件。

（2）银行组织结构和产权结构。

关系型贷款实现的第二个必要条件是拥有简单、高效的银行组织结构和产权结构，可以解决信息获取的激励问题。虽然大银行也可以建立关系型贷款所需要的客户关系，甚至在某些方面可能比小银行更便利、成本更低。但大银行并不一定能有效地开展关系型贷款，其原因在于组织的不经济性。关系型贷款依赖的是软信息，只有当中小企业的大量软信息被银行有效地收集、处理和传递时，才能解决信息不对称问题，促进银行向中小企业放款。由于软信息具有强烈的人格化特征（比如直接接触中的个人感觉），其获取依赖于银行的基层经理。大银行决策权集中、管理环节较多，与软信息内容复杂、不易量化和传递的特征相抵触，来自基层经理的软信息在到达信贷决策者时容易出现延误、失真等种种问题，使得这些信息变成无效信息，这就是所谓有效信息与决策权不匹配的问题。根据 Berger（2002）的观点，关系型贷款技术会在组织中产生各种代理问题，包括基层信贷员和银行管理层之间的代理问题、银行所有者与银行经营者之间的代理问题，以及银行各种契约所涉及的其他利益相关者如银行债权人、监管者之间的代理问题等。尽管代理问题在大银行和中小银行中都存在，但两者程度不同，处理代理问题的成本也不同，因此就决定了银行发放关系型贷款的能力。

关系型贷款与交易型贷款的贷款程序存在根本性差异。关系型贷款要求将贷款审批权下放到掌握着软信息的基层经理，但这会产生如何对基层经理进行约束的问题。大银行的组织不经济会使其面临的代理问题更严重，产生的代理成本更高。为避免损失，大银行倾向于建立一个清晰明了、易于遵守的信贷规则，避免发放非标准化的关系型贷款。相反，小银行的组织结构简单，管理层级较少，信息传递的环节少、方式灵活（比如有更多机会向上级进行直接的口头报告）；且小银行决策者靠近信息源，对企业的经营状况比较熟悉，有条件对贷款决策进行密切监控，故小银行面临的代理问题较轻，更适合处理软信息，更具有发放非标准化关系型贷款的动机（Stein，2002）。国外很多文献强调小银行的层级结构和控制权激励，将代理成本优势视为“小银行优势”的主要来源。

银行产权结构对关系型贷款也有一定的影响。国外一些研究表明，中小银行产权集中于银行经营者、职员和当地投资者手中，如Brickley、Linck和Smith（2003）对得克萨斯州50家小银行和27家大银行的统计发现，在小银行中，大股东（指持股比例超过5%的股东）平均持股为70%；这些银行的大股东主要是银行职员和董事，银行职员和董事的平均持股占比达到62%。这种产权结构减少了银行所有者和经营者之间，以及基层经理和管理层之间的代理问题，具有很强的所有权激励效应和控制权激励效应。银行可以赋予基层经理更大的贷款决策权，强化对银行基层经理产生“软信息”的激励。

值得强调的是，组织结构和产权结构优势是中小银行设计和采取相应的贷款制度、操作规程、贷款产品，以及建设专业团队、优化内部激励机制的基础。从根本上看，组织优势是解释中小银行与关系型贷款契合性的关键，它使中小银行具有处理软信息和关系型贷款，并控制委托代理问题的能力。因此，“小银行优势”与其说是由于规模的作用，不如说是组织结构的作用。正因为如此，单纯建立小银行机构并不能保证它们有效为中小企业服务，需要具备与关系型贷款相匹配的银行组织结构。

2.4.2 影响“小银行优势”实现的外部条件

传统的关系型贷款不仅依赖于稳固的银企关系和有利的组织结构，而且也依赖一定的外部环境，如金融基础设施、信息技术、政策激励、社会信用、法制状况等因素。当这些外部因素改善时，会为各类金融机构向中小企业提供金融服务创造更合适的条件，从而间接影响中小银行关系型贷款优势的形成和发挥。外部环境所包含的要素非常复杂，下文选取地缘性因素、金融基础设施、银行业竞争程度、金融科技四个方面为例进行论述。

（1）地缘性因素的影响。

根据以往的文献，地缘性因素对银行开展关系型贷款具有一定的作用（Hauswald 和 Manquez，2002）。获取软信息需要银行与中小企业及企业主进行长期密切的接触，甚至于需要信贷人员亲赴现场进行调查，直接感受体验，多渠道了解企业经营状况、信誉及企业主的人品、能力等信息，故软信息的获取耗时多、成本高。地缘临近可以充分利用当地人力资源，降低调查半径，节省运营成本；同时，总部与分支机构距离接近，也可以减少信息传递过程中的误差。

但是，空间距离的作用并非形成关系型贷款优势的主要原因或必要条件，且随着时代的变迁，地缘性因素对银行贷款的重要性呈下降趋势。Petersen 和 Rajan（2000）发现，从 20 世纪 70 到 90 年代开始，美国小企业及其贷款银行之间的物理距离有了显著增加，且呈现稳定增长之势。究其原因，他们认为，信息处理和传输技术的进步使银行在获取信息时已越来越不需要个人化的渠道，转而更多地依赖于专业的信息中介机构，这些机构专业搜集、加工和传递企业信息，提供给贷款机构，为远距离贷款创造了条件。

目前，利用地域优势开展关系型贷款的典范主要是地方性银行。许多城商行经营仍带有较强的地域性，如浙江泰隆银行、民泰银行等城商行能够植根于本乡本土，立足于为当地中小企业服务，同时也创造了自身的业绩。有些股份制商业银行对小微企业授信客户来源进行营销区域划分，鼓励分支机构在所在城市开展业务，限制异地营销区业务，甚至明文规定小企业授信客户、抵押物等距离经办机构的距离，这不仅可以限制本银行各分支机构之间的竞争，也可以鼓励分支机构充分发挥地缘优势。在一定程度上，中小银行地域优势促成了长期稳定的银企关系的建立，因此地域作用仍应予以考虑。

（2）金融基础设施的影响。

金融基础设施状况通过影响银行的贷款偏好和贷款技术选择而间接影响“小银行优势”的形成。由于关系型贷款对于中小企业的重要性源自后者的信息不透明，银行难以对其采用以财务信息、信用评级为基础的交易型贷款技术。特别是在金融基础设施薄弱、公共征信系统和信息中介机构缺乏、司法不健全的地区，交易型贷款的使用受到限制，关系型贷款的作用会更大，如我国某些县域地区就是如此（马九杰、王国达和张剑，2012）。换言之，金融基础设施不完善，会使中小银行的关系型贷款优势更为显著。反之，企业外部的社会公证机制（林毅夫，2001）、公正的会计审计第三方监督、共享型的信用体系等，均有助于提高中小企业信息透明度，帮助外部投资者了解和判断企业经营状况，对银行发放交易型贷款具有正向的外部性效应，并因此减少企业对关系型贷款的依赖，削弱“小银行优势”。同样的情况也可以出现在担保方式的创新上，如近年来政府和银行联合推动动产和无形资产质押，这仍然属于交易型贷款技术的范畴，可能使交易型贷款银行争取到一部分先前的关系银行的客户，从而削弱关系贷款的作用。

（3）银行业竞争程度的影响。

在中小企业贷款上，小银行并非没有竞争者。随着贷款技术进步和金融基础设施的完善，加上监管部门推动和强制性要求，大银行日益进入中小企业融资领域，利用自身的条件开发中小企业市场；同时新兴的互联网金融平台的小额信贷、股权众筹等业务也主要针对小微企业和个人借款者，提供了不同于传统银行和证券融资的新渠道，市场竞争使金融服务从顶端客户市场延伸到中小企业市场，整体上有利于中小企业获得资金。

但是，银行业竞争程度会如何影响中小银行的比较优势，在相关文献中却存在两种截然相反的结论。概括而言，如果市场资金充裕、竞争适度，可以激励中小银行寻找和发挥自身优势，与中小企业发展长期关系，保持和扩大关系型贷款客户的比例。此外，关系型贷款的开展从双方的贷款关系来说必须具有一定的排他性，即对私有信息占用的垄断性。虽然这种信息垄断不能等同于市场垄断，但市场竞争机制会对信息垄断造成影响。银行间过度竞争可能不利于关系型贷款中私有信息的长期占有，将挤压中小银行的盈利空间，削弱中小银行的优势。需要补充的是，现有文献对互联网金融服务的竞争性及其对中小银行的影响也少有研究。而实际上，互联网企业在信息处理、组织结构方面可能具有比中小银行更大的优势，因此对中小银行的优势领域可能造成很大的冲击。

（4）金融科技的影响。

金融科技是近年来金融领域最受关注的现象，金融科技正在重塑银行业，将带给银行业以至于整个金融业全面、深远且具有革命性的影响。就本书所关注的中小银行而言，诸如区块链和大数据技术的进步可能将逐渐弱化中小银行的信息优势。大型银行凭借资金技术和人才优势，可以率先应用这些新技术以获取、分析和处理客户信息和交易记录，并结合风控和分析模型进行信用评定，进一步减轻信息不对称的后果。随着人工智能、大数据、云计算等技术手段的应用，银行服务的智能化、智慧化程度将不断提高，大银行的人工成本将降低，对中小企业服务规模不经济的问题将有所缓解。金融科技的发展还将进一步克服大型银行的地域劣势，使其可以为更多“非本地”、没有网点覆盖的中小企业提供高效和优质的金融服务。

在金融科技的产业生态中，越来越多的企业参与进来，金融竞争的环境将更加复杂。互联网企业凭借技术、数据、平台和人才优势已积累了大量客户资源，并积极与传统金融机构开展各种合作和技术服务输出；而传统金融 IT 企业拥有深厚的行业积累和丰富的风控经验，也正积极通过各种形式实现向金融领域跨界；还有些大型零售企业，借助大规模用户数据和丰富的客户服务经验，将金融服务与自身原有服务进行融合，转型进入金融科技市场。面对上述所有的挑战，如果不采取有效的应对措施，中小银行的优势可能全面弱化，中小银行将面临极大的客户流失风险。

2.5 本书研究思路的形成

由上文分析可知，中小银行的“小银行优势”发挥隐含着一系列条件，其中，建立深刻的银企关系和具备适合的银行组织结构是“小银行优势”形成和发挥的必要条件，而地缘性因素、金融基础设施、银行业竞争程度、金融科技等外部因素对“小银行优势”具有强化或弱化的作用。由此可知，并不是只要建立起中小银行体系，就能自动解决中小企业金融服务问题，关键还在于建立什么样的中小银行才能真正发挥其“优势”，以及如何为中小银行发展创造适宜的外部环境，推动其承担为中小企业提供金融服务的功能。

虽然理论上中小银行与关系型贷款比较契合，中小银行在关系型贷款上具有比较优势，大银行在交易型贷款上具有比较优势，因此大银行主要服务于大企业，而中小银行以中小企业为主要服务对象。但对照“小银行优势”实现的必要条件和外部因素进行初步分析，我们认为国外文献中有关中小银行关系型贷款优势的某些表述并不适应于我国的情况，中国中小银行并不充分具备关系型贷款所必需的银企关系基础和银行组织结构条件，外部环境也存在诸多问题，因此“小银行优势”的发挥存在严重障碍。主要表现为：①我国中小企业平均存续期短，经营风险高，企业经营者的长远意识不足，建立银企关系的基础比较薄弱。②中小银行很多并非出自“草根”，其产生、发展及定位主要来自政策设计、政府支持和市场机会，其产权结构和组织架构较多复制了大银行的模式。比如在很多中小银行中，地方政府是大股东，经营者和职工个人持股比例很低，委托代理问题比较严重，不适应关系型贷款的需要。在经营过程中带着明显的政府指导色彩，倾向于为地方基础设施和大企业提供金融服务。③在地缘优势方面，我国过去长期实行计划经济，包括地方经济都实行大范围的规划，社区企业和社区经济的传统比较薄弱，习惯依赖大银行经营网络实现服务覆盖；大银行有很多分支机构长期立足于地方，参与地方经济建设，与地方存在着千丝万缕的联系，对地方经济和企业相当熟悉，也掌握了不少软信息，并非远离中小客户。在我国大中型城市甚至某些县域，中小银行与大银行对中小企业提供金融服务是否存在明显的地缘优势差异，并不能一概而论。

因此，本书着重解决的问题是深入研究中国中小银行对中小企业融资功能实现的种种约束条件及其破解之策。结构安排为：第 3 章描述我国中小银行对中小微企业融资的现状考察，第 4—6 章，将分别从微观（银企关系和银行组织结构）、中观（银行市场结构和竞争）、宏观（制度和社会环境）三个层面研究我国中小银行对中小企业融资功能实现过程中的约束条件，第7章将提出破解之策。

2.6 本章小结

本章依据“小银行优势”假说及最优金融结构理论两条线索，梳理了关于中小银行与中小企业融资关联性的众多研究成果。最优金融结构论从金融结构视角研究中小企业融资问题，将中小企业融资与中小银行的地位和作用联系起来，而中小银行功能定位的微观机理是由“小银行优势”假说揭示出来的。

从中小银行与中小企业融资关联性角度反思我国中小银行的发展及其作用，可以发现：虽然我国中小银行的数量和业务规模已经有了很大增长，市场地位不断提高，但主要源自经济发展红利和市场空缺的填补，一些中小银行实际上未能充分发挥所谓“小银行优势”并专注于中小企业金融服务，盲目追求规模扩张和跨区经营，依赖理财和同业等影子银行业务，偏离信贷主业，潜在风险高，核心竞争力缺乏。

关于“小银行优势”是否存在的问题，国内外学者已有许多质疑。本章依据“小银行优势”假说的论证逻辑，对各种质疑进行了分类评析，指出对“小银行优势”之所以产生争议，关键是对软信息与硬信息、交易型与关系型贷款技术划分的绝对化，以及对银企规模匹配关系的绝对化。以更宽泛的视角来看，关系型贷款与交易型贷款技术是相容互补的，大银行及新型金融业态对中小企业融资正发挥着越来越重要的作用。但也要看到，至少在一段时间内，关系型贷款存在的现实土壤仍然丰厚，中小银行仍可立足于关系型贷款优势来谋求生存和发展。

“小银行优势”并非天然、无条件的，通过对文献的深入挖掘，本章提出中小银行服务于中小企业这一功能得以实现的前提条件。概括而言，“小银行优势”形成需要中小银行具有在软信息投资上的优势，同时信息投资能够弥补成本，两者缺一不可。因此，小银行关系型贷款优势的形成在内部必须具备深刻的银企关系和合适的银行组织结构，而外部条件如地缘性因素、金融基础设施、银行业竞争程度、金融科技等条件的变化，对“小银行优势”则起到加强或弱化的作用。

对照“小银行优势”实现的必要条件和外部因素所作的初步分析表明，中国中小银行并不充分具备关系型贷款所必需的银企关系基础和银行组织结构条件，外部环境也存在诸多特殊问题和变数，因此“小银行优势”的发挥存在严重障碍。由此提出本书的研究思路：深入具体地研究中国中小银行对中小企业融资功能实现的种种约束条件，探讨应建立什么样的中小银行才能真正发挥其“优势”，以及如何顺应和改造外部环境，推动中小企业金融服务的发展。

第3章
我国中小银行对中小微企业融资的现状考察

本章着重考察中小银行对中小微企业融资的状况，由于近年来监管要求和统计口径的变化，各界更关注小微企业金融服务[①]，因此本章中的一系列指标和数据主要描述小微企业的融资现状。本章关注点是：相对于大银行而言，中小银行对中小微企业是否具有更强的贷款倾向，以及当前中小银行对中小微企业贷款存在哪些问题。为后续深入研究提供现实的、直观性的论证基础。

3.1 我国银行业金融机构对小微企业融资的总体状况

3.1.1 银行业金融机构整体对小微企业的扶持

我国银行业金融机构是金融市场上的主体，是中小企业外部融资的主要来源。整体而言，出于对贷款成本和风险控制的考量，银行业金融机构偏好于大型企业，中小企业作为市场上最为广泛的资金需求方，其融资需求并未得到有效满足。近年来，随着我国经济和金融的结构性调整，利率市场化推进，市场竞争更趋激烈，加之政府着力扶持中小微型企业的发展，因此各商业银行在中小企业业务方面均加强了拓展，整体融资规模逐年提高。

① 2011年版的《中小企业划型标准规定》将微型企业单列出来，此后在政府部门、金融机构、独立研究机构发布的出版物中，统计口径大多从中小企业转变为小微企业。出于真实性和时效性考虑，本章主要采用小微企业统计数据。实际上，本书研究中小银行服务于中小企业的功能，本身也是侧重于其中更为弱势的小微企业。

2010年，中国银监会联合中国人民银行、中国证监会、中国保监会印发了《关于进一步做好中小企业金融服务工作的若干意见》，指出银行业金融机构应扩大中小企业信贷投放比重、加大力度改善中小企业金融服务。该文件首次提出了“两个不低于”的工作目标，即当年小微企业贷款增速不低于同期全部贷款平均增速，增量不低于上年增量。

2011年，工业和信息化部、国家统计局、国家发展改革委、财政部联合发布《中小企业划型标准规定》，将微型企业单列，与小企业并称为小微企业，并促进对中小企业发展的优惠政策重心下移。自2012年以来，中国银监会、中国保监会、中国人民银行、财政部、国家发展改革委等相关部委密集出台支持小微企业的政策，小微企业概念迅速流行，2012年因此被媒体称为“小微企业元年”，有关中小企业融资的研究和政策重点均转向小微企业。与此同时，各家商业银行按照监管要求设立小微企业贷款部，或将原有的“中小企业信贷部”调整为“小微企业金融部”或“普惠金融事业部”，作为小微企业授信业务的主管部门。据中国银监会网站披露数据显示，至2014年12月末，全国小微企业贷款余额20.70万亿元，占全部贷款余额的23.85%，较2014年年初增加3.08万亿元，比2013年同期多增1731亿元，比各项贷款增速高4.2个百分点，连续6年实现了“两个不低于”目标。全国小微企业贷款户数1144.6万户，较2013年同期增长9.0%，小微企业金融服务覆盖面稳步拓宽。

2015年，中国银监会发布《关于2015年小微企业金融服务工作的指导意见》，对连续实施6年的小微企业贷款“两个不低于”的目标进行了调整，提出“三个不低于”目标，即：在有效提高贷款增量的基础上，努力实现小微企业贷款增速不低于各项贷款平均增速，小微企业贷款户数不低于上年同期户数，小微企业申贷获得率不低于上年同期水平。新政策不再单纯强调贷款增量，而是从增速、户数、申贷获得率三个维度更加全面地考察小微企业金融服务状况。根据银保监会网站资料，截至2017年12月末，全国银行业金融机构小微企业贷款余额30.74万亿元，占各项贷款总余额的24.67%。小微企业贷款较2017年年初增加4.04万亿元，比各项贷款平均增速高 2.67 个百分点；小微企业贷款户数达到 1520.92 万户，较上年同期增加 159.82 万户；小微企业申贷获得率 95.27%，较上年同期高 1.67 个百分点，连续 3 年实现了"三个不低于"监管目标。

2018 年，中国银监会下发《中国银监会办公厅关于 2018 年推动银行业小微企业金融服务高质量发展的通知》，在继续监测"三个不低于"、确保小微企业信贷总量扩大的基础上，提出"两增两控"的新目标，"两增"即单户授信总额 1000 万元以下（含）小微企业贷款同比增速不低于各项贷款同比增速，有贷款余额的户数不低于上年同期水平；"两控"即合理控制小微企业贷款资产质量水平和贷款综合成本水平。新目标的变化一是引导金融机构聚焦单户授信 1000 万元以下的小微企业，强调业务进一步下沉，二是强调贷款质量和综合成本。

2020 年，中国银保监会下发《中国银保监会办公厅关于 2020 年推动小微企业金融服务"增量扩面、提质降本"有关工作的通知》，着眼于提高当年新发放小微企业贷款户中"首贷户"的占比、信用贷款和续贷业务占比，提升小微企业信贷服务便利度和满意度，并进一步降低普惠性小微企业贷款的综合融资成本。

在政策面的持续和强力推动下，我国小微企业贷款总体上实现了"三个不低于"目标，银行业金融机构整体对小微企业贷款呈现出良好的发展态势。图 3-1 反映了我国银行业金融机构小微企业贷款余额、小微企业贷款占全部贷款余额的比例、小微企业贷款余额增速。从 2012—2018 年来看，银行业小微企业贷款余额连续增长，从 2012 年的 14.77 万亿元增长到 2018 年的 33.49 万亿元，小微企业贷款占全部贷款的比例也从 21.95% 上升到 23.81 %，小微企业贷款余额增速较快，但 2014—2018 年因基数已较大而呈下降之势。

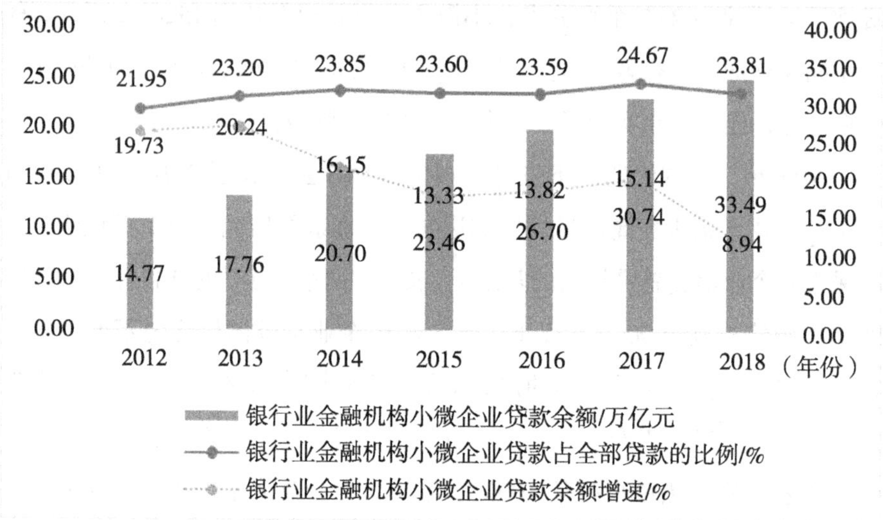

图 3-1　银行业金融机构小微企业贷款余额、占比及增速变化情况

数据来源：根据《中国中小微企业金融发展报告（2019）》及银监会数据整理所得。

3.1.2　各类银行业金融机构对小微企业贷款的比较

基于对“小银行优势”的理论分析，各类银行业金融机构在服务中小企业上会存在较大的差异。本节通过数据的整理、统计、分析，从各类银行业金融机构对小微企业贷款余额、小微企业贷款占全部贷款的比例、小微企业贷款余额增速、对小微企业贷款的贡献程度四个维度，比较各类银行为小微企业提供融资服务的表现，关注中小银行在支持小微企业上是否表现出更大的倾向性。

图 3-2 和图 3-3 显示的是 2014—2018 年各类银行业金融机构对小微企业贷款的余额及其占比。不同类型银行业金融机构的小微企业贷款余额规模都在逐年增加，其中，五大国有商业银行小微企业贷款余额从 2014 年的 54518 亿元增长到 2018 年的 71022 亿元，在数量上占有绝对优势，是小微企业贷款的主力。但从小微企业贷款余额的占比来看，五大国有商业银行在银行业金融机构的小微企业贷款总额中所占比例从 2014 年的 26% 下降到 2018 年的 21.21%，股份制商业银行从 17% 下降到 13.63 %。而农

村商业银行和城市商业银行分别从 15% 上涨到 20.79% 和 18.70%，保持在第二和第三的位置，城市商业银行在 2015 年实现对股份制商业银行的赶超。可见，城市商业银行和农村商业银行在银行业金融机构的小微企业贷款中扮演了越来越重要的角色。

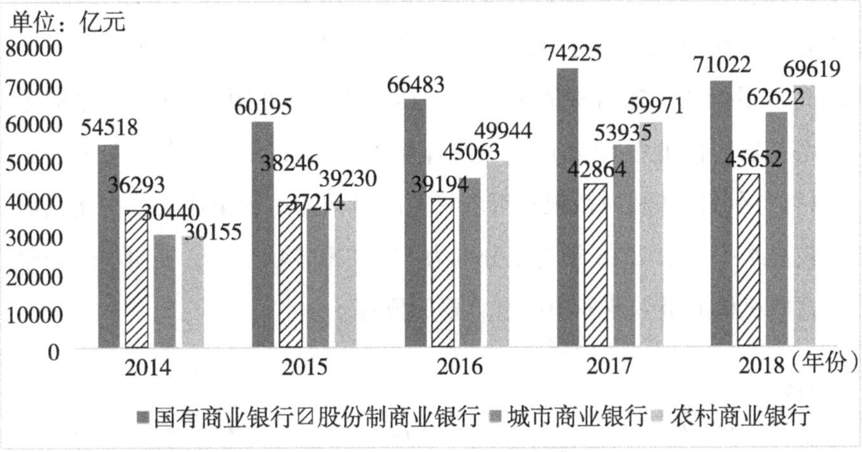

图 3-2　各类银行业金融机构小微企业贷款余额情况

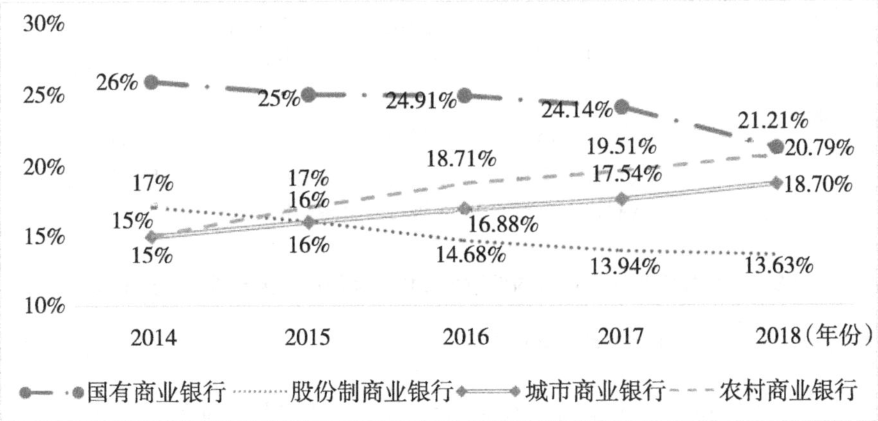

图 3-3　各类银行业金融机构小微企业贷款余额占比情况

数据来源：根据 Wind 数据库的数据整理而得。

图 3-4 反映的是各类银行业金融机构小微企业贷款余额占其全部贷款

余额的比例。从整体上看，2014—2018 年来银行业金融机构小微企业贷款余额占其全部贷款余额的比重一直保持在 23% 以上，其中，大型商业银行的小微企业贷款余额在自身全部贷款余额中的占比最低，且从 2014 年的 15.01% 小幅下降到 2018 年的 13.00%，同样下滑的是股份制商业银行，且下滑幅度相当大，从 2014 年的 25.48% 下降到了 2018 年的 17.80%，已低于银行业金融机构的小微企业贷款占比的平均值。而其他类型中小银行均高于银行业金融机构的平均值，其中城市商业银行 2017 年比例达到 45.00%，农村商业银行 2016—2018 年基本维持在 50% 以上，图中未显示的农村信用合作社和村镇银行等农村金融机构的小微企业贷款占比也都保持在较高水平（如 2015 年占比分别为 51.9% 和 74.4%），表明小微企业贷款在这些机构的贷款业务中占有重要的位置。

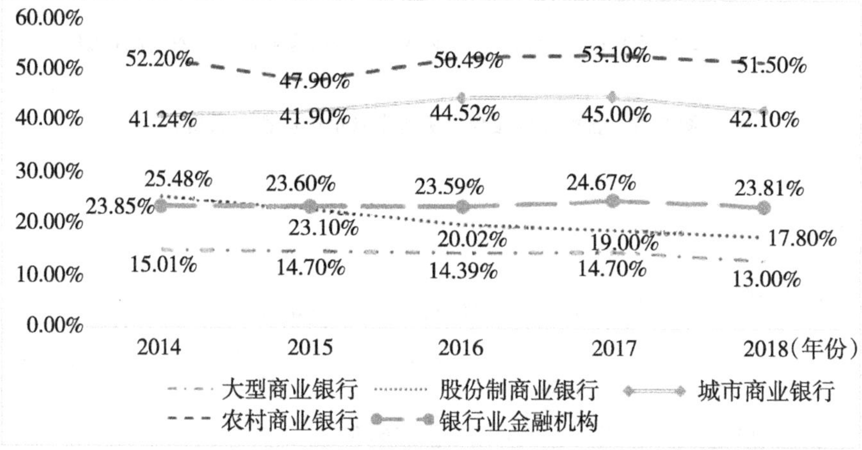

图 3-4 各类银行业金融机构小微企业贷款余额占其全部贷款余额的比例

数据来源：根据中国银监会数据整理而得。

图 3-5 反映了各类银行业金融机构小微企业贷款余额增速情况。从中可见，城市商业银行和农村商业银行都保持了较高幅度的增长，但增速逐年有所下降；大型商业银行、股份制商业银行的小微企业贷款余额增速一直低于银行业金融机构的平均水平，尤其是在 2018 年大型商业银行出现了较大规模的负增长。

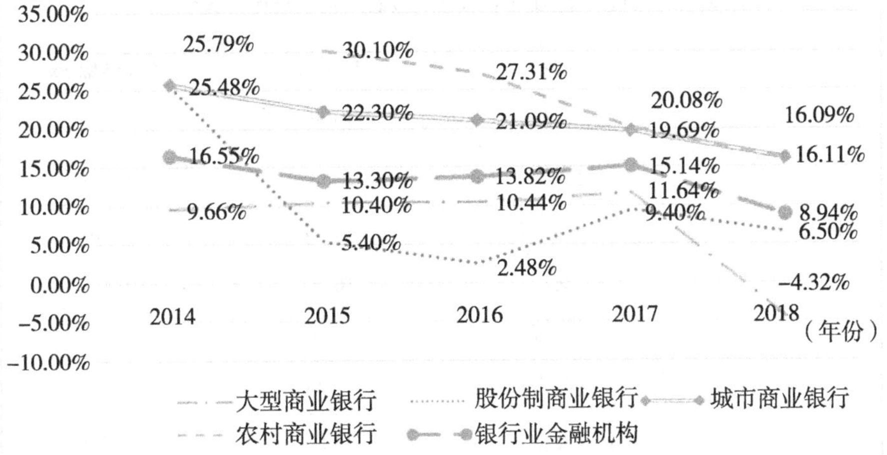

图 3-5　各类银行业金融机构小微企业贷款余额增速情况

数据来源：根据中国银监会数据整理而得。

具体到每个不同的金融机构，其小微企业贷款占全部贷款余额的比例及贷款增幅情况差异很大，表 3-1 显示了 2017 年部分商业银行的情况。可以看到股份制商业银行的分化比较明显，民生银行的小微企业贷款占比甚至低于国有商业银行。此外，城商行（城市商业银行的简称）的差异性也比较大，浙江民泰和浙江泰隆的表现非常突出，可能是得益于当地中小企业发展状况、金融资源及市场结构，也与其客户定位、产品和服务类型、经营水平和风险控制能力等有关。

表 3-1　2017 年部分商业银行小微企业贷款占比和贷款增幅

项目	银行	占比 /%	贷款增幅 /%
国有商业银行	农业银行	12.72	13.31
	建设银行	12.99	11.70
	中国银行	15.05	13.46
	工商银行	16.50	9.12
	交通银行	17.30	12.69
股份制商业银行	兴业银行	25.22	9.46
	华夏银行	23.50	15.79
	招商银行	14.15	0.35
	中信银行	17.66	9.73
	光大银行	19.69	17.39
	渤海银行	22.41	46.09
	民生银行	12.88	9.79
	浦发银行	40.98	14.66
城市商业银行	汉口银行	26.92	52.14
	成都银行	28.17	10.64
	盛京银行	40.60	33.25
	重庆银行	37.47	12.48
	南京银行	37.04	25.37
	江苏银行	41.88	16.27
	宁夏银行	49.16	0.32
	郑州银行	55.04	16.05
	浙江民泰	65.96	8.80
	浙江泰隆	71.67	16.71
	贵阳银行	59.80	27.85

资料来源：《中国中小微企业金融服务发展报告（2019）》。

表 3-2 反映的是各类银行业金融机构对小微企业贷款的贡献程度，定义为各类银行业金融机构小微企业贷款余额占比与各类银行业金融机构资产占比的比值。从表中看到，大型商业银行的资产占比和小微企业贷款占比均较大，股份制商业银行居中，城市商业银行、农村商业银行和农村信用合作社的占比较低。

2014—2018 年的四年中，大型商业银行和股份制商业银行的资产占比都高于小微企业贷款占比，而其他各类型商业银行的情况正好相反。也就是说，大型商业银行和股份制商业银行对小微企业贷款的贡献度小于 1，而城市商业银行和农村商业银行的贡献度大于 1，其中农村商业银行比值最高，城市商业银行次之。

表 3-2　各类银行业金融机构资产占比、贷款占比和小微贷款贡献度

		大型商业银行	股份制商业银行	城市商业银行	农村商业银行
2014	资产占比	41.21%	18.21%	10.49%	6.70%
	贷款占比	26.00%	17.00%	15.00%	15.00%
	贡献度	0.631	0.934	1.430	2.239
2015	资产占比	39.21%	18.55%	11.38%	7.60%
	贷款占比	25.00%	16.00%	16.00%	17.00%
	贡献度	0.638	0.863	1.406	2.237
2016	资产占比	37.29%	18.72%	12.16%	8.70%
	贷款占比	24.91%	14.68%	16.88%	18.71%
	贡献度	0.668	0.784	1.388	2.151
2017	资产占比	36.77%	17.81%	12.57%	9.40%
	贷款占比	24.14%	13.94%	17.54%	19.51%
	贡献度	0.657	0.783	1.395	2.076
2018	资产占比	36.67%	17.53%	12.80%	—
	贷款占比	21.21%	13.63%	18.70%	20.79%
	贡献度	0.578	0.778	1.461	—

注：资产占比是指各类银行业金融机构总资产占银行业金融机构总资产的比例；贷款

占比是指各类银行业金融机构小微企业贷款余额占银行业金融机构小微企业贷款总额的比例，小微企业贷款贡献度定义为各类银行业金融机构小微企业贷款余额占全部贷款余额的占比／各类银行业金融机构资产占比。
数据来源：根据中国银监会数据整理。

3.1.3 中小银行对小微企业贷款的倾向性

通过以上不同维度数据的比较，我们可以总结出各类银行业金融机构对小微企业的贷款状况，要点如下。

第一，大型银行仍然是小微企业金融支持的主力。五大国有商业银行凭借其资产、机构等方面的巨大规模，对小微企业的贷款余额及所占市场份额上仍保持优势，高于中小型商业银行。

第二，中小银行对小微企业贷款有更强的倾向性。尽管中小银行在小微贷款规模和市场份额上不及大型机构，但在相对性指标上却显示出更强的倾向性。首先，从小微企业贷款占全部贷款的比重来看，从低到高的顺序依次是：国有商业银行、股份制商业银行、城市商业银行、农村商业银行，与银行规模呈明显负相关。规模越小，小微企业贷款的占比越高。这与早期国外研究者的结论相同。其次，从户均贷款上看，国有商业银行户均贷款多数是千万元、股份制商业银行户均贷款多数为数百万元（个别超千万元），而城商行的户均贷款多数只有几十万元（个别超千万元，少数数百万元）。说明银行规模越小，所服务的企业也越小。最后，从对小微企业贷款的贡献程度来看，越是大型商业银行，其提供小微企业贷款的比重越低于其占有资产的比重，相反，城市商业银行和农村商业银行等中小银行以较少的资产占用，提供了较多的小微企业贷款，说明中小银行对小微企业贷款的贡献度更高。

第三，从发展趋势上看，近年中小银行对小微企业贷款倾向性越来越显著。尽管各类银行业金融机构都逐年增加对小微企业的贷款规模，但城市商业银行和农村商业银行的小微企业贷款的增速远高于五大行和股份制商业银行，因而市场份额上升较快。同时，城市商业银行、农村商业银行的小微企业贷款在自身全部贷款中所占比重逐年上升，与大型商业银行相应的比重下降趋势形成了鲜明对照。

第四，近年来股份制商业银行对小微企业贷款增速放慢，与其他各类银行相比表现较差。股份制商业银行在规模上不及国有商业银行，通常被认为属于中等规模银行，其中不少银行（如民生银行）在成立之时也是以服务中小企业为目的，多年来在中小企业融资领域取得了很大发展。但时至今日，股份制商业银行的经营定位已越来越靠近国有大银行，而脱离中小银行特征，与地方法人金融机构（如城市商业银行和农村金融机构）扎根本地、深耕小微市场的定位不同，股份制商业银行更关注于在全国范围的布局，在区域和客户选择上更倾向于大市场和大客户，小微企业贷款增速相对较慢，甚至出现负增长，占全部贷款的比重下降较快，甚至跌至银行业小微信贷比重平均值之下。部分股份制商业银行的小微企业贷款的占比甚至低于国有五大行。这种趋势在2018年得到遏制，但仍需要进一步关注。

3.2 我国中小银行服务于小微企业的动机及成效

3.2.1 中小银行开展小微企业贷款业务的动机

中小银行对中小企业贷款的倾向性，与其对中小企业融资的动机和重视程度密切相关。表3-3显示了来自不同类型银行的受访者对所在行开展小微企业贷款业务的主要动力来源的评价，这是中央财经大学民泰金融研究所中国中小企业金融服务调研课题组开展的“商业银行小微金融经理人年度问卷调查”2016年[①]的调查结果。结果显示大型商业银行开展小微企

① 该调查历年受访的小微金融经理人分布于环渤海、长三角、珠三角、东北地区、中部地区和西部地区六大区域。受访者所在银行包括国有五大商业银行、股份制商业银行、城市商业银行、农村商业银行，此外新增了民营银行的小微金融经理人。但2019年较新版本的报告中没有按照受访者所在银行类型进行分类，因此本节中的表3-3至表3-7和图3-6使用的是2016年的统计结果。

业贷款业务更多的是为了响应国家号召与监管层的要求，是政策驱动型；股份制商业银行看中的是高定价带来的收益和交叉销售机会，比大型商业银行有更多的商业动机。而长期在大型商业银行和股份制商业银行的夹缝中生存的城市商业银行和农村商业银行，在大企业贷款业务上并没有优势，只能选择小微企业作为自己的主要服务对象，故受访者更多地选择了“主要客户本就是小微企业，把擅长的做好”及“拥有为数众多的小微企业客户，有利于银行稳定发展”。从调查结果看，中小商业银行开展小微企业贷款的动力是内在的和主动的，与其客户构成特点一致。特别是农商行对自身的市场定位把握较为准确，农商行植根于农村基层，了解当地企业生产和产业发展情况，能够把信息不对称的问题降到最低，对农村和县域市场的掌握力度高于股份制商业银行和城商行。

表 3-3　来自不同类型银行的受访者对所在行开展小微企业贷款业务的主要动力来源的评价

	总体	大型商业银行	股份制商业银行	城市商业银行	农村商业银行
A	40.6%	61.5%	31.7%	23.5%	31.0%
B	27.2%	29.2%	24.4%	29.4%	31.0%
C	33.3%	9.2%	29.3%	61.8%	58.6%
D	42.2%	32.3%	53.7%	38.2%	44.8%
E	36.1%	35.4%	53.7%	29.4%	24.1%
F	47.2%	36.9%	48.8%	61.8%	55.2%
G	26.1%	24.6%	17.1%	29.4%	37.9%
H	1.1%	1.5%	2.4%	0	0

注：此问题为多选题，所有观点的比例加起来会大于1。类型具体为，“A”代表响应国家号召和监管层的要求，其实没有多大动力；“B”代表大中型客户金融脱媒进一步加剧，只能开发小微企业客户；“C”代表主要客户本就是小微企业，把擅长的做好；“D”代表小微企业有定价优势，能够带来更高的收益；“E”代表小微企业业务可以产生更

多的交叉销售的机会；“F”代表拥有为数众多的小微企业客户，有利于银行稳定发展；“G”代表银行利润下降，有转变盈利模式的需要；“H”代表其他。
数据来源：《中国中小微企业金融服务发展报告（2016）》。

在重视程度方面，表 3–4 显示了来自不同类型银行的受访者对小微企业业务重视程度的评价。结果表明，大、中、小型银行对于小微业务的重视程度有较大差异。农村商业银行中有超过 8 成的受访者认为重视程度增加，尤其是认为“显著增加”的比例超过了 5 成，城市商业银行也有近 7 成受访者认为重视程度增加。与之形成对比的是股份制商业银行受访者认为重视程度降低的比例超过了 3 成，为各类银行业最高，这可以部分解释近些年来股份制商业银行对小微企业服务的作用有相对下降的趋势。

表 3–4　来自不同类型银行的受访者对小微企业业务重视程度的评价

	总体	大型商业银行	股份制商业银行	城市商业银行	农村商业银行
显著增加	28.3%	18.5%	19.5%	38.2%	51.7%
有所增加	33.3%	36.9%	26.8%	29.4%	34.5%
没有变化	18.9%	27.7%	17.1%	20.6%	3.4%
有所降低	14.4%	13.8%	22.0%	11.8%	10.3%
显著降低	2.8%	1.5%	9.8	0	0
不清楚	2.2%	1.5%	4.9%	0	0

数据来源：《中国中小微企业金融服务发展报告（2016）》。

3.2.2　中小银行小微金融服务组织架构和内部管理

（1）小微金融服务组织架构。

根据监管部门的要求，各银行纷纷建立中小企业金融服务专营机构，近年许多银行对专营机构进行更名，建立小微金融服务机构或普惠金融中心。主要采取的是事业部组织架构及特色（专营）分支行这两种形式。例如，北京银行在总、分、支三级架构中都设有专门负责中小微业务的部门，总行层面有小企业事业部，是全行中小微业务的推动部门，分支行瞄准科技金融、文化金融等方向，建立小微业务特色支行和专营支行，形成了“小微 + 科技”“小微 + 文创”“小微 + 信贷工厂”等多种组合模式。截至2020年，北京银行已建立56家小微业务特色支行和13家“信贷工厂”。在科技金融方面，北京银行依托中关村科技优势，设立中关村地区首家科技型中小企业专营支行——中关村海淀园支行；成立国内首家银行“孵化器”——中关村小巨人“创客中心”，为科技型创业企业提供覆盖初创期、成长期、成熟期等的“小巨人”系列金融产品。在文化金融方面，依托首都文化优势，北京银行自2006年开始涉足，建立了一批文化创意专营银行，在业内独树一帜。2017年成立了文创金融事业总部，同时发布业内首个IP（知识产权）产业链文化金融服务方案——文化IP通，这些举措有助于北京银行保持在文化金融服务领域的领先地位并进一步升级突破[①]。

（2）内部治理和风险管控。

2005年7月，中国银监会发布《银行开展小企业贷款业务指导意见》，随后进一步明确要重点建立和完善商业银行小企业授信的“六项机制”，即利率的风险定价机制、独立核算机制、高效的贷款审批机制、激励约束机制、专业化的人员培训机制、违约信息通报机制；2010年中国银监会又提出“四单原则”，即小企业金融服务专营机构单列信贷计划、单独配置人力资源和财务资源、单独客户认定与信贷评审、单独会计核算。多年以来，各银行的中小微金融服务创新和管理创新其实正是围绕六项机制和四单原则展开的。

在中小企业金融服务的激励机制方面，各银行设立小微企业单独考核指标，坚持正向激励，提高中小企业条线人员的工作积极性。如北京银行对于小微企业业绩表现突出的单位和个人给予绩效奖励和直接奖励；同时注重小微从业人员的职业发展和专项培训，全面提升小微业务从业人员的专业素质和服务水平，为其职业发展提供上升通道和必要支撑。华夏银行

① 北京银行相关介绍参见第一财经网2021年1月13日《融入“双循环”格局，北京银行公司业务多面开花》。

广西区域分行建立差异化的考核指标体系，适度提升小微业务规模类指标在各经营单位和小微业务负责人绩效考核中的权重。同时完善小微客户经理考核评级体系。2018 年首次对客户经理的考核采用“管会利润 + 业务条线 KPI”的考核模式，提高小微业务管会毛利的加算系数，引导和鼓励客户经理做大小微业务基础客户群。

中小银行内部控制的重点是建立一整套风险管理机制，包括贷款发生前后多场景的风险状况分析，从最初的授信调查审批、贷款发放、风险分类和预警，到最后不良资产的处置等各个环节，能够根据各个中小企业的具体特点进行相应的处理，建立有效和快速反应的处理机制。许多中小银行在风险管理上与时俱进，如在 2015 年《关于做好个人征信业务准备工作的通知》发布后，多家第三方征信公司加入个人征信建设，银行积极开展与第三方征信机构的合作。典型的如 2015 年 6 月，北京银行与芝麻信用签署战略合作协议，成为芝麻信用的首家合作银行，开启了商业银行应用互联网征信的先河。之后光大银行、华夏银行、兴业银行等多家银行机构也陆续与芝麻信用达成合作，将芝麻信用的大数据征信应用于中小企业信用评价和预测，加强和优化贷前审查的工作。

（3）贷款审批和管理流程。

中小银行建立高效的信贷审批机制，指的是针对中小企业短、频、急的融资需求特点，创新贷款业务流程；在适当简化审查和审批环节的基础上，对下属支行等基层单位贷款审批权限的设置进行合理授权，在减少贷款审批层级的同时控制信贷风险。例如，杭州银行从 2008 年开始全面实行新的小企业贷款流程，对小企业授信实行内部评级体系，新评级体系对小企业的信用评级不完全依靠财务报表，财务指标分析权重降低到 50%，而企业经营历史、销售渠道、专利技术，企业主从业经验、个人资产等都可以作为重要的评估要素。但新评级体系强调“实地、实质”原则，信贷人员在进行内部评级时要根据“实地调查”结果对报表进行交叉验证，反映企业财务“实质情况”，评级较高的企业可以获得弱担保甚至无担保的授信额度。在新业务流程中，取消了小企业业务统一授信，对小企业业务实行了充分授权，90% 的小企业业务在支行就可以完成审批，缩短了贷款审批时间[①]。

在互联网金融背景下，中小银行对于中小企业的信贷管理更加注重技术和数据驱动，模块化、智能化、流程化贷款越来越受到重视。例如，华夏银行于 2012 年推出“平台金融”业务模式，逐步形成了对中小企业的金融服务全流程、系统化改进的优势。江苏银行自 2013 年起，开发科技金融类平台、政府职能部门合作类平台、行业类平台、商会类平台、大市场类平台、供应链融资类平台、能源项目类平台及电商类平台等批量化平台服务项目，小微贷款总量和增量在全省金融机构占比均持续保持第一。民生银行在 2015 年提出全面实施小微 2.0 版贷款流程，以实现全流程系统支持、客户数据化为核心，推动模块化、批量化、标准化新模式。广发银行也通过新一代“中小企业信贷系统”，引入两个工具（客户筛选工具、移动访厂工具）和三种机制（流程效率管理机制、质量检核机制、贷后自动化管理机制），实现涵盖贷前、贷中、贷后的中小企业全流程的系统管理，同时实现风险的集中管控[②]。

3.2.3 中小银行小微金融服务的水平和质量

中小银行通过长期努力，在贷款额度安排、营业网点数量、贷款审批时间、金融服务创新等方面取得了诸多成效，提高了中小企业金融服务水平和质量。

（1）贷款额度安排。

表 3–5 显示了来自不同类型银行的受访者对小微企业贷款额度安排的评价。在农村商业银行和城市商业银行中 6 成左右的受访者认为小微企业贷款额度有所增加，对比来看，大型商业银行和股份制商业银行的相应比例明显偏低，而认为小微企业贷款额度有所降低甚至明显降低的比例，大

① 杭州银行的例子来源于《中国金融》2009 年第 4 期《寻求新的突破口——杭州银行积极落实“六项机制”建设为小企业保驾护航》。

② 此段所举例来源于各个银行官网上有关小微企业金融服务的介绍。

型商业银行为 29.3%，股份制商业银行为 34.2%。由此可见，相对于大银行，农村商业银行和城市商业银行等中小银行在贷款额度安排上为中小企业留足空间，体现了较大的支持力度。

表 3–5　来自不同类型银行的受访者对小微企业贷款额度安排的评价（2015）

	总体	大型商业银行	股份制商业银行	城市商业银行	农村商业银行
显著增加	4.4%	1.5%	12.2%	2.9%	0
有所增加	41.7%	33.8%	26.8%	55.9%	65.5%
没有变化	23.3%	26.2%	22.0%	26.5%	13.8%
有所降低	21.7%	26.2%	24.4%	14.7%	20.7%
显著降低	3.9%	3.1%	9.8%	0	0
不清楚	5.0%	9.2%	4.9%	0	0

数据来源：《中国中小微企业金融服务发展报告（2016）》。

（2）营业网点数量。

中小银行对于小微业务的服务水平也可以从小微企业营业网点的扩增中得以窥见。如表 3–6 所示，大型商业银行超过 5 成的受访者认为网点数量“没有变化”，显著高于其他银行，在其他三类银行中，均有超过 5 成的受访者认为网点数量增加，城市商业银行和农村商业银行更为明显。

表 3–6　来自不同类型银行的受访者对小微企业营业网点数量的评价（2015）

	总体	大型商业银行	股份制商业银行	城市商业银行	农村商业银行
显著增加	7.2%	7.7%	12.2%	2.9%	3.4%
有所增加	38.9%	23.1%	41.5%	52.9%	62.1%
没有变化	41.7%	53.8%	26.8%	38.2%	34.5%
有所降低	9.4%	10.8%	17.1%	5.9%	0
显著降低	1.1%	1.5%	2.4%	0	0
不清楚	1.7%	3.1%	0	0	0

数据来源：《中国中小微企业金融服务发展报告（2016）》。

（3）贷款审批时间。

在贷款审批方面，表 3–7 显示了来自不同类型银行的受访者对贷款审批时间的评价。大多数农村商业银行、城市商业银行的受访者都选择了“1—3 天”和“一周左右”，比例分别为 86.2% 和 58.8%，股份制商业银行的相应比例是 46.3%，而大型商业银行只有 20%。大型商业银行小微贷款审批时间在 10 天以上的占比 76.9%，其中半个月以上所占比例为 43.1%。整体来看，随着银行规模的下降，小微贷款平均的审批时间依次递减，体现了中小银行在贷款审批方面的快捷优势。

表 3–7 来自不同类型银行的受访者对贷款审批时间的评价（2015）

	总体	大型商业银行	股份制商业银行	城市商业银行	农村商业银行
1—3 天	11.7%	1.5%	7.3%	17.6%	34.5%
一周左右	32.8%	18.5%	39.0%	41.2%	51.7%
10—15 天	24.4%	33.8%	26.8%	17.6%	10.3%
半个月以上	28.9%	43.1%	24.4%	23.5%	3.4%
不清楚	2.2%	3.1%	2.4%	0	0

数据来源：《中国中小微企业金融服务发展报告（2016）》。

（4）金融服务创新。

中小企业融资需求复杂，受企业规模、经营环境和行业影响，差异性较大，因此银行在为其提供金融服务时必须充分考虑不同企业的特点和要求，量身打造适合的产品和服务，这就涉及大量的金融创新。图 3–6 显示了不同类型银行受访者对小微企业金融服务创新活跃程度的评价，按照从高到低的顺序依次为：农村商业银行、城市商业银行、股份制商业银行、国有五大商业银行，可见中小银行对小微企业金融服务的创新更为活跃，与上述各方面的分析结论具有内在的一致性。

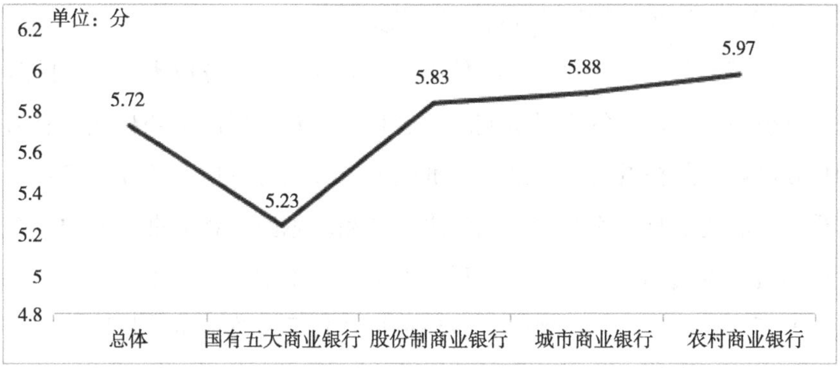

图 3-6　不同类型银行受访者对小微企业金融服务创新活跃程度的评价（2015 年）

数据来源：《中国中小微企业金融服务发展报告（2016）》。

据中国银行业协会“2017 年服务小微及‘三农’百佳金融产品评选”活动结果披露，该评选总共收到全国 34 家省（市）银行业协会推荐的 632 个金融产品，覆盖 407 家金融机构，绝大多数为信贷类产品。这些产品都是从各地方银行业协会相应评选中脱颖而出的，可见商业银行针对小微企业和“三农”服务的创新产品基数庞大。从入选的 50 项服务小微最佳金融产品的地区分布看，经济比较发达，小微企业金融服务水平较高的地区创新活动比较活跃，如浙江银行业有 8 个产品入选，北京、福建也居于全国前列。从创新主体看，城市商业银行的表现最为突出，有 26 项入选产品来自城市商业银行，其中北京银行一家独占 5 项，村镇银行、农村信用社联合社共有 12 项入选。而国有商业银行和股份制商业银行相对落后，国有大行仅有 6 项，包括建设银行 3 项、工商银行 2 项和中国银行 1 项。股份制商业银行入选产品仅 2 项[①]。

在小微企业金融服务模式创新方面，许多中小银行通过深入的市场调研摸清当地小微企业融资需求的特点，立足于自身特点和优势，充分利用各种政策和环境的有利条件，因地制宜打造小微企业金融服务品牌。小微金融服务模式创新有如下几个方向。

① 中国银行业协会文件，银协发〔2018〕75 号。

（1）基于“信贷工厂”的流程化模式。

“信贷工厂”模式着眼于降低小微企业的单户服务成本，减少因服务对象规模不匹配产生的不经济问题。这种方式具有标准化的程式，有清晰的贷款准则、严格的客户标准、标准化的调查内容及信贷额度核定方法，本质上是利用信息技术手段，以流水线产品的思路，将大批量的中小企业客户的贷款授信和贷后管理等中后台业务进行集中化、自动化处理，实现三个方面的好处，一是大大降低授信审批和贷后监管成本，特别是人力成本；二是加快审批速度；三是取得规模经济效益并分散贷款风险。“信贷工厂”模式比较适合于具有某种共性条件或“集聚性”的小微企业，如同属某一行业、产业（科技）园或农业专业合作社，或可以依托于某个供应链[①]、专业市场、商圈、港口等。银行可以集中获客、集中授信调查、集中审贷、集中贷后监管。但显而易见，“信贷工厂”模式需要相当多信息数据投入和硬件设备的支持，中小银行自身很难开发，大银行的优势比较明显。

（2）基于电子商务平台的信贷业务模式。

这种模式是电子商务平台和网络小贷发展倒逼银行进行业务模式创新的产物，其始作俑者是阿里小贷等互联网企业。电商平台小贷成功的核心是其所拥有的交易支付数据以及物流数据等。银行通过自建电商平台或与第三方合作，使金融服务与电子商务平台融合，开展“线下 + 线上”或全线上信贷业务，适用于“无实体”的电商小微企业。例如，建设银行“善融 e 贷”针对其善融商务 B2B 商城用户，利用自建电商平台上的数据来为商户提供信用贷款，减少信贷调查和审批时间。广发银行、兴业银行等与电商平台合作，以小微电商在淘宝、京东等平台的运营情况为授信依据，提供无抵押贷款。华夏银行与云贷 365 平台合作，推出专门针对电商小微企业的信贷产品——电商贷。云贷 365 是专业从事电商企业第三方信用评价的中介服务平台，掌握大量电商店家的核心数据，连接商户和银行，帮

① 如中国银行针对核心企业上下游供应链金融业务，推出“伊利产业链经销商线上融资”产品。

助电商小微企业实现纯信用贷款，也帮助金融机构优化风险控制。

（3）基于大数据平台的网络信贷业务模式。

在大数据平台上，集合了比单纯电商平台更多维度的客户数据，如客户贷款申请数据、政府数据、社交网络数据等。随着大数据技术的发展，可以将中小企业网络信贷产品与大数据征信系统融合在一起，开发以信用评分为核心的数据模型和信贷技术，对客户信用记录进行计量分析，从而取代传统的信用分析方法，并将贷前、贷中、贷后三个环节连接起来。这一模式成本低、效率高，可以在更大程度上缓解信息不对称的问题。但是其技术比较复杂，对信息系统和数据积累要求比较高，平台建设需要大量投入，比较适合于资金和技术雄厚的大中型金融机构。

（4）基于关系型贷款的业务模式。

传统的关系型贷款技术重视长期银企关系建立，依靠基层客户经理的实地调查和人际接触进行信息收集、交叉验证，将软信息纳入信用评估体系，贷款流程简便、方法灵活。如浙江泰隆银行的“泰隆模式”，其核心是客户经理制和担保人制，在此基础发展出一整套独特的信息收集、风险控制和贷款催收方法。泰隆银行不仅创造了小微金融业务的优秀业绩，而且创造了著名的“三品三表”调查法[①]、“三三制”服务承诺[②]、“道义担保”贷款模式[③]等。但传统的关系型贷款技术需要客户经理投入大量时间和精力，以一对一的方式进行授信，服务成本高，比较适用于无法标准化、批量化、集合化的小微企业融资，短期内不容易被新技术所取代，也就体现出独特的优势。展望未来，关系型贷款业务需要适应环境的变化进行创新，借助科技之力转型升级。近年来，泰隆银行为每位客户经理配备了“PAD金融移动服务站”，让客户不出家门就能获得便捷的金融服务；通过开发

① “三品”是指企业主的人品、产品、押品。“三表”是指企业电表、企业水表、报关单表。

② “三三制”服务承诺是指老客户办理信贷业务3小时完成，新客户3天内给予明确答复。

③ “道义担保”贷款是指由与借款人、借款人的法定代表人具有道义关系的第三人提供保证而发放的贷款业务品种。

上线新的信息系统，大大提高了银行日交易量，并更好地满足了客户的个性化、差异化需求。

3.3 我国中小银行小微金融服务存在的不足

3.3.1 小微企业融资需求未得到充分满足

在中小企业面临的诸多困难中，融资难一直是最受关注的。时至今日，中小企业所得的融资份额与其在国民经济中的贡献仍严重不相匹配。据《中国统计年鉴 2017》相关数据，全国登记注册的中型企业约占全国企业总数的 2.4%，小型企业为 30.37%，微型企业占 66.93%，共约占全国企业的 99%，创造的经济总量占到全国 GDP 的 60%，这带来了 50% 的税收，提供了 80% 的城镇就业岗位。但是，中小企业（特别是其中的小微企业）的融资份额仍然不足。在银行业金融机构全部企业贷款余额中，小微企业贷款占比还不足 1/4。

根据 2013 年中国家庭金融调查（CHFS）数据，小微企业获取银行信贷的比率不高，每 100 家有贷款需求的小微企业中，仅有 57.8 家向银行申请了贷款，其中 46.2 家最终获得贷款，11.6 家的申请被拒绝，从数字表面看，申贷获得率近 80%，但如果考虑到 42.2% 的小微企业有贷款需求但未提出申请，这个数字并不能完全反映小微企业申请贷款的难度。2016 年 10 月工信部"工业中小企业生产经营运行监测平台"问卷调查显示，有 42.1% 的小微企业的融资需求得不到满足，比中型企业、小型企业分别高 8.8 个百分点和 4.3 个百分点。另据世界银行 2018 年发布的《中小微企业融资缺口：对新兴市场微型、小型和中型企业融资不足与机遇的评估》报告，我国有 41% 的中小微企业存在信贷约束；潜在融资需求达到 4.4 万亿美元，但融资供给仅 2.5 万亿美元，潜在融资缺口高达 1.9 万亿美元，缺口比重高达 43.18%。此外，在 2.5 万亿美元的融资供给中，中小企业获得了其中的 2.45 万亿美元，而微型企业仅得到了 0.03 万亿美元的融资支持，融资缺口达到了 76%。上述不同来源的数据反映的情况基本一致，说明小微企业贷款可得性仍然受限。随着近年经济转型初见成效，中小企业迎来新的发展前景，对融资需求正逐渐增大，银行业金融机构贷款的增幅赶不上中小企业融资需求的增长，中小企业的贷款满足率亟待提高。

从贷款条件来看，中小企业对资金需求具有“小、短、频、急”的特点，与大型企业具有明显的区别，满足这些需求对银行也是不小的挑战。银行对中小企业贷款期限短、审批周期长等问题仍然存在。

首先，在期限方面，能够成功获得银行贷款的小微企业中，得到的通常是短期周转性资金，长期贷款很少，有些贷款必须按月付息。这种期限结构限制了一些中小企业的中长期投资，不利于企业技术改造和产品转型升级，影响企业可持续发展，同时还会增加企业资金周转的时间和成本。由于短期贷款的长时间使用，使小微企业经常需要借新债、还旧债。在当前经济下行背景下，在“还旧续新”之间容易出现“信贷断点”，引发企业资金困难甚至破产倒闭。根据 2015 年人民银行菏泽市中心支行在其所辖巨野县的一项调查，在他们走访的 179 家企业中，153 家有存量贷款的小微企业表示有续贷的需求，但近 9 成小微企业面临“信贷断点”问题的困扰，不得不东挪西借。银行对小微企业的断贷、压贷，导致高成本的“过桥贷”业务迅速发展，同时也滋生了银行内部的资金掮客行为（中国人民银行菏泽市中心支行课题组，2016）。

其次，在审批时间方面，中小企业信贷融资的主要目的是满足流动性资金周转的需要，因此需要灵活快速的贷款。但是，目前中小企业融资慢的现象仍然存在。虽然很多银行的调查、初审、上级行审批及最后放款的程序已有所优化，但由于抵押、担保贷款等仍是中小企业的主流融资方式，这几类方式需在贷前办理资产价值评估、担保联保等业务，均增加耗时，很难契合中小企业灵活快速的资金需求。在续贷审批方面，当前各银行业机构对小微企业续贷条件比较苛刻、审批条件烦琐。根据前述那项调查，企业在旧贷款到期，需要办理新贷款时，从续贷申请、贷款调查、审查、审批到最后批复，时间快的也在 15 天左右，慢的则需要 30 天，严重影响了企业经营的连续性。

图 3-7 显示了 2016—2020 年银行贷款审批指数和企业融资需求指数的对比。数据来源于中国人民银行调查统计司的银行家问卷调查报告，其中需求指数的计算方法是在全部接受调查的银行家中，先分别计算认为本行本季贷款需求“增长”和“基本不变”的占比，再分别赋予权重 1 和 0.5 后求和得出。银行贷款审批指数的计算方法是：在全部接受调查的银行家中，先分别计算认为本行本季审批条件“放松”与“基本不变”的占比，再分别赋予权重 1 和 0.5 后求和得出。上述两个指数的取值范围均在 0 ~ 100%。指数在 50% 以上，反映该项指标处于向好或扩张状态；低于 50%，反映该项指标处于变差或收缩状态；等于 50%，表示该指标与上季持平。从图中看，这段时期全部大、中、小型企业的融资需求指数都在 50% 以上，且总体呈现上升趋势，需求强度依次为小企业、中型企业、大型企业。银行贷款审批指数在 50% 以下，说明银行贷款审批处于收缩状态。在所有企业中，小型企业融资需求指数与银行贷款审批指数两者差距最大，呈现相反的变动趋势，导致差距越来越大。这说明了中小企业，特别是小型企业的融资缺口相当大。

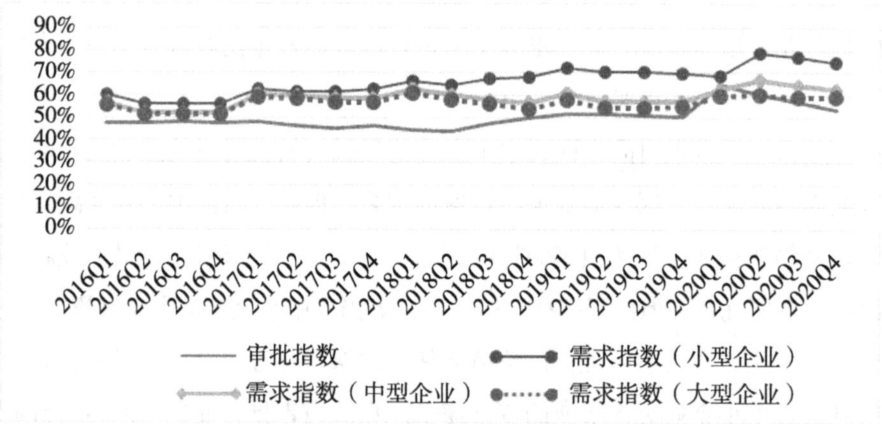

图 3-7　2016—2020 年银行贷款审批指数和企业融资需求指数变动情况

数据来源：中国人民银行调查统计司的银行家问卷调查报告。

近年来，由于金融创新及金融科技的发展，加上监管政策进一步要求金融机构业务下沉，将小微企业贷款户数、资产质量和贷款综合成本作为考核指标，很多银行着力发展依托商圈、供应链的小微信贷业务，以及基于信用评分技术的纯线上小额信贷，以发挥规模效应，降低贷款成本和风险，同时带来较高的利息收益和存款，导致小微企业授信也向目标客户的两端发展，一端是中小企业中较大、较强或适用“圈链式”信贷模式的企业，另一端是更接近零售性质的电商小微企业、个体经营户等小额资金需求者，而中间状态的小企业则遭受忽视，融资困境没有太大改善，呈现“两头大、中间小”的哑铃形状。

3.3.2　小微企业融资成本仍居高不下

在融资成本方面，小微企业即使能够获得贷款，大都会付出比较高昂的成本。图 3-8 是根据中央财经大学民泰金融研究所开展的针对商业银行小微金融经理人的调查报告所绘制的 2016—2017 年小微企业贷款利率较基准利率上浮情况。

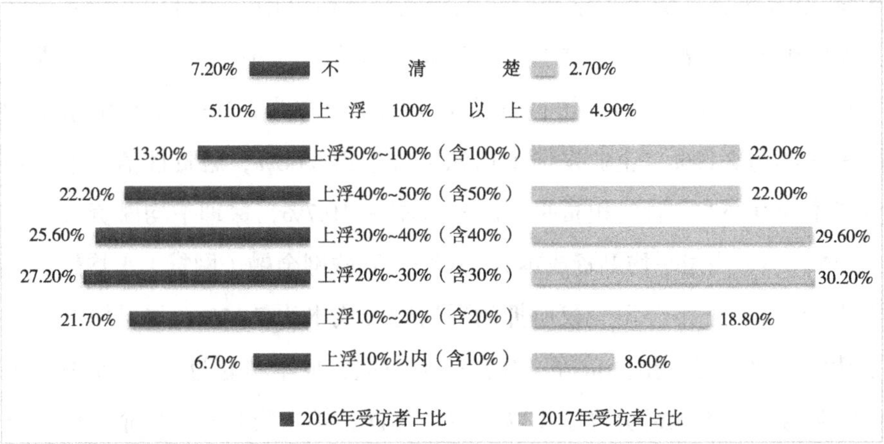

图 3-8　2016—2017 年小微企业贷款利率较基准利率上浮情况

数据来源：《中国中小微企业金融服务发展报告（2018）》。

从图 3-8 中可以看出，利率上浮在 10% 以内的受访者占比略有上涨，利率上浮比率在 10%~20% 的受访者下降 2.9%，利率上浮比率在 20%~40% 的受访者占比上涨了 7%，利率上浮比率在 50%~100% 的受访者占比发生显著增长，增长了 8.7%，上浮比率超过 100% 的受访者占比变化不大。可见小微企业贷款利率较基准利率上浮在 20%~100% 的占绝大部分。按照中国人民银行公布的短期贷款基准利率（一年以内，含一年）4.35%，中小企业获取短期银行贷款的利率大多在 5.22%~8.7%。

近几年来，由于国家政策的强力导向，银行小微贷款利率一直在下降，表面看来，小微企业贷款利率是在人民银行规定的基准贷款利率的基础上合理地向上浮动，比大中型企业贷款利率略高。但是，通常利息并不是融资费用的全部，除银行信贷业务收费之外，围绕小微企业融资的各种其他费用导致实际的综合融资成本高居不下。如小微企业需要付给担保公司的担保费率不低（如 1.5%~3%），还需支付中介机构的抵押物评估费、保险费、抵押登记费等费用，都增加了资金占用，提高了小微企业的贷款成本。

当前我国社会融资成本处于较高位，风险溢价上升，全国加权平均贷款利率较基准利率上浮的比例占多数，两者之间的“利差”接近历史高位。根据 2018 年 2 月清华大学经管学院中国金融研究中心等机构联合发起和公布的中国社会融资成本指数（以下简称指数），中国社会融资（企业）平均融资成本为 7.60%，银行贷款平均融资成本为 6.6%，承兑汇票平均融资成本为 5.19%，企业发债平均融资成本为 6.68%，融资性信托平均融资成本为 9.25%，融资租赁平均融资成本为 10.7%，保理平均融资成本为 12.1%，小贷公司平均融资成本为 21.9%，互联网金融（网贷）平均融资成本为 21.0%，上市公司股权质押的平均融资成本为 7.24%。如果加上各种手续费、评估费、招待费等，社会的平均融资成本将超过 8%，而中小企业实际融资成本大部分高于 10%。尽管如此，银行贷款对小微企业而言仍是各种融资渠道中成本最低的。根据《2019 年中国普惠金融发展报告》，2019 年上半年新发放的普惠型小微企业贷款平均利率为 6.82%，较 2018 年全年平均利率下降 0.58 个百分点。而无法获得银行贷款的小微企业，不得不使用成本较高的融资性信托、租赁等“非标”融资渠道，若使用小贷公司和网贷融资，平均利率超过 20%。

3.3.3　中小银行对小微企业融资扶持力度不够

根据上述分析，现阶段我国小微企业整体的融资需求仍未得到有效满足。中小银行作为定位于服务中小企业的金融机构，虽然在总的机构数量和资产规模上有了巨大的发展，但对小微企业金融支持的力度依然不够。

由于数据限制，很难直接和全面衡量中小银行对小微企业融资的支持程度，这里采用两种替代方法加以刻画：一是小微贷款审批通过率，该指标是指在小微企业存在贷款需求并提出申请时，银行能够批准并提供贷款的比率，在一定程度上反映中小银行对小微企业融资的支持力度；二是贷款的客户集中度，如果银行在单一客户或最大十家客户贷款占比过高，说明该银行贷款风险比较集中，也在一定程度上反映出其贷款定位偏向大客户，从而影响对小微企业的支持力度。

（1）小微贷款审批通过率。

以城商行为例，图 3-9 显示了 2012—2015 年受访者对城商行小微企业贷款审批通过率的评价[①]，其中比较明显的趋势是，认为城商行小微企业贷款审批通过率显著增加的受访者比例从 2012 年的 26.70% 下降到 2015 年的 2.90%，整体呈现下降趋势；认为城商行小微企业贷款审批率有所降低的受访者比例从 13.30% 增长到 2015 年的 50.00%，整体比例不断上升。而认为城商行小微企业贷款审批通过率有所增加或显著降低的受访者比例在各年份间有波动，但从总体上看，受访者认为城商行小微企业贷款审批通过率整体上呈现下降趋势。而多家城市商业银行的财务报告中显示，在经济增速放缓的背景下，小微企业普遍出现经营困难、资金链断裂问题。为了控制风险，城商行对小微企业贷款持更加谨慎的态度，“惜贷”现象普遍出现。

① 本节中的数据来源于 2013—2016 年《中国中小企业金融服务发展报告》中“商业银行小微企业金融服务经理人调查报告”。由于 2017 和 2018 年版本中没有对小微企业贷款审批通过率评价进行披露，因此没有 2016 年及之后年份的相关统计信息。

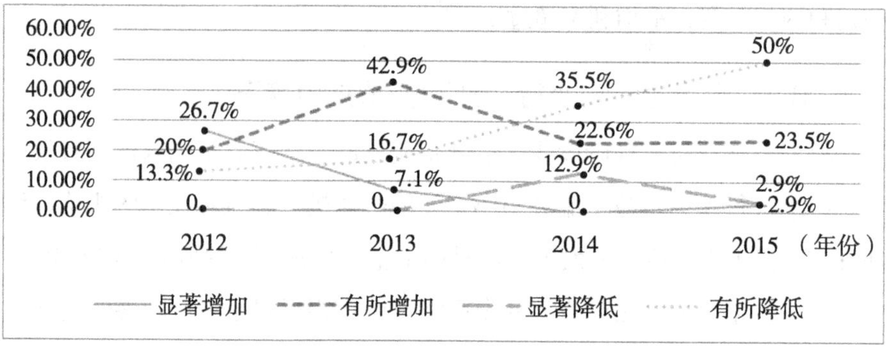

图 3-9 2012—2015 年受访者对城商行小微企业贷款审批通过率的评价

数据来源：《中国中小微企业金融服务发展报告（2016）》。

（2）贷款的客户集中度。

中小银行特别是城商行、农商行的贷款多数局限于某一区域。在任何一个地方，总会有一些优势产业、优秀企业和有前景的开发项目。中小银行自然倾向于与这些产业、企业和项目进行合作，但可能导致贷款的行业与客户集中度偏高，增加银行风险。根据监管部门的要求，我国商业银行的单一客户贷款比例不得超过 10%，最大十家客户的贷款余额占商业银行资本余额的比例不得超过 50%，商业银行对单一集团客户的贷款投放总额不得超过商业银行资本余额的 15%。但近年来部分中小银行对单一客户的贷款比例已超过这一监管红线，如 2015 年山西古交农村商业银行、宁波东海银行、南京六合九银村镇银行等多家银行因为单一客户贷款比例超过限制而受到处罚。其中，最具代表性的是南京六合九银村镇银行，该行某集团客户贷款占银行资本余额比例达到37.68%，远远超过15%的监管红线。又如，2019 年张家口银行最大十家客户贷款比例高达 65.34%，丹东银行和湖南三湘银行也分别达到 62.45% 和 60.41%[①]。

3.3.4 中小银行对小微企业贷款的质量不高

从理论上看，由于关系型贷款依赖银行与客户之间建立的良好关系，

① 参考中国银行业协会网站相关统计及各中小银行年报的数据。

信贷活动会反复发生，借款银行通过对客户保持密切监控、贷款条件重新谈判、提供贷款承诺等方式，实现对小微企业贷款的事后监督和动态激励，因此其不良贷款率应该是保持在较低的水平。但现实情况却不然，图3–10显示了2012—2015年来小微企业不良贷款余额和不良贷款率的状况。首先，小微企业不良贷款余额连年增长，截至2016年3月末，小微企业不良贷款余额为6642亿元，占同期全部不良贷款总额的48%。其次，小微企业不良贷款率逐年上升。2015年小微企业的不良贷款率为2.7%，远高于银行业金融机构全部贷款平均不良贷款率1.75%。另据《2019年中国普惠金融发展报告》，全国普惠型小微企业贷款不良贷款率为3.75%，较2019年年初下降0.43个百分点。可见金融机构获得的收益较难完全覆盖风险，不良贷款的提高会使银行收紧对小微企业的贷款，小微企业的融资环境会更加恶劣。

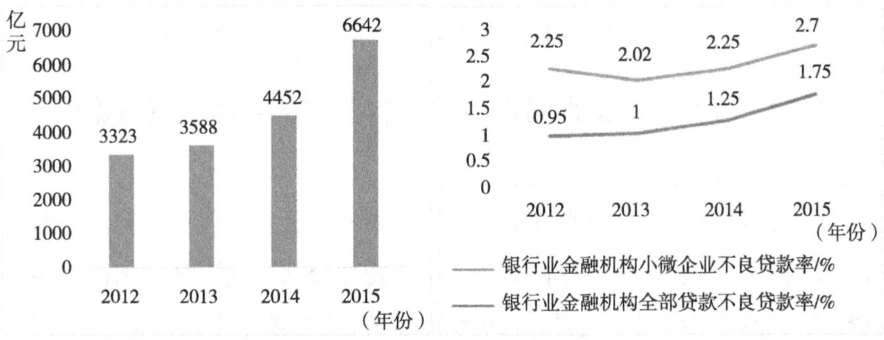

图3–10 2012—2015年银行业金融机构小微企业不良贷款情况

注：2014年的数据截至2014年10月31日；2015年的数据截至2016年3月31日。

资料来源：中国银监会网站公布数据，2016年之后小微企业不良贷款数据未公布。

近年来，受经济结构调整、企业经营绩效下滑、监管政策变化等因素的影响，企业信贷风险集中暴露，尤其是小微企业对环境变化极其敏感，不良贷款率高，使以中小企业为主要客户的中小银行资产质量受到很大影响。据Wind的统计，从2016年3月至2018年6月，国有商业银行的不良贷款率从 1.72% 下降到 1.48%，而城商行的不良贷款率却由 1.46% 上升到 1.57%，农商行更是从 2.56% 上升到 4.29%。

2018 年，中国银监会下发通知，在继续实行“三个不低于”监管考核的基础上，提出“两增两控”的目标，引导银行向普惠型小微企业下沉，同时控制贷款质量和综合成本。根据中央财经大学民泰金融研究所“商业银行小微金融经理人调查报告”①，有 46.97% 的受访者认为所在银行实现“两增两控”目标存在一定难度（非常难和比较难），仅有 12.88% 的受访者认为难度较小，说明银行在小微企业贷款的业务下沉、贷款质量和综合成本控制方面仍存在障碍，面临较大压力。

3.4 中小银行中小微贷款的案例分析

本节采用调查数据，具体分析几类中小银行的小微贷款客户构成、贷款种类、期限等情况，以对上述总体分析结论进行验证和补充。

3.4.1 案例 1：某股份制商业银行分行的中小微贷款案例

（1）调查对象。

A 银行是一家全国性股份制商业银行的一级分行，属于典型的中型银行。A 行下属一家二级分行和小微企业信贷部分部，其下又分别设立多家支行或营业部、专营部，主要为当地企业服务，都开展了小微企业贷款业务。

我们经过调查获取了 A 银行 2017 年 12 月的企业贷款数据表，共得到 335 个企业的 715 个研究样本，基本情况如表 3-8 所示。贷款数据表提供了包括企业规模、行业门类、贷款区间、贷款期限、贷款金额、担保方式、信用等级、资产负债规模等在内的相关数据。在下文中我们将区分大、中、小、微四类企业贷款，着重分析小微企业贷款特征，利用这些数据对 A 银行的小微企业贷款状况进行描述性统计分析。

① 数据来源：《中国中小微企业金融服务发展报告（2019）》。

表 3–8　A 银行样本企业概况

企业规模	平均人数	平均资产额 / 元	平均负债额 / 元	平均贷款额 / 元	负债比
微型企业	40	310343132.8	247578567.4	11042226.78	79.78%
小型企业	72	588425253.7	396982080.8	16877367.37	67.47%
中型企业	371	4252008228	2781763535	70423336.77	65.42%
大型企业	2553	6679084353	10747350470	121286970.9	160.91%

（2）A 银行企业贷款的总体情况。

表 3–9 显示了 A 银行对不同规模企业贷款的分布情况。以企业个数或贷款笔数作为维度，小微企业有明显的优势，但贷款金额的占比却不与之成比例。从获得贷款的企业数目看，大企业占总数的 20.30%，中型企业为 21.19%，而小微企业占比高达 58.51%，呈金字塔形状，贷款笔数的分布与之类似。但从获得的贷款额看，大、中、小微企业贷款在贷款总额中占比分别为 50.15%、30.58% 和 18.95%，呈现倒金字塔形状。利用表中数据进行计算可知，小微企业的户均贷款金额为 1580.56 万元，中型企业为 7042.33 万元，而大型企业为 12128.70 万元。总之，A 银行小微企业贷款笔数多而资金量少，户均贷款规模远低于大型企业，这可能有利于达到单户授信额和小微贷款户数方面的监管标准，但同时也说明 A 银行小微企业客户获得的资金总量有限，贷款的单位成本高，对银行的资产业务和盈利贡献有限。值得注意的是，68 家大型企业获得了 204 笔贷款，平均每家有 3 笔，而小微企业每家只有 1.5 笔贷款，说明 A 银行与大型企业之间有更频繁的交易。

表 3–9 A 银行贷款企业的规模分布情况

企业规模	企业个数 / 贷款笔数	计数占比	贷款总和 / 元	贷款比例 /%
大型企业	68（204）	20.30%（28.53%）	8247514019.40	50.15
中型企业	71（215）	21.19%（30.07%）	5000056910.32	30.58
小型企业	160（244）	47.76%（34.13%）	2700378778.81	16.52
微型企业	36（52）	10.75%（7.27%）	397520164.22	2.43

表 3–10 显示了 A 银行企业贷款区间分布情况。样本小微企业贷款笔数总共 296 笔，贷款额度大部分在 100 万 ~1000 万元之间，占比达到 54.05%，其次为 1000 万 ~5000 万元区间，占比 25%，较大金额的贷款很少，1 亿元以上的贷款仅有 3 笔，占 1.01%；在中型企业的 215 笔贷款中，占比最高的贷款金额区间是 1000 万 ~5000 万元，占比达到 37.67%，其次是 100 万 ~1000 万元区间，占比为 33.49%，超过 1 亿元贷款金额的数量也很少；样本大型企业有 204 笔贷款，贷款额度普遍分布在 1000 万 ~10000 万元之间，占比接近 60%，超过 1 亿元的占比为 8.33%

表 3–10 A 银行企业贷款的区间分布情况

贷款区间 / 万元	小微企业		中型企业		大型企业	
	计数 / 笔	比例	计数 / 笔	比例	计数 / 笔	比例
0~100	55	18.58%	38	17.67%	26	12.75%
100~1000	160	54.05%	72	33.49%	40	19.61%
1000~5000	74	25%	81	37.67%	93	45.59%
5000~10000	4	1.35%	17	7.91%	28	13.73%
10000~15000	3	1.01%	5	2.33%	10	4.90%
15000+	0	0%	2	0.93%	7	3.43%

表 3–11 显示了 A 银行企业贷款的期限分布情况。可以看到小微企业

获得贷款的期限绝大多数为短中期，而大型企业比小微企业获得了更多的长期贷款。通过计算可得，小微企业的平均贷款期限为 503 天，中型企业为 714 天，大型企业为 909 天。

表 3-11 A 银行企业贷款的期限分布情况

贷款期限	小微企业	中型企业	大型企业
短期（1 年及以内）	237	179	146
中期（1~5 年）	50	14	36
长期（5 年及以上）	9	22	22

注：表中数字表示各种贷款期限的企业数目。

（3）影响 A 银行小微企业贷款的因素。

第一，企业信用等级。表 3-12 显示了 A 银行发放贷款的企业客户的信用等级情况。获得银行贷款的企业一般有较高的信用等级，但大型企业、中型企业和小微企业的信用等级有较大的差别，大中型企业的信用等级明显高于小微企业。从表中可以看到小微企业信用等级主要集中于 A-、BBB+ 和 BBB 级，AA- 级及其以上等级数量较少，甚至还存在部分等级为 D 的企业；中型企业信用等级大多在 BBB 与 A+ 级之间；大型企业则绝大部分为 A 级及以上等级，少数为 BBB+ 和 BBB 级。上述数据说明，企业信用等级对银行贷款决策有一定的作用，大企业至少要拥有 BBB 级的信用等级才能获得银行贷款。但对于中小企业而言，较低的信用评级或缺乏信用评级的企业也有可能获得银行贷款，反映出银行对中小企业信用评级的方式更加灵活，不完全依赖信用评级。

表 3–12 A 银行贷款对象的信用等级情况

企业类型	AA+	AA	AA–	A+	A	A–	BBB+	BBB	BBB–	BB+	D	空白
微型企业	0	0	0	1	1	10	12	6	0	0	1	5
小型企业	0	1	2	6	15	20	40	48	6	1	11	10
中型企业	1	1	1	10	12	15	9	14	2	3	1	2
大型企业	0	4	3	15	19	11	9	5	0	0	0	0

注：表中数字表示各种信用等级的企业数。

第二，贷款担保方式。各企业获得贷款的担保方式及比例的情况如表 3–13 所示，小微企业贷款大多采取保证和质押的担保方式，其中超过一半为保证贷款，信用贷款为 0；中型企业也以保证和质押方式为主，占比分别为 55.35% 和 29.76%，有少数企业获得信用贷款；而大型企业的信用贷款数量明显高于中小企业，其占比与保证、质押的担保方式相接近。说明与理论分析一致，由于中小企业的信息不对称问题比较严重，银行对中小企业的贷款仍然有较高的担保要求。

表 3–13 A 银行企业贷款的担保方式

担保方式	微型企业		小型企业		中型企业		大型企业	
	笔数	比例	笔数	比例	笔数	比例	笔数	比例
保证	27	51.92%	123	50.41%	119	55.35%	67	32.85%
抵押	4	7.69%	29	11.89%	5	2.33%	13	6.37%
信用	0	0%	0	0%	27	12.56%	64	31.37%
质押	21	40.38%	92	37.70%	64	29.76%	60	24.91%

注：表中数字表示采取各种担保方式的贷款笔数及占比。

第三，企业出资人成分。表 3–14 显示了企业出资人经济成分情况。总体上，在获得 A 银行贷款的企业中，国有控股企业有 204 家，远高于私人控股企业总数 117 家。其中大型企业中国有控股占比的达到 80.89%，中型企业达到 85.92%。但小微企业中私人控股占比较高，其中微型企业的私人控股和国有控股企业各占一半，小型企业的私人控股占比为 51.25%，略高于国有控股企业。由此可见，该银行总体偏向国有控股的企业，即使是小微型企业中也有大约一半是国有控股的企业。说明企业出资人成分是影响 A 银行放贷决策的一项重要因素，民营企业获得融资的机会相对较少。

表 3–14　A 银行贷款对象的出资人经济成分

企业出资人	总数	微型企业		小型企业		中型企业		大型企业	
		数量	比例	数量	比例	数量	比例	数量	比例
国有绝对控股	157	14	38.89%	54	33.75%	45	63.38%	44	64.71%
国有相对控股	47	4	11.11%	16	10%	16	22.54%	11	16.18%
集体绝对控股	8	0	0%	4	2.5%	2	2.82%	2	2.94%
集体相对控股	6	0	0%	4	2.5%	0	0%	2	2.94%
私人绝对控股	93	16	44.44%	64	40%	8	11.27%	5	7.35%
私人相对控股	24	2	5.56%	18	11.25%	0	0%	4	5.88%

注：表中数字表示在相应出资人属性下的企业数目及占比。

第四，企业所在行业。表 3–15 显示了按行业划分的获得贷款企业的数目及占比。总体上看，首先 A 银行贷款集中分布在制造业、批发和零售业。制造业企业基数大、产值高；批发零售业市场大、资金周转速度快，故这两个行业比较受银行青睐。以企业数量来看，这两个行业的贷款企业数量分别占到所有贷款企业数的 31.94% 和 28.36%。其次是租赁和商务服务业以及建筑业，分别占到 13.43% 和 9.25%。以贷款额占比来看，制造业贷款占总贷款额的 34.85%，租赁和商务服务业占 26.70%；而批发和零售业却只占到 12.71%，暗示批发和零售业的单户贷款额较小，小微企业较多。银行对有些行业的贷款关注度很低，几乎甚至完全没有贷款，包括居民服务、修理，住宿和餐饮业，文化、体育和娱乐，教育，信息传输、软件，科学研究和技术服务等，房地产业贷款也较少，分析原因，可能与这些行业竞争激烈、投资风险高、盈利前景不明朗、资金回笼速度慢等因素有关。

表 3–15 A 银行贷款企业的行业分布情况

门类名	计数	计数占比	贷款额 / 亿元	贷款占比
采矿业	6	1.79%	3.70	2.26%
电力、热力、燃气	12	3.58%	6.02	3.68%
房地产业	2	0.60%	0.06	0.04%
建筑业	31	9.25%	22.56	13.80%
交通运输、仓储	10	2.99%	2.59	1.58%
居民服务、修理	0	0%	0.00	0.00%
科学研究和技术服务	4	1.19%	0.22	0.13%
农、林、牧、渔业	6	1.79%	1.76	1.08%
批发和零售业	95	28.36%	20.77	12.71%
水利、环境和公共卫生	9	2.69%	4.6	2.81%
文化、体育和娱乐	0	0%	0	0.00%
信息传输、软件	3	0.90%	0.17	0.10%
制造业	107	31.94%	56.97	34.85%
住宿和餐饮业	4	1.19%	0.28	0.17%
租赁和商务服务业	45	13.43%	43.64	26.70%
教育	1	0.230%	0.007	0.004%

在表 3–16 中，将数量占比和贷款额占比较高的四个行业，即建筑业、批发和零售业、制造业、租赁和商务服务业单列出来，按大、中、小企业类别分别进行统计，结果表明，大型企业贷款在制造业中贷款笔数多，总

贷款额最高。小微型企业贷款集中在批发和零售业，贷款笔数占多数，但总贷款额不高。总的来看，企业所在行业会在一定程度上影响银行放贷决策，小微贷款有其传统的领域，银行在其他行业的开拓还很有限，是小微企业贷款中比较普遍的瓶颈问题。

表 3–16　A 银行贷款企业的行业分布情况（按企业规模分类）

行业类别	大型企业		中型企业		小微型企业	
	笔数	贷款额 / 亿元	笔数	贷款额 / 亿元	笔数	贷款额 / 亿元
建筑业	42	16.40	26	5.63	7	0.53
批发和零售业	28	8.02	87	6.17	116	6.58
制造业	85	32.87	44	12.56	96	11.54
租赁和商务服务业	29	16.61	29	19.26	26	7.80

3.4.2　案例 2：某城市商业银行中小微贷款案例

（1）调查对象。

B 银行是一家城市商业银行，主要服务当地居民与企业，从业务范围与资产规模来看，属于典型的小型银行。B 银行经营稳定，主要收入来源是传统信贷业务，贷款利率主要以人民银行指导利率为基准。B 银行下设 18 家同城网点，1 家异地支行。截至 2015 年年底，该行全行从业人员近 350 人，资产总额为 150 亿元人民币。B 银行的贷款管理按五级分类口径分类，不良贷款余额 1.26 亿元，不良贷款率为 1.09%，处于行业平均水平。

我们通过调查获取了 B 银行 2015 年 3 月的信贷基表数据作为样本，进行统计分析。共采样 736 个样本，采样指标包括信贷企业编号、行业代码、行业种类、企业规模、企业风险评级、企业销售收入、企业资产、企业负债等变量。剔除存在缺省值的样本后，样本容量为 444 个。下文将根据样本中所表现的大、中、小、微四类企业的贷款情况，分析 B 银行对中小企业贷款的特征，以对本章涉及的分析结论进行验证和补充。

（2）B 银行企业贷款总体情况分析。

B 银行对不同规模企业的贷款情况见表 3–17。直观看来，在所调查的 444 个样本中，中小企业的情况与 A 银行类似，即在数量上占据绝对优势，但贷款金额的占比却不成比例。表中数据显示，大型企业的数目占企业总数的 18.2%，而贷款额却占所有企业总额的 76.4 %；中型企业数目占企业总数的 29.7%，但贷款额仅占 16.7%；小微企业差距更大，获得贷款的小微企业占到总数的 52%，但贷款额占比不到 7%。样本统计结果表明，B 银行对企业贷款的资金比例，与企业的规模存在显著的正向关系，表现出比 A 银行更明显的二八效应。

表 3–17　B 银行贷款企业的规模分布情况

企业规模	企业数目		贷款金额	
	计数 / 个	占比 /%	金额 / 元	比例 /%
微型企业	35	7.9%	305785100	0.7%
小型企业	196	44.1%	2698322878	6.2%
中型企业	132	29.7%	7313649716	16.7%
大型企业	81	18.2%	33386199129	76.4%

我们将企业规模用变量进行标记：1 表示大型企业，2 表示中型企业，3 表示小型企业，4 表示微型企业，使用单因素方差分析方法，对不同规模企业的贷款金额进行差异性分析，企业分组贷款数据的方差齐性检验结果如表 3–18 所示。

表 3–18　方差齐性检验（B 银行案例）

Levene Statistic	df1	df2	Sig.
55.697	3	338	0.000

检验结果显示显著性低于0.05，说明方差是非齐性的，因此拒绝原假设，

采用 Tukey HSD 检验的方法进行差异性检验，结果如表 3–19 所示。

表 3–19　差异性检验结果（B 银行案例）

	G	N	Subset for alpha = 0.05	
			1	2
Tukey HSDa,b	4	32	8.7158E+06	
	3	162	1.5393E+07	
	2	95	6.0553E+07	
	1	53		3.5193E+08
	Sig.		0.424	1.000

根据上表所示的检验结果可以看出，2、3、4 这三种类别的企业分为一组，1 单独为一组，也就是说，B 银行企业贷款在大型企业与中小微型企业之间存在显著的差异，而中小微型企业的差异相对较小。大型企业占据了该行贷款业务中的绝大部分，中小企业贷款仍属于较次要的业务。然而，对中小企业从 B 银行所获贷款与其总负债情况进行比较，发现在这些中小企业已经完成的融资中，B 银行贷款占据了资金来源的绝大部分，说明 B 银行是解决样本中小企业融资问题的主要支柱，银企之间不对等的关系非常明显。

B 银行贷款的行业分布与 A 银行有类似之处，也是制造业的占比最高，其次是建筑业、批发和零售业，其他行业获得贷款的企业数量和资金规模都较少。表 3–20 显示了大、中、小、微四类企业贷款的行业分布情况，从表中数据来看，四类企业贷款均集中分布在制造业、建筑业、批发和零售业中，且中小企业更多集中在批发和零售业。由于贷款扎堆分布在有限的几个行业当中，中小企业面临很大的资金竞争压力，同时贷款的高集中度不利于银行分散风险。此外，由于同行业的企业经营活动存在千丝万缕的联系，贷款的行业集聚可以为银行发展依托核心大企业的供应链小微金融创造有利的条件。

表 3–20 B 银行贷款企业的行业分布情况（按企业规模分类）

行业类别	微型企业	小型企业	中型企业	大型企业
采矿业	1	0	2	2
电力、热力、燃气	0	2	2	0
房地产业	0	0	2	0
建筑业	1	14	17	9
交通运输、仓储	1	4	1	13
居民服务、修理	1	0	0	0
科学研究和技术服务	1	0	0	3
农、林、牧、渔业	0	2	1	1
批发和零售业	21	95	63	23
水利、环境和公共卫生	0	3	1	4
文化、体育和娱乐	0	1	0	1
信息传输、软件	0	2	2	3
制造业	9	65	39	18
住宿和餐饮业	0	3	1	0
租赁和商务服务业	0	5	1	4

注：表中数字表示四种类型样本企业分布在相应行业中的数目。

（3）影响 B 银行中小企业贷款的因素。

根据所获数据做进一步的分析，将销售收入、资产及负债水平作为自变量，相应的贷款额为因变量，对中小企业贷款进行多元线性回归分析，以判断影响中小企业获得贷款的经营性因素，结果如表 3–21 所示。

表 3-21 多元回归模型的统计结果和变量相关性（B 银行案例）

R	0.774a				
Std. Error of the Estimate	139831797				
		y	x1	x2	x3
皮尔逊相关系数	y	1.000	0.727	0.540	0.538
	x1	0.727	1.000	0.481	0.502
	x2	0.540	0.481	1.000	0.996
	x3	0.538	0.502	0.996	1.000
Sig.（1-tailed）	y	–	0.000	0.000	0.000
	x1	0.000	–	0.000	0.000
	x2	0.000	0.000	–	0.000
	x3	0.000	0.000	0.000	–

表 3-21 给出了多元线性回归模型的统计结果以及变量相关性分析结果。首先，根据模型的拟合优度可以看出，模型对原始数据的拟合结果一般；其次，从变量的相关性检验结果可以看出，企业贷款金额与企业的销售收入、资产以及负债存在显著的线性相关性，且贷款金额与企业的销售收入相关性要高于其他变量，说明企业经营规模和市场竞争力对贷款获取方面具有重要影响。

表 3-22 所示为多元回归模型的回归结果，系数均为显著。从模型系数的正负性可以看出，中小企业贷款与其销售收入、资产正相关，与负债负相关，说明企业经营规模和资产实力是影响企业贷款的重要积极因素，负债状况则会对贷款产生负面影响。

表 3-22 多元回归模型的统计结果和变量相关性（B 银行案例）

	Unstandardized Coefficients		t	Sig.
	B	Std. Error		
（Constant）	4.679E+07	7707053	6.071	0.000
x1	0.015	0.001	16.129	0.000
x2	0.019	0.004	5.152	0.000
x3	-2.333E-02	0.005	-4.528	0.000

3.4.3 案例 3：某农村商业银行的小微贷款案例

（1）调查对象。

C 银行是某市农村商业银行的县级机构，该农商行由市区三家农信社合并组建，位于农村改革发展综合实验区，定位于服务当地“三农”和农村小微企业，不过多涉足对国有企业和大型企业的贷款业务，其“三农”贷款的发放雄居全市各家金融机构首位。为促进精准扶贫，该农村商业银行推出了“农商行＋建档立卡贫困户＋政府担保公司＋保险公司＋产业化龙头企业”的五位一体服务模式。C 银行设立专门的扶贫事业部，负责对农村中小企业贷款等事宜提供更加便捷的贷款发放流程。

（2）C 银行的小微企业贷款情况分析。

我们获取了 2018 年 5 月至 7 月 C 银行小微企业贷款的简表（见表 3-23），表格所示 17 家企业均为农村小微企业，主要从事种养殖业、农产品初加工、小型制造业等，贷款金额从 75 万元到 2000 万元不等，大多数（17 家中的 14 家）贷款额在 200 万元及以下，是非常典型的小微贷款。可以看到，除三家企业外，C 银行发放小微企业贷款的利率统一为 3.958%，并且担保方式均为保证贷款；另外三家企业中的两家不仅贷款金额最高（分别为 2000 万元和 1100 万元），而且在采取抵押贷款方式的情况下，利率仍高达 8.4% 和 8.1%。

根据我们对相关情况的实地调研，之所以产生上述情况，是因为目前对农村小微企业的贷款实际上是由政府居间作推荐人或者担保人，农商行才愿意以保证的方式提供数目不高的贷款，并给予极为优惠的利率。以某食用菌生产合作社为例，该企业因帮助当地农民解决就业问题，逐渐实现了脱贫脱困且屡屡获得县市荣誉称号。由于缺少贷款所需抵押物，因此便通过当地政府所成立的担保机构与 C 银行对接，以保证的形式获得贷款。此种方式也是银行最愿意接受的。未通过当地政府的担保机构所取得的贷款则不得不向银行提供实物抵押，并支付高出一倍以上的利率。实际上银行并不倾向于实物抵押，因为办理手续耗时而烦琐。近年来，有些银行终止了存货、设备作为抵押品，或调低工业用地、无形资产的抵押率。但这还不是最差的情况，那些既无政府担保，又无符合要求的抵质押品的小微企业很难获得银行贷款，在这个表格中是无法反映出来的。

表 3-23　C 银行小微企业贷款情况（2018 年 5 月至 7 月）

公司名称	贷款金额 / 元	担保方式	执行利率 /%
某食用菌生产合作社	1000000.00	保证	3.958
某农业开发有限公司	2000000.00	保证	3.958
某毛衫制造有限公司	750000.00	保证	3.958
某服装有限公司	800000.00	保证	3.958
某畜牧养殖有限公司	1000000.00	保证	3.625
某生物科技有限公司	1500000.00	保证	3.958
某食品有限公司	10000000.00	保证	3.958
某水产养殖公司	2000000.00	保证	3.958
某粮油贸易有限公司	2000000.00	保证	3.958
某面业有限公司	2000000.00	保证	3.958
某家庭农场	20000000.00	抵押	8.400
某农业有限公司	800000.00	保证	3.958

续表

公司名称	贷款金额 / 元	担保方式	执行利率 /%
某物流有限公司	2000000.00	保证	3.958
某商贸有限公司	2000000.00	保证	3.958
某粮食制品有限公司	2000000.00	保证	3.958
某肉牛有限公司	2000000.00	保证	3.958
某织布有限公司	11000000.00	抵押	8.100

通过进一步的访谈我们了解到，尽管 C 银行在地方上经营，员工都是本地人，有很多渠道对当地小微企业经营状况进行调查研究，存在地域优势，但理论上的关系型借贷在该县农商行并未能够开展。究其原因，一方面是因为该县中小企业内部管理结构混乱，有的企业甚至连一个正规的财会部门都未设立，违法违规现象难以杜绝，银行贷款风险很高，如该市某小银行的实际不良贷款率达到 20%。另一方面，银行固守传统的贷款理念，不愿意在没有政府担保或者抵押物的情况下，为中小企业提供贷款，缺乏与企业建立长期合作关系、收集和利用软信息发放关系型贷款的动力，基本不做存在风险敞口的业务；此外，该行员工的水平参差不齐，学历普遍不高、专业知识匮乏，在职培训机会很少，缺乏进行关系型贷款所需要的开拓型中高级管理人员，以及具有高技能的基层信贷人员。

（3）C 银行的股权情况分析。

我们设法获得了 C 银行全部股东的名单，发现 C 银行在组建时，大量股东由农村信用合作社原有股东转化而来，其中，自然人持股比例虽然占了半数以上，但是股东相对分散且单个股东金额较小，这造成了股东在管理、协调上的困难。此外，因为受监管政策的约束，内部员工持股比例不高。按照《关于规范金融企业内部职工持股的通知》的相关要求，C 银行员工持股比例远远低于 20%，刻意降低职工的持股比例，加大法人股东的持股比例，这种股权结构一方面无法激发员工的积极性和主动性，使他们愿意付出辛劳与客户进行密切和真诚的接触交流，充分了解各种软信息，建立人际关系，创造关系型贷款所必需的条件；另一方面可能加剧代理问题，导致大股东联合干预银行经营管理等问题。虽然企业法人入股可以带来大量的资金流入，但是难免会有一些企业动机不纯，通过与银行建立关系以达到融资的目的，甚至违反监管要求，肆意发放不合理的贷款，扰乱银行经营秩序。在股东资质方面，由于 C 银行处于起步阶段且区域性较强，外地优质企业非投资意愿较弱，法人股募集困难，无法做到择优选择。目前来看，C 银行法人股东均是本地民营企业，极度缺乏战略性投资者和注重银行长远发展且具有丰富管理经验的股东。一些企业股东毫不关心农商行的长远发展，片面追求高分红、高回报，对经营利润要求分光吃净，想方设法掏空银行。

3.4.4　案例总结及启示

首先，以上分析的三个案例分别涉及股份制商业银行、城市商业银行和农村商业银行，所分析的问题既有共同点，又各有不同的特点。总体来看，三类银行都建立了专门的机构，积极开展了中小微金融业务，这与监管当局的强制性要求和政策激励有密切的关系。

其次，从客户数目及贷款笔数上，中小企业在三类银行中都占优，但贷款金额不成比例，存在明显的二八效应。中小企业与大型企业之间差异明显，而中小企业内部之间差距较小。中小企业整体上对银行资产和盈利的贡献率低，户均贷款额小、期限较短、频率较低，银企地位不对等，中小企业处于弱势地位。银行对中小企业贷款有一定被动性，在行业上集中于中小企业分布密集的批发和零售业、制造业等行业，县域金融机构则集中在种养殖业和农产品加工业，行业集中度高，对非传统领域的中小企业融资支持较少。

再次，在影响上述三类银行对中小企业放款的因素中，①经营性指标有着重要的作用，与贷款金额的相关性比较显著，其中销售收入与资产规模对企业贷款有积极影响，负债状况则会对贷款产生负面影响，说明银行对中小企业贷款看重“硬信息”，融资支持集中在财务表现优质的企业。②企业信用等级对银行贷款决策有一定的作用，银行一般倾向于信用等级比较高的客户。但对于中小企业融资，信用等级高低并不是绝对的，有些低信用等级或无信用评级的企业也可能从银行获得贷款，可见银行对中小企业的信用评估标准和方法不完全等同于大型企业。③担保和抵押仍是银行决定对中小企业贷款的关键因素。银行对中小企业贷款很少采取信用贷款方式，多有担保要求，且在担保方式中偏重保证类贷款，特别是政府担保机构的担保贷款。④中小企业出资人的经济成分对其贷款可获得性有一定的作用，相对而言，民营企业获得融资的机会较少；地方小型金融机构的股权结构可能不利于建立良好的公司治理机制，对员工激励不足，大股东的短期行为、自利性行为难以避免。

最后，在三类金融机构中关系型贷款的开展比较有限，案例中所描述的过分依靠担保、贷款期限偏短、频率偏低的现状，均反映出银企之间缺乏长期密切的关系。地方性金融机构受限于当地中小企业发展水平及外部环境，以及自身组织结构和人才储备的不足，其地域优势未充分发挥，缺乏开展关系型贷款的动力和能力。那些难以获得政府担保，又无符合要求的抵质押品的小微企业很难获得银行贷款，依旧存在融资困难。因此，在接下来的三章，本书将从中小银行内部、银行业结构、制度及环境三个层面进一步探讨影响中小银行为中小微企业提供融资服务的制约因素。

3.5 本章小结

本章以大量翔实的数据分析表明，我国各类金融机构对小微企业的信贷支持呈现出良好的发展态势，总体上实现了“三个不低于”目标。但作为一个以间接金融为主的国家，银行对小微企业的支持仍明显不足，小微企业融资仍存在不平衡不充分问题。与大型企业相比，小微企业融资处于不平等地位，其贷款覆盖率、申贷成功率（机会）、融资成本（条件）和不良贷款率（质量）等指标明显不及大型企业，在资金需求的满足程度上与大型企业有较大的差距。

本章从四个维度对比刻画近些年各类银行业金融机构的小微企业贷款

表现，结论是各类银行业金融机构在服务小微企业方面存在较大的差异。中小银行尽管在小微贷款的规模和市场份额上不及大型机构，但在相对性指标上却显示出对中小企业贷款更大的倾向性；从服务动机、重视程度、小微企业贷款额度安排、营业网点数目、贷款审批时间、金融创新活跃程度等系列指标上，可以发现中小银行，特别是城市商业银行和农村商业银行在对小微企业融资方面，相对于大型金融机构具有优势。但不可否认，各种类型的金融机构包括大型银行在组织架构与内部管理、金融服务创新模式方面各具特色，在中小企业业务方面均加强了拓展，整体服务水平大大提高。

值得强调的是，虽然整体上中小银行对中小微企业贷款有更大的倾向性，但各中小银行对中小微企业贷款业务倾向程度的差别很大；此外，股份制商业银行对小微企业关注度下降，贷款增速放慢，反映出中型银行市场定位的显著变化。

本章包括三个银行的中小微企业贷款案例分析，对上述结论有所验证和补充。

第 4 章

实现中小银行对中小企业融资功能的内部约束

中小银行为中小企业提供服务的功能实现与“小银行优势”的发挥紧密相关，在前文中，我们分析了“小银行优势”形成需要中小银行具有在软信息投资上的优势，同时信息投资能够弥补成本。为此，中小银行在内部必须具备深刻的银企关系和合适的银行组织结构。本章研究中小银行微观和内部层面的约束，研究以软信息生产和传递为核心的中小银行的优势，如何因其自身问题而丧失，导致中小银行偏离为地方经济、中小企业、城市居民服务的初衷，越来越向着大银行的经营模式靠拢。

要深入研究中小银行内部机制存在较大的难度。学术界对中小银行与中小企业融资关系的研究，最难的就是打开软信息和关系型贷款的“黑匣子”，因为无论是软信息还是关系型贷款，其含义都非常复杂且很难量化，而银企关系和银行组织结构的测度虽然已有一些代理变量，但也很难做到刻画全面和准确。因此，直接针对关系型贷款本身，或者对影响中小银行关系型贷款的内部因素进行实证检验相当困难。本章将尝试对关系型贷款做一种新的探讨，从关系型贷款所依赖的软信息入手，通过分析企业软信息的基本条件和利用潜能，构建关系型贷款潜力指数，然后通过对软信息、关系型贷款潜力及其与中小企业融资约束之间关系的研究，进一步揭示关系型贷款的形成过程及影响因素。以此为参照，研究我国中小银行如何因其内部原因而削弱了关系型贷款优势，导致其金融服务定位和偏好与其他金融机构趋同，未能充分实现为中小企业服务的功能。

4.1 软信息、关系型贷款与中小银行优势

4.1.1 软信息特征及来源

（1）软信息的特征。

根据已有的文献，银行在对企业进行风险识别和贷款决策时，会面临两大类信息，其中硬信息是易于量化、证实和传递的具有客观性质的信息，如企业经审计的财务数据、抵押物价值、企业信用评分的分值等；软信息则是银行生产的关于特定企业及其业主的专有知识（Idiosyncratic Knowledge）（张捷，2002），是难以被量化、证实及以书面形式进行传递的信息（Berger，2002），如对行业、产业链的分析评估，对企业主能力、诚信的判断等。

综合相关研究，软信息的主要特征可概括为：①软信息为定性指标，具有模糊性和主观性，对于同一对象，软信息可能被不同的观察者判断为对立的状态，如对企业主的品行能力、社会关系等人格化特征的评价，结论会因人而异。②软信息搜寻的时间和人力成本较高，需要银行与企业及企业主进行长期频繁的接触、交流和合作，甚至采取面对面的人际接触方式才能获取。③软信息很难使用报表等书面形式表达，也难以通过标准化编码准确地在组织间传递，信息价值是与观察者本人息息相关的。④软信息较难固化、留存在组织之中，一旦掌握软信息的本人离职或流动，前期信息投资的效益可能打水漂。⑤软信息是非标准化、非公开的信息，其生产者对软信息具有较强的私有性、独占性。⑥软信息具有经济价值，可以在企业信息不透明的情况下，有效补充（或验证）企业的硬信息。在理想的情况下，软信息价值可以在关系型贷款定价中得到充分体现。

（2）软信息的来源。

企业软信息有广泛的来源。乔元昊（2016）在研究银行与中小企业的关系时，通过银行家访谈和中小企业主问卷调查，总结了银行寻找目标客

户的 8 种网络渠道，包括商业圈、行业协会供应链、银行老客户等。借鉴他的研究，本书从银行的角度，按由内而外的顺序，将软信息的信息源进行如下分类。

①银行内部信息。是指银行基于与客户业务往来而积累的信息，如客户在银行办理存贷款、结算、咨询等业务时，银行可以顺带获知客户的各种软信息，如主体资格、经营情况、信用状况、贷款用途等；也可以验证客户的部分财务数据，如资产负债、现金流状况等。以这种方式获得的客户信息无须支付额外的成本，但要求银行和企业之间具备长期和多渠道的合作，同时银行内部要有相应的沟通协调机制来保障软信息的整合、保存、提取。由于银行内部信息形成是在与客户的业务达成之后，因此，这种信息源只对老客户有作用，对开拓新客户则无能为力。

②通过企业和企业主获取软信息。企业和企业主是软信息的最直接来源，是银行不能错过的信息渠道。通过企业和企业主获取软信息的关键是保证信息的真实性和完备性，银行往往要投入大量的人力和时间，与企业主进行长期频繁的接触交流，并深入到企业生产经营场所、物资仓库、员工活动场所等进行实地考察，了解企业规模、产品、员工、环境、设备，以及企业主经历、能力、家庭、个人资产、社会关系、声誉等方面的情况，从而形成有关企业和企业主信用状况的综合判断。

③通过企业社会关系网络获取软信息。企业在经营活动中存在众多的利益相关者，如员工、供应商、客户等；企业主通常也有一定的社会关系，如家庭成员、亲朋邻里、生意伙伴等。银行或第三方调查机构可以利用这些社会关系网络来收集软信息，对企业信用状况和贷款使用状况进行侧面验证，侧面验证或交叉验证是软信息处理的关键。利用企业社会关系网络的另一个好处是可以帮助银行寻找新的目标客户，如从上下游企业、银行老客户、行业协会、商业圈、企业主的同行、合作伙伴处，都有可能获取新客户信息。当然，这类信息源对人力的投入要求也比较高。

④通过政府和社会中介机构获取软信息。在政府公共服务特别是信息服务日益健全完善的背景下，银行可以通过相关政府部门（如工商、税务、

海关、法院、环保、交通等）或政府综合信息服务平台获取客户的各种软信息。随着社会信息中介服务体系的发展，金融机构之间的信息合作与共享机制（如黑名单制）的建立，银行获取软信息的外部渠道可以更加多元化，并有助于降低信息成本。

⑤通过现代信息技术获取软信息。在信息网络高度发达的背景下，企业和企业主的交易行为、社会行为、言论、社会评价等都会在互联网上留下痕迹，银行或第三方机构借助搜索大引擎和大数据技术，可以将这些痕迹收集整理出来，形成系统的、有价值的软信息。这种信息源借助技术手段，可以降低软信息搜寻和处理的成本，提高软信息投资效率。

4.1.2 关系型贷款技术对中小企业的适用性

关系型贷款技术是指银行以软信息为主要依据进行客户筛选、合同条件订立和事后监督的贷款技术。当企业无法提供合格的财务信息和足够的抵押物时，银行可以使用软信息代替硬信息，对企业发放关系型贷款。关系型贷款是相对于交易型贷款而言的，Berger 和 Udell（2002）将贷款技术划分为 4 种类型，其中有 3 种都属于交易型贷款技术。表 4–1 列出了每种贷款技术的名称、特点及适用范围。显然，交易型贷款技术是依靠量化的财务比率、抵押率和信用分值等公开信息向企业提供资金，对企业资产质量要求较高，但不涉及私人信息的收集和处理，一般针对大中型企业；而关系型贷款技术则基于银行与企业长期接触而形成的软信息，通过对企业专有信息的投资和独占性使用，减少信息不透明的程度，因而能够为缺乏良好财务记录、抵押物不足、信用分值较低的中小企业提供授信。如果说，交易型贷款的特点是高度标准化、指标化的，那么关系型贷款就是相对分散化、定制化的，甚至常常采取一对一的方式实行授信。

关系型贷款最明显的优势是降低对“硬”信息的要求，避开中小企业财务信息不透明、不可靠的劣势，降低银行对抵押担保的依赖，因此对中小企业融资具有很强的适用性。此外，中小企业资金需求急迫，常常因为银行要求的信息过多、手续繁杂而宁可从民间借贷。关系型贷款注重软信息的平时积累，和中小企业长期互动，对企业经营信息、未来规划及企业主能力信用等信息早已有所掌握，因此在中小企业需要资金的时候能及时响应，解决中小企业的急需。

表 4–1　四种贷款技术比较

种类名称	贷款依据	特点	适用范围
财务报表型贷款	财务报表反映的信息	无须抵押品	报表经过审计、信息透明的企业
抵押担保型贷款	抵押品的数量和质量	能降低交易成本，事后控制能力强	拥有足够抵押品的企业
信用评分型贷款	由数据统计模型得出的信用分值	贷款成本低，实施效率高	企业的小额贷款
关系型贷款	企业信誉、业主品行等私有信息	信息交换便利，借贷关系持久	信息不透明的中小企业

4.1.3　中小银行的优势及功能定位

根据 Berger 等人的分析，大银行凭借其强大的组织机构、专业人才、网络渠道等，高效收集和处理公开信息，在运用交易型贷款技术向信息透明度较高的大中型企业发放贷款方面具有优势；而小银行则利用其地域性特征，通过与中小企业保持长期密切接触获得非公开的关联信息，因而在向信息不透明的中小企业发放关系型贷款上具有优势。他们的实证检验也证明了在中小企业贷款占银行总资产的比率和中小企业贷款占全部企业贷款比率这两个指标上，小银行的数值都高于大银行。因此，“小银行优势”是确实存在的。

在第 2 章中我们指出，“小银行优势”并非简单指中小银行对小企业贷款的比重较高，其真正含义是，中小银行比大银行更适合为小企业提供基于软信息的关系型贷款。总结以往文献中对“小银行优势”机理的解释，中小银行开展关系信贷贷款的优势集中表现为信息成本优势和代理成本优势。

（1）信息成本优势。

中小银行软信息获取的便利性（Banerjee 等，1994）主要来源于其地缘优势。相对于大银行，中小银行在地理上紧邻其中小企业客户，双方处在同一行政区、同一经济环境、同一社会关系网络中，具有天然的密切关联，因此中小银行容易获取相对丰富和真实的企业软信息。在一般意义上，软信息是高成本信息，无论收集、核实、验证，都需要耗费相当多的时间和人力。但中小银行扎根在当地的时间长，对本地企业情况比较熟悉，其职员也多来自当地，社会关系网络广泛，因此信息获取效率较高、成本较低。

（2）代理成本优势。

关系型贷款是基于软信息进行的，在一定程度上集软信息收集者和决策者的角色于一身。由于软信息处理的特点，银行中层级较低的人员需要获得较大授权，但受自身利益驱使，可能产生侵害银行权益的委托代理问题。相比大银行，中小银行有较为集中的股权结构，能较好地解决权力下放的相关问题（Berger 等，2002），对贷款人员产生更大的激励作用。同时，中小银行组织规模较小，层级简单，管理链条短，因此软信息向上传递的速度快、信息保真度高，使得中小银行的审贷效率较大银行高，代理成本较低。

总之，中小银行因其地域性、组织规模及结构特征，在软信息的收集和传递过程中具有比较优势，信息决策的匹配度较高，因此比大银行更适合为中小企业提供关系型贷款。中小银行为中小企业服务的功能是由其内在条件决定的，是其在市场夹缝中生存的立足点。

4.2 关系型贷款缓解中小企业融资约束的实证检验

根据上文分析，中小银行的优势在于利用软信息与关系型贷款为中小企业提供融资服务。那么，关系型贷款究竟能否缓解中小企业融资约束呢？我国在这方面的研究还存在着争议（张晓玫、宋卓霖和何理，2013）。为此本节将尝试一种新方法，从中小企业软信息生成和利用的条件出发，构建“关系型贷款潜力指数”，用以评价银行对中小企业开展关系型贷款的信息基础和潜在可能性，进而探讨软信息与关系型贷款对缓解中小企业融资约束的作用。

4.2.1　关系型贷款潜力指数构建及其度量

（1）关系型贷款潜力的评价维度。

关系型贷款技术是以软信息为基础的，因此，企业软信息的来源、数量和质量，以及软信息使用的外部环境和条件，决定了银行对企业开展关系型贷款的动力和潜力。企业的软信息越是强有力，利用软信息的环境越优越，就越能够降低信息不透明程度，从而改变银行对企业的态度，促进关系型贷款的发放。因此，评价关系型贷款潜力的指标体系，是从企业角度构建，综合反映企业软信息“量”和“质”方面的差异性，以及软信息利用环境条件的差异性。为此，我们从社会网络、社会信任、信息共享和营商环境四个维度，来构建关系型贷款潜力的评价指标体系。在理论上，企业拥有的社会关系网络越丰富，所在地区的社会信任水平越高，信息共享和营商环境越好，对银行关系型贷款的吸引力就越大。

首先，社会网络直接反映企业软信息的可得性及数量的多寡。因为社会网络代表了企业拥有的社会关系资源的总和，是银行获取软信息的主要来源。社会网络综合反映了企业或企业高管与政府、银行等金融机构、商业协会、客户、供应商、其他竞争性或合作性公司之间的关系，可以代表银行能够获取的企业软信息的丰富性和多样化的程度。此外，信息量越大，获取渠道越多，信息交换越充分，信息交叉验证的效果就越好。因此，社会网络也可以间接反映软信息的质量。

其次，社会信任与企业软信息质量有密切的关系。信任是由一个集体的所有成员所共享的一种非正式价值观（Fukuyama，1995），其本身就是一种软信息的传达。在社会信任度较高的地区，软信息更容易收集，其真实性也更有保障，银企之间因信息不对称而导致的逆向选择和道德风险将会降低，可以促使关系型贷款成功率提高，同时交易成本下降。

再次，信息共享对软信息收集、传递和使用均具有正向作用，因而会增强关系型贷款潜力。在信息共享机制发达的地区，软信息渠道更丰富，传递效率更高，而搜寻和处理软信息的成本更低，因而更能激励银行开展关系型贷款业务。

最后，营商环境对软信息的使用具有显著的影响，高水平的公共服务和金融市场化有利于银行对企业软信息的收集，同时在一定程度上促进金融契约订立和执行，激励银行充分利用软信息开展关系型贷款业务。

（2）关系型贷款潜力的度量指标。

我们以社会网络、社会信任、信用共享和营商环境四个维度衡量企业的关系型贷款潜力，每个维度下又设若干二级指标和度量指标，具体指标及其计算方法见下文及表 4–2。

①维度一：社会网络的度量指标。

第一，企业与银行的关系（银企关系）指标，用公司高管是否曾有银行等金融机构的任职经历、银行等金融机构在企业的持股比例，以及企业与银行建立关系时间长度三个指标来度量。其中，对公司高管是否曾有银行等金融机构的任职经历设置二元虚拟变量，有任职经历时取值 1，否则为零；与银行建立关系的时间长度用企业成立年限表示，这是因为企业从成立之日起，通过银行办理存贷款业务、代发职工薪酬、票据汇兑等活动，与银行保持信息交流，使得银企关系持续时间与企业经营年限之间存在很强的正相关性（郭田勇，2006）。该数据运用公式［（研究年份时间 – 企业上市时间）/365 天］计算。

第二，企业与政府的关系（政企关系）指标，用企业类型和企业高管的政治关联强度两个指标衡量。其中公司类型通过设置二元虚拟变量表示，当上市公司类型为国有属性时，取值为 1，否则为零。企业高管政治关联强度借鉴王庆文和吴世农（2008）对公司高管曾经或正在政府部门任职的层级进行赋值，赋值分为十个层次，对公司管理层（董事、监事、高级管理人员）从未有过政府部门任职经历的赋值为零，对曾任或现任职的政府机构层级属于乡科级及以下、县处级副职、县处级正职、厅局级副职、厅局级正职、省部级副职、省部级正职、国家级副职和国家级正职分别赋值为 1、2、3、4、5、6、7、8、9，所有高管行政级别分数之和即为政治关联强度。

第三，企业与行业协会关系指标，通过设置虚拟变量来衡量，当企业为某行业协会会员时取值为 1，否则为零。

第四，企业与客户的关系指标，用企业在前五大客户的年度销售额合计占年度总销售额的比例表示。

第五，企业与供应商的关系指标，用企业在前五大供应商的年度采购合计占年度总采购额的比例表示。

第六，其他社会关系指标，用公司高管曾经任职过及现在正在其他公司兼任管理层的公司数量衡量。

②维度二：社会信任的度量指标。

对于社会信任水平的度量，通常采用张维迎和柯荣住根据 2000 年的调查数据编制的信任指数，由于本章研究年份是从 2008—2017 年的连续 10 年，考虑时效性问题，故选取“城市商业信用环境指数”作为替代指标，该指数主要从信用投放、企业信用管理功能、征信系统、政府信用监管、失信违规行为、诚信教育和企业感受七个方面来综合评价各城市的商业信用环境。目前可查询到的城市商业信用环境指数只有 2010—2013 年、2015 年和 2017 年的数据，我们借鉴钱先航、曹春芳（2013）的处理方法，采用移动加权平均法推算 2008 年、2009 年、2014 年和 2016 年的数据。

③维度三：信息共享的度量指标。

信息共享有利于软信息的生成和传递，因此也被纳入企业软信息综合指数。借鉴严成樑（2012）对信息共享的度量方法，本书采用互联网使用频率和电话使用频率两个变量作为替代变量，其中，互联网使用频率用互联网上网人数与总人口的比值衡量，电话使用频率用移动电话与固定电话使用总人数与总人口的比值衡量。

表 4-2 中小企业关系型贷款潜力（RLP）度量指标体系

变量	二级指标	度量方法
社会网络（SNET）	银企关系（BN）	公司高管曾有银行等金融机构的任职经历时取值为 1，否则为零（BN1）
		银行等金融机构对企业的持股比例（BN2）
		与银行建立关系时间长短，以企业成立年限表示（BN3）
	政企关系（GN）	企业类型，当上市公司类型为国有属性时，取值为 1，否则为零（GN1）
		企业高管的政治关系，用公司高管的政治关联强度指数表示（GN2）
	企业与行业协会关系（gN）	当企业为某行业协会会员时取值为 1，否则为零
	企业与客户关系（CN）	用企业对前五大客户的年度销售额合计占年度总销售额的比例表示
	企业与供应商关系（sN）	用企业从前五大供应商的年度采购合计占年度总采购额的比例表示
	其他社会关系网络（EN）	公司高管曾经或现在正在其他公司兼任管理层的公司数量
社会信任（ST）	商业信用环境（ST）	各地区的商业信用环境，用城市商业信用环境指数表示
信息共享（IS）	互联网使用频率（IS1）	用互联网上网人数与总人口的比值表示
	电话使用频率（IS2）	用电话使用总人数（包括移动电话与固定电话）与总人口的比值表示
营商环境（BE）	公共服务（BE1）	各地区政府机关的公共服务效率，采用王小鲁等（2016）编写的基于抽样调查的企业对“行政审批手续方便简捷情况”的评价指数
	金融市场化（BE2）	采用王小鲁等（2016）编写的市场化指数下的二级指标金融业市场化指数

④维度四：营商环境的度量指标。

对于企业营商环境，本章考虑政府公共服务与金融市场化这两个因素。高水平的公共服务和金融市场化可以扩大银行获得软信息的渠道，降低信息成本。公共服务和金融市场化指标采用王小鲁等编写的《中国分省份市场化指数报告（2016）》中的对“行政审批手续方便简捷情况”的评价，以及“金融业的市场化”评价指数来表示。由于分省份的市场化指数只有 2008 年、2010 年、2012 年和 2014 年的数据，我们采取与城市商业信用环境指数同样的处理方法，通过移动加权平均法对数据进行补充。

4.2.2　基于中小板上市企业的关系型贷款潜力指数计算

根据上述关系型贷款潜力的度量指标体系，本节对深圳证券交易所中小板上市企业的关系型贷款潜力指数进行测算，选取 2008—2017 年中小板上市企业作为研究样本，进行以下筛选：①剔除金融投资类企业；②剔除经过特殊处理（ST）和具有退市风险（*ST）的企业；③剔除数据缺失的企业。最终获得 839 家企业共 3020 个样本。

关系型贷款潜力的度量指标涉及宏观方面的地区数据和微观方面的企业数据，主要数据来源如下：①社会网络指标中政企关系、银企关系、企业与客户和供应商关系的数据来源于国泰安 CSMAR 的公司研究系列数据库、上市公司人物特征数据库，企业与行业协会关系和其他社会关系网络数据来源于锐思金融研究数据库；②社会信任指数来源于中国城市商业信用环境指数（简称 CEI 指数）课题组发布的“城市商业信用环境指数”；③信息共享指标的数据来自中国互联网络信息中心。④营商环境指标的数据来源于王小鲁等编写的《中国分省份市场化指数报告（2016）》。

运用 Excel 2016 和 Stata 14.2 软件，以标准无量纲法消除不同指标单位的影响，再运用主成分因子分析法提取社会网络 9 个变量、信息共享 2 个变量、营商环境 2 个变量、关系型贷款潜力指数 14 个变量的公因子，并以公因子的方差贡献率为权数，分别计算中小板上市企业所在地区的社会网络指数（SNET）、信息共享指数（IS）、营商环境指数（BE），以及关系型贷款潜力指数（RLP）。由于主成分因子分析法步骤的重复性，下文仅就关系型贷款潜力指标的主成分因子分析进行详细说明。

表 4-3 是运用主成分因子分析法对构成关系型贷款潜力指数的 14 个变量进行处理后得到的 14 个公因子（Factor1–Factor14）。选择保留特征值

大于 1 的公因子，即公因子 Factor1、Factor2、Factor3、Factor4、Factor5、Factor6，其累计方差贡献率为 76.01%，超过 70%，说明公因子的提取是有效的。因子分析模型的 LR 检验的卡方值为 1.1×10^4（P 值为 0.0000），说明因子分析模型的整体效果比较好。此外，总体 KMO 值为 0.6212，11 个观测指标的 KMO 值高于 0.5（见表 4–4），也表明了关系型贷款潜力的 14 个变量适合进行主成分因子分析。

表 4–3 关系型贷款潜力（RLP）度量指标的因子分析基本情况

主成分因子分析概况			
成分	特征值	方差贡献率	累计方差贡献率
Factor1	2.82169	0.2015	0.2015
Factor2	1.68078	0.1701	0.3716
Factor3	1.24881	0.1201	0.4917
Factor4	1.20930	0.1092	0.6009
Factor5	1.01949	0.0864	0.6873
Factor6	1.00075	0.0728	0.7601
Factor7	0.96453	0.0715	0.8316
Factor8	0.90805	0.0576	0.8892
Factor9	0.80666	0.0449	0.9341
Factor10	0.79211	0.0323	0.9664
Factor11	0.76024	0.0119	0.9783
Factor12	0.42969	0.0086	0.9869
Factor13	0.27897	0.0075	0.9944
Factor14	0.07893	0.0056	1.0000
因子分析模型的 LR 检验和 Kaiser-Meyer-Olkin 抽样精度检验			
LR 检验的卡方值		1.1×10^4	
总体 KMO 值		0.6212	

表 4-4　关系型贷款潜力（RLP）度量指标体系的 KMO 抽样精度检验

变量		KMO 值
银企关系	BN1	0.5329
	BN2	0.6071
	BN3	0.4742
政企关系	GN1	0.8162
	GN2	0.5074
企业与供应商关系	sN	0.5622
企业与客户关系	CN	0.4652
企业与行业协会关系	gN	0.4986
其他社会关系网络	EN	0.6942
商业信用环境	ST	0.7235
互联网使用频率	IS1	0.6089
电话使用频率	IS2	0.6040
公共服务	BE1	0.7574
金融市场化	BE2	0.5146

表 4-5 显示了通过最大方差旋转法得到的关系型贷款潜力指标的因子载荷矩阵，公因子 Factor1 主要解释变量 ST、IS1 和 IS2 三个变量，公因子 Factor2 主要解释 BE1 和 BE2 两个变量，公因子 Factor3 主要解释 BN3 和 gN 两个变量，公因子 Factor4 主要解释 sN 和 CN 两个变量，公因子 Factor5 主要解释 GN1 和 EN 两个变量，公因子 Factor6 主要解释 BN2、BN3 和 GN2 三个变量。由此可见，Factor1、Factor2、Factor3、Factor4、Factor5 和 Factor6 这六个公因子除了对变量 BN1 的解释程度较弱外，对其他 13 个变量的解释程度均较高。另外，除变量 BN3、GN1、GN2、sN 和 gN 五个变量的信息损失程度较高外，其他变量信息损失程度较低。

表 4-5 关系型贷款潜力（SC）旋转后公因子的载荷矩阵

变量		Factor1	Factor2	Factor3	Factor4	Factor5	Factor6	Uniqueness
银企关系	BN1	0.0409	−0.0694	−0.6774	−0.0655	0.0243	0.1898	0.3938
	BN2	−0.0039	−0.0233	−0.0570	0.0421	−0.0146	0.8325	0.3012
	BN3	0.0617	0.1615	0.4878	−0.0315	0.0073	0.4083	0.5644
政企关系	GN1	−0.1174	−0.4380	0.0938	0.1746	0.4435	0.2104	0.5141
	GN2	−0.0783	−0.0202	−0.3873	−0.4809	−0.1003	0.2592	0.5349
企业与供应商关系	sN	−0.0930	−0.0278	−0.0722	0.4725	−0.5075	−0.0196	0.5041
企业与客户关系	CN	−0.0114	0.0249	−0.0554	0.8123	0.0032	0.0841	0.3293
企业与行业协会关系	gN	0.0057	0.0702	0.6477	−0.1449	−0.0236	0.0596	0.5504
其他社会关系网络	EN	0.0496	0.1387	−0.0500	0.0160	0.8002	−0.0506	0.3327
商业信用环境	ST	0.8361	−0.3063	−0.0237	−0.0243	0.0392	−0.0424	0.2026
互联网使用频率	IS1	0.8738	0.3489	0.1102	0.0064	0.0304	0.0214	0.1012
电话使用频率	IS2	0.9258	0.1379	−0.0711	−0.0042	−0.0087	0.0101	0.1187
公共服务	BE1	0.3596	0.7420	0.1367	0.0168	0.0702	0.0009	0.2962
金融市场化	BE2	0.0034	0.9053	0.0243	0.0211	0.0608	0.0056	0.1756

表 4-6 显示的是对中小板上市企业关系型贷款潜力的度量指标采用主成分因子分析后，提取的六个公因子 Factor1、Factor2、Factor3、Factor4、Factor5、Factor6 的因子得分情况。根据因子得分矩阵，公因子的综合得分可形成的线性表达式为

$$Factor1=-0.03639\times BN1-0.01548\times BN2+0.071\times BN3-0.09964\times GN1-0.04665\times GN2-0.05641\times sN-0.0125\times CN+0.04968\times gN+0.0591\times EN+0.19687\times ST+0.33086\times IS1+0.29831\times IS2+0.24903\times BE1+0.16479\times BE2 \quad (4-1)$$

$$Factor2=0.23992\times BN1+0.04152\times BN2-0.17673\times BN3+0.12854\times GN1+0.11997\times GN2-0.02485\times sN-0.033\times CN-0.2028\times gN-0.02039\times EN+0.38924\times ST+0.08346\times IS1+0.23972\times IS2-0.24652\times BE1-0.39187\times BE2 \quad (4-2)$$

$$Factor3=-0.21614\times BN1-0.08216\times BN2+0.01967\times BN3+0.01898\times GN1-0.40651\times GN2+0.45637\times sN+0.49749\times CN+0.04608\times gN-0.27942\times EN+0.11206\times ST+0.05547\times IS1+0.06098\times IS2-0.06237\times BE1-0.14861\times BE2 \quad (4-3)$$

$$Factor4=-0.35014\times BN1+0.03689\times BN2+0.28281\times BN3+0.40162\times GN1-0.22201\times GN2-0.29499\times sN-0.0835\times CN+0.36946\times gN+0.27608\times EN+0.14506\times ST+0.00789\times IS1-0.04549\times IS2-0.118\times BE1-0.2619\times BE2 \quad (4-4)$$

$$Factor5=0.26712\times BN1+0.68339\times BN2+0.22617\times BN3+0.29883\times GN1+0.05641\times GN2+0.04741\times sN+0.42645\times CN-0.15269\times gN+0.23285\times EN-0.0913\times ST+0.02502\times IS1+0.01032\times IS2+0.08555\times BE1+0.14436\times BE2 \quad (4-5)$$

$$Factor6=-0.08217\times BN1+0.44023\times BN2+0.36924\times BN3-0.1758\times GN1+0.27188\times GN2+0.11982\times sN-0.28466\times CN+0.29403\times gN-0.59012\times EN+0.04159\times ST+0.04464\times IS1+0.03902\times IS2-0.0654\times BE1-0.13388\times BE2 \quad (4-6)$$

将表 4-3 中公因子 Factor1、Factor2、Factor3、Factor4、Factor5、Factor6 的方差贡献率作为权数计算关系型贷款潜力（RLP）指数，中小板上市企业关系型贷款潜力指数的线性表达式为

$$RLP=0.2015\times Factor1+0.1701\times Factor2+0.1201\times Factor3+0.1092\times Factor4+0.0864\times Factor5+0.0728\times Factor6 \quad (4-7)$$

表 4-6　关系型贷款潜力（RLP）因子得分矩阵

变量		Factor1	Factor2	Factor3	Factor4	Factor5	Factor6
银企关系	BN1	-0.03639	0.23992	-0.21614	-0.35014	0.26712	-0.08217
	BN2	-0.01548	0.04152	-0.08216	0.03689	0.68339	0.44023
	BN3	0.07100	-0.17673	0.01967	0.28281	0.22617	0.36924
政企关系	GN1	-0.09964	0.12854	0.01898	0.40162	0.29883	-0.17580
	GN2	-0.04665	0.11997	-0.40651	-0.22201	0.05641	0.27188
企业与供应商关系	sN	-0.05641	-0.02485	0.45637	-0.29499	0.04741	0.11982
企业与客户关系	CN	-0.01250	-0.03300	0.49749	-0.08350	0.42645	-0.28466
企业与行业协会关系	gN	0.04968	-0.20280	0.04608	0.36946	-0.15269	0.29403
其他社会关系网络	EN	0.05910	-0.02039	-0.27942	0.27608	0.23285	-0.59012
商业信用环境	ST	0.19687	0.38924	0.11206	0.14506	-0.09130	0.04159
互联网使用频率	IS1	0.33086	0.08346	0.05547	0.00789	0.02502	0.04464
电话使用频率	IS2	0.29831	0.23972	0.06098	-0.04549	0.01032	0.03902
公共服务	BE1	0.24903	-0.24652	-0.06237	-0.11800	0.08555	-0.06540
金融市场化	BE2	0.16479	-0.39187	-0.14861	-0.26190	0.14436	-0.13388

采取与计算关系型贷款潜力指数相同的方法，可计算出社会网络指数、信息共享指数及营商环境指数，具体结果详见附录。社会信任（ST）仅包含 1 个变量，故其权重为 100%，因此只需将城市商业信用环境指数进行标准化处理即可。

4.2.3　关系型贷款潜力对中小企业融资约束影响的回归分析

（1）数据来源与指标说明。

首先，本节回归检验中所涉及的企业财务数据主要来自国泰安 CSMAR 的公司研究系列数据库，部分缺失数据通过企业招股说明书、和讯网、东方财富网等多种途径进行手工收集和数据交叉验证。为了消除极端值对结果的影响，对所有企业层面的连续变量（包括上文计算的关系型贷款潜力指数）在 1% 的水平上进行缩尾处理。最终得到的有效分析样本为 811 家企业组成的非平衡面板数据样本，共 2719 个观测值。运用 Stata14.2 对双重固定效应面板模型进行回归分析。

其次，本书采用现金—现金流敏感性模型对中小企业融资约束进行度量，这里的融资约束不仅涉及银行信贷配给，也包括证券融资、商业信用、融资租赁等外源融资约束。但考虑到中小企业的外源融资结构是以银行贷款为主导型，信贷约束仍占主体。现金—现金流敏感性模型的原理是：企业在保证当下经营所需现金流与满足未来投资需求的现金持有量之间存在一个最佳比例，当企业存在融资约束时，倾向于从现有经营性现金流中抽取更大比例，以现金或现金等价物的方式进行留存，以满足未来投资需求，而将持有现金的机会成本放在次要考虑的位置。企业面临的融资约束越严重，企业为未来投资积累现金的动机就越强，现金及现金等价物持有量越多，现金—现金流敏感度就越高。因此，当企业存在融资约束时，现金持有量变动与经营性现金流量净值之间存在强正相关关系；而当企业不存在融资约束时，企业的现金持有水平与经营性现金流的多寡没有显著性关系。对现金—现金流敏感度的衡量涉及两个指标，一是现金持有量变动（Dcash），其计算公式为：Dcash=（期末现金及现金等价物 - 期初现金及现金等价物）/ 期初总资产的账面价值。二是企业经营活动产生的现金流量净值（CF），计算公式为：CF= 期末经营活动现金流 - 期初经营活动现金流。

最后，控制变量的选取，我们选择将企业规模（Size）、短期负债变动（DStd）、净营运资本变动（DNwc）、企业成长性（Grow）、长期资本支出（Expend）、时间（γ）和行业（d）哑变量作为控制变量，具体衡量方法如下：①企业规模（Size）——以年末总资产的账面价值表示，取其自然对数。企业规模越大，实力越强，面临融资约束的可能性越小。②短期负债变动（DStd）——以本期短期流动负债的变动量占期初资产总额的比重衡量。企业短期负债包含短期借款、应付票据、应交税费、预收账款等，企业的短期负债增加，企业现金持有量会相应地增加。③净营运资本变动（DNwc）——以净营运资本变动量占期初资产总额的比重衡量。净营运资本等于流动资产与流动负债的差额，差额越大时，企业现金持有量也越大。④企业成长性（Grow）——以主营业务增长率来衡量，计算公式为：主营业务增长率 =（本期主营业务收入发生额 - 上期主营业务收入发生额）/ 上期主营业务收入发生额。当主营业务增长率较高时，企业倾向于增加投资，减少现金持有量。⑤长期资本支出（Expend）——以本期购建固定资产、无形资产和其他长期资产支付的现金与期初总资产的比值来衡量。该指标越大，企业的现金持有量越小。⑥时间虚拟变量（γ）——考虑到不同年份的宏观经济状况存在差异，为消除其对于中小企业融资约束造成的影响，设置年度哑变量，当属于所研究年份时取值为 1，否则为 0。⑦行业虚拟变量（d）——考虑到所选取的样本涉及多个行业，不同行业的融资需求存在差异性，故设置行业哑变量，当属于所研究行业时取值为 1，否则取零。表 4-7 显示了回归分析的所有变量的含义及计算方法。

（2）静态面板模型的设定。

本书参考 Almeida 等（2004）提出的现金—现金流敏感性模型，建立以下基准模型：

$$Dcash_{i,t}=\beta_0+\beta_1 CF_{i,t}+\beta_2 Size_{i,t}+\beta_3 DStd_{i,t}+\beta_4 DNwc_{i,t}+\beta_5 Grow_{i,t}+\beta_6 Expend_{i,t}+\gamma_t+d_i+\varepsilon_{i,t} \quad (4-8)$$

其中，$Dcash_{i,t}$ 表示企业 i 在 t 年度的现金持有量变动，$CF_{i,t}$ 表示企业 i 在 t 年度的经营性现金流，$Size_{i,t}$ 表示企业 i 在 t 年度的企业规模，$DStd_{i,t}$ 表示企业 i 在 t 年度的短期负债变动，$DNwc_{i,t}$ 表示企业 i 在 t 年度的净营运资本变动，$Grow_{i,t}$ 表示企业 i 在 t 年度的成长性，$Expend_{i,t}$ 表示企业 i 在 t 年度的长期资本支出，γ_t 表示时间效应，d_i 表示行业效应，$\varepsilon_{i,t}$ 表示随机误差项。在基准模型（4-8）中，$CF_{i,t}$ 的系数 β_1 表示的是企业持有的经营性现金流对现金持有量变动的敏感程度。当 β_1 显著为正时，表明企业出于预防性动机，将部分经营性现金流以现金或现金等价物的方式进行留存，即企业存在融资约束。

表 4–7　回归分析的变量含义及计算方法

类型	变量简称	变量名称	计算方法
被解释变量	Dcash	现金持有量变动	（期末现金及现金等价物 – 期初现金及现金等价物）/ 期初总资产的账面价值
解释变量	CF	经营性现金流	期末经营活动现金流 – 期初经营活动现金流
	RLP（SNET、ST、IS、BE）	关系型贷款潜力及其四个维度	根据 4.2.2 计算的结果
控制变量	Size	企业规模	年末总资产的账面价值取自然对数
	DStd	短期负债变动	（期末流动负债 – 期初流动负债）/ 期初总资产的账面价值
	DNwc	净营运资本变动	[（期末流动资产 – 期末流动负债）–（期初流动资产 – 期初流动负债）] / 期初总资产的账面价值
	Grow	企业成长性	主营业务增长率 =（本期主营业务收入发生额 – 上期主营业务收入发生额）/ 上期主营业务收入发生额
	Expend	长期资本支出	本期购建固定资产、无形资产和其他长期资产支付的现金 / 期初总资产的账面价值
	γ	时间虚拟变量	当属于所研究年份时取 1，否则为 0
	d	行业虚拟变量	当属于所研究行业时取 1，否则为 0

为了分析关系型贷款潜力及其四个维度对中小企业融资约束的影响，本书构造经营性现金流（CF）与关系型贷款潜力指数（RLP）及其四个维度（SNET、ST、IS 、BE）的交互项，将交互项纳入基准模型（4–8）中，得到扩展模型（4–9）~ 扩展模型（4–13）：

$$Dcash_{i,t}=\beta_0+\beta_1 CF_{i,t}+\beta_2 Size_{i,t}+\beta_3 DStd_{i,t}+\beta_4 DNwc_{i,t}+\beta_5 Grow_{i,t}+\beta_6 Expend_{i,t}+\beta_7 CF_{i,t}+\gamma_t+d_i+\varepsilon_{i,t} \tag{4-9}$$

$$Dcash_{i,t}=\beta_0+\beta_1 CF_{i,t}+\beta_2 Size_{i,t}+\beta_3 DStd_{i,t}+\beta_4 DNwc_{i,t}+\beta_5 Grow_{i,t}+\beta_6 Expend_{i,t}+\beta_7 CF_{i,t}\times SNET_{i,t}+\gamma_t+d_i+\varepsilon_{i,t} \quad (4-10)$$

$$Dcash_{i,t}=\beta_0+\beta_1 CF_{i,t}+\beta_2 Size_{i,t}+\beta_3 DStd_{i,t}+\beta_4 DNwc_{i,t}+\beta_5 Grow_{i,t}+\beta_6 Expend_{i,t}+\beta_7 CF_{i,t}\times ST_{i,t}+\gamma_t+d_i+\varepsilon_{i,t} \quad (4-11)$$

$$Dcash_{i,t}=\beta_0+\beta_1 CF_{i,t}+\beta_2 Size_{i,t}+\beta_3 DStd_{i,t}+\beta_4 DNwc_{i,t}+\beta_5 Grow_{i,t}+\beta_6 Expend_{i,t}+\beta_7 CF_{i,t}\times IS_{i,t}+\gamma_t+d_i+\varepsilon_{i,t} \quad (4-12)$$

$$Dcash_{i,t}=\beta_0+\beta_1 CF_{i,t}+\beta_2 Size_{i,t}+\beta_3 DStd_{i,t}+\beta_4 DNwc_{i,t}+\beta_5 Grow_{i,t}+\beta_6 Expend_{i,t}+\beta_7 CF_{i,t}\times BE_{i,t}+\gamma_t+d_i+\varepsilon_{i,t} \quad (4-13)$$

其中，$RLP_{i,t}$表示企业 i 在 t 年度内的关系型贷款潜力，$SNET_{i,t}$表示企业 i 在 t 年度内的社会网络指数，$ST_{i,t}$表示企业 i 在 t 年度内的社会信任指数，$IS_{i,t}$表示企业 i 在 t 年度内的信息共享指数，$BE_{i,t}$表示企业 i 在 t 年度内的营商环境指数。如果扩展模型中的系数 β_7 显著为负，则表明关系型贷款潜力或其四个维度能够有效降低企业的现金—现金流敏感性，改善企业融资约束困境。

（3）主要变量描述性统计和相关性统计。

主要变量描述性统计如表 4-8 所示，被解释变量现金持有量变动的均值为 0.044，最小值为 -0.342，最大值为 1.502，说明所选样本的现金持有量变动存在较大差异。关系型贷款潜力指数（RLP）的均值为 -0.004，标准差为 0.306，表明不同样本关系型贷款潜力差别较大；关系型贷款潜力指数的第二分位数为 -0.047，说明样本的关系型贷款潜力指数大部分低于均值水平，拥有强有力软信息的样本企业相对较少。从四个维度的指数看，社会网络指数（SNET）的均值为 -0.002，标准差为 0.365，远高于其均值，表明不同企业的社会网络关系水平存在较大差异。社会信任指数（ST）是将城市商业信用环境指数进行标准化处理得到的，其最小值为 -3.623，最大值为 2.849，说明不同地区的城市商业信用环境差异较大。信息共享指数（IS）的均值为 0.020，中位数为 0.110，表明样本企业所在地有超过一半的信息共享水平高于平均水平。营商环境指数（BE）的均值为 -0.060，

介于第一分位数 -0.542 和第二分位数 0.209 之间，表明样本企业所在地的营商环境大部分高于均值。

表 4-8　主要变量描述性统计

变量	观测值	均值	标准差	最小值	最大值	p25	p50	p75
Dcash	2960	0.044	0.198	-0.342	1.502	-0.042	0.005	0.064
CF	2960	0.059	0.093	-0.280	0.506	0.008	0.054	0.105
RLP	2960	-0.004	0.306	-0.587	0.994	-0.212	-0.047	0.152
SNET	2960	-0.002	0.365	-0.900	1.056	-0.258	-0.020	0.244
ST	3020	-0.001	1.000	-3.623	2.849	-0.653	-0.242	0.561
IS	2994	0.020	0.920	-2.047	1.909	-0.687	0.110	0.844
BE	2810	-0.060	0.730	-2.057	0.962	-0.542	0.209	0.572
Size	2960	21.816	0.850	20.055	24.246	21.193	21.756	22.357
DStd	2960	0.089	0.183	-0.237	1.633	-0.004	0.053	0.137
DNwc	2960	0.036	0.282	-2.031	1.728	-0.058	0.008	0.087
Grow	2959	0.201	0.331	-0.444	2.601	0.016	0.142	0.304
Expend	2960	0.080	0.081	0.001	0.629	0.026	0.057	0.105

注：pX 表示随机变量取值小于等于 pX 的概率为 X%。

通过对解释变量、被解释变量及控制变量进行 Pearson 相关性分析，可以发现，在不受其他因素的影响时，经营性现金流（CF）显著与现金持有量变动（Dcash）正相关。经营性现金流与关系型贷款潜力的交互项（CF*RLP）、与社会网络的交互项（CF*SNET）、与社会信任的交互项（CF*ST）、与信息共享的交互项（CF*IS）、与营商环境的交互项（CF*BE），均与现金持有量变动（Dcash）显著负相关，表明在不受其他因素的影响时，企业的关系型贷款潜力及其四个维度指数越高，企业面临的融资约束程度将越低。此外，关系型贷款潜力的四个维度指数间有显著正相关关系，为避免多重共线性对回归结果造成影响，本书在现金—现金流敏感性模型的扩展模型中每次只加入一个关系型贷款潜力变量。

（4）多重共线性检验。

为确保模型回归过程中不存在多重共线性问题导致的伪回归问题，本书在相关性统计的基础上进行了 VIF 检验，以检查各变量间是否具有多重共线性问题。具体结果见表 4-9，所有变量的 VIF 值均小于 5，所有变量 VIF 的均值为 1.77，这说明所有自变量都不存在多重共线性问题。

表 4-9 各变量 VIF 值

变量	VIF	1/VIF
CF	1.03	0.9709
CF*RLP	4.19	0.2387
CF*SNET	1.06	0.9461
CF*ST	2.33	0.4300
CF*IS	3.36	0.2973
CF*BE	1.76	0.5689
Size	1.05	0.9509
DStd	1.30	0.7680
DNwc	1.06	0.9416
Grow	1.24	0.8061
Expend	1.08	0.9288
Mean VIF	1.77	

4.2.4 关系型贷款潜力对中小企业融资约束影响的实证结果

（1）豪斯曼检验。

针对非平衡面板数据进行回归分析，一般通过豪斯曼检验确定是选用固定效应还是随机效应模型。对基准模型（4-8）及扩展模型（4-9）至扩展模型（4-13）分别进行固定效应和随机效应模型估计，六个模型的 P 值均小于 0.01，即在 1% 的显著性水平下拒绝“随机效应模型有效”的原假设，故选择固定效应模型更为合理。考虑到时间和行业的影响，本书在运用固定效应模型对面板数据进行回归分析时，加入了年份及行业哑变量，控制时间和行业效应。

（2）回归结果。

表 4–10 是基于现金—现金流敏感性基本模型及其扩展模型的实证回归结果。六个双向固定效应回归模型的整体显著性检验值（F 值）均在 1% 的置信水平上显著，回归模型的整体拟合效果较好，表明这六个模型的设定是有意义的。从回归结果看，经营性现金流（CF）与现金持有量变动（Dcash）的回归系数在六个模型中始终显著为正（在 1% 的置信水平下显著），说明了中小上市企业现金—现金流敏感性较显著，面临融资约束的困境，这也意味着上市并不能完全解决中小企业的融资约束问题。

由模型（4–9）可以看出，经营性现金流与关系型贷款潜力的交互项（CF*RLP）的系数为 –0.214，在 10% 的置信水平下显著为负，说明关系型贷款潜力对缓解中小企业融资约束具有显著的正向影响。模型（4–10）中经营性现金流与社会网络的交互项（CF*SNET）与现金持有量变动（Dcash）在 5% 的显著性水平下显著负相关，说明企业通过与银行、政府、供应商、客户等利益相关者建立密切关系能对企业的现金—现金流敏感性有显著的正向影响，企业的社会网络能有效改善其面临的融资约束困境。模型（4–11）中经营性现金流与社会信任的交互项（CF*ST）的回归系数为 –0.057，在 5% 的置信水平下显著为负，说明随着社会信任水平的提升，中小企业的现金—现金流敏感性显著降低，有效缓解了中小企业融资约束。模型（4–12）中经营性现金流与信息共享的交互项（CF*IS）的回归系数为 –0.084（在 5% 的置信水平下显著），说明信息共享程度对企业现金—现金流敏感性有显著的正向影响，信息共享水平能显著缓解企业的融资约束。模型（4–13）中经营性现金流与营商环境的交互项（CF*BE）的回归系数为 –0.046，在 10% 的置信水平上显著，表明营商环境越好，中小企业的现金—现金流敏感性越低，融资约束程度也越低。

通过对比 CF*ST、CF*BE、CF*SNET 和 CF*IS 的系数可以发现，关系

型贷款潜力的四个维度对中小企业现金—现金流敏感性的影响程度存在明显差异。其中，CF*SNET 的系数最大，CF*BE 的系数最小，表明企业的社会网络对其缓解融资约束的影响较大，营商环境对其缓解融资约束的影响较小。

表 4-10　模型回归结果

变量 \ 模型	4-8	4-9	4-10	4-11	4-12	4-13
CF	0.457*** (9.17)	0.453*** (8.98)	0.455*** (8.89)	0.454*** (8.96)	0.451*** (8.96)	0.437*** (8.52)
CF*RLP		−0.214* (−1.83)				
CF*SNET			−0.229** (−2.35)			
CF*ST				−0.057** (−2.25)		
CF*IS					−0.084** (−2.19)	
CF*BE						−0.046* (−1.88)
Size	0.026** (2.07)	0.026** (2.04)	0.028** (2.15)	0.027** (2.11)	0.025** (2.01)	0.030** (2.24)
DStd	0.183*** (7.01)	0.178*** (6.76)	0.182*** (6.83)	0.182*** (6.88)	0.182*** (6.90)	0.176*** (6.64)
DNwc	0.388*** (25.14)	0.385*** (24.62)	0.384*** (24.28)	0.387*** (24.90)	0.388*** (24.89)	0.358*** (22.08)
Grow	−0.036*** (−2.77)	−0.034*** (−2.62)	−0.034*** (−2.59)	−0.035*** (−2.66)	−0.035*** (−2.70)	−0.025* (−1.87)
Expend	−0.044 (−0.76)	−0.041 (−0.70)	−0.050 (−0.84)	−0.042 (−0.72)	−0.036 (−0.63)	−0.037 (−0.63)
_cons	−0.672** (−2.37)	−0.677** (−2.36)	−0.705** (−2.43)	−0.693** (−2.41)	−0.662** (−2.32)	−0.691** (−2.33)
是否控制年份	yes	yes	yes	yes	yes	yes
是否控制行业	yes	yes	yes	yes	yes	yes
Adjusted R2	0.3574	0.3592	0.3518	0.3575	0.3549	0.3321
观测值	2719	2719	2719	2719	2719	2719
F 值	36.04***	34.12***	33.04***	34.34***	34.08***	28.45***

注：***、 **、* 分别表示各变量通过 1%、5% 和 10% 的显著性检验；括号内的数值代表相应的 t 值。

4.3　阻碍中小银行关系型贷款实现的内部约束因素

上节以中小板上市企业为例，通过实证检验证明了关系型贷款潜力对缓解中小企业的融资约束有显著的正向作用。从其四个维度看，中小企业的社会关系网络越紧密、面临的社会信任度越高、信息共享和营商环境越好，中小企业遭受的融资约束就越小。但在现实中，我们经常观察到关系型贷款潜力并未转化为实际的利益，阻碍关系型贷款落实的因素大量存在。在本节中，我们将围绕关系型贷款所要求的银企关系和银行组织结构条件，探讨中小企业自身和中小银行内部存在的问题。

4.3.1　银企关系约束

关系型贷款技术建立在软信息基础之上，而软信息的积累依靠长期银企关系的维持。虽然银行也可以单纯依靠软信息而不需要建立长期银企关系，但严格地说，这应该属于判断型贷款技术（Berger 和 Udell，2006），判断型贷款技术特别强调信贷员的职业素养和经验，适用于与银行不存在紧密关系的企业。而关系型贷款虽然也需要信贷员的人际接触和个人判断，但更强调良好和持续的银企关系。长期、多渠道和排他性的银企关系不仅可以在银行内部产生大量相对准确、低成本的软信息，而且可以帮助银行持续取得关系租金，抵补前期投入的信息成本，并通过在企业贷款定价和条件上的动态激励，减少借款人的机会主义行为和道德风险，促进银企双方的合作共赢。

银企关系的评价通常涉及银企关系的长度、深度和专一性三个方面。其中，银企关系长度指银行与企业建立金融业务关系的时间长短，银企关系越长，开展关系型贷款的可能性越大；银企关系深度是指银企业务类型的丰富多样性，以及企业高管与银行的关联性，银企关系越深，开展关系型贷款的可能性也越大；银企关系的专一性指的是企业关系银行的数目多寡，关于专一性对中小企业融资的影响，学术界存在不同的看法，但从银行的角度考虑，关系银行数目较少的企业更有可能成为其贷款对象。

对照银企关系条件，我们认为银企关系的薄弱是导致中小银行不能充分开展关系型贷款的主要原因。首先，我国中小企业平均存续期较短，新旧交替速度快，无法与银行保持长期关系。大量中小企业处于初创期和成长期，与银行的业务往来有限，很难“跨越最先一公里”从银行获取首次贷款。银行方面缺乏稳定优质的中小企业客户源，新客户开发投入高、风险大，因此进行信息投资、开展关系型贷款的基础和动力不足。有数据显示，我国中小企业的平均寿命在3年，成立3年后的小微企业持续正常经营的约占1/3。但根据人民银行统计，我国小微企业平均在成立4年零4个月后才第一次获得贷款。小微企业要熬过平均3年的死亡期后，才有机会获得银行信贷支持①。参照Berger和Udell（2002）对美国中小企业关系型贷款的研究，中小企业与主金融机构保持融资关系的时间长度达9.37年。可推测大部分中小企业都无法达到关系型贷款的基本条件。

其次，从银企关系的深度看，我国中小企业和私营经济发展历史短暂、社会地位一般，其高管较少有在银行等金融机构的任职经历，中小企业在银行的业务量和种类也不多，因而银企之间缺乏密切的联系和信任。从中小企业角度看，银行审贷看重财务指标和抵押率，这种做法无法根据中小企业实际情况满足其资金需求；而从银行角度看，中小企业与银行业务往来少，提供的信息不足以支持银行授信。

再次，从银企关系的专一性看，我国既没有像日本那样的主银行制度，也没有美国那样的社区银行传统，银企关系的持续性比较差。一方面，银行不是中小企业的大股东或主要债权人，没有太多的利益关联，银行对维护长期关系下的功夫不够，很多中小企业贷款到期之后不再续贷。为了完成每年的小微贷款指标，银行不得不新增客户填补原有客户退出导致的“坑”，关系型资源在一定程度上被浪费。另一方面，中小企业的金融服务并不固定由一家或少数几家银行提供，银企借贷关系不具备排他性，有

① 2018年6月29日中国人民银行行长易纲在全国深化小微企业金融服务电视电话会议上的讲话。

些中小企业为满足资金需要甚至跨银行多头借贷，增加了金融机构坏账风险。银企关系松散使得私有信息传递的范围难以控制，削弱了银行在软信息上进行投资及发放关系型贷款的积极性。

最后，我国地域辽阔，区域差异性很大。在一些经济发达特别是民营经济发达的地区（如浙江省），中小银行与民营经济发展共生共荣，带有明显的自发性、草根性特征，银企关系长期紧密，能够有效解决信息不对称问题，加之经营机制灵活，贷款手续简便，有利于开展关系型贷款。而在一些经济欠发达地区，不仅缺乏民营经济的土壤，而且金融资源短缺、市场竞争程度低，银政关系的重要性远高于银企关系，中小企业获得的金融服务更加不足。

4.3.2　中小银行产权结构约束

发达国家的关系型贷款非常强调金融机构的组织结构特征、公司契约和代理成本问题。很多西方学者通过理论和实证方法，论证小银行的组织结构和公司治理优势，将其视为“小银行优势”的主要来源。与此对照，我国中小银行的产权和组织架构存在明显的差距。

产权结构主要包含产权性质和股权集中度两个方面，是公司治理结构的基石。一定的产权结构决定了公司的法人性质、经营目标及方式，也影响了公司的组织架构。不同的产权结构意味着不同的权、责、利关系，并因此产生不同的激励机制，对商业银行的信贷决策有着深远影响。在国外有关“小银行优势”来源的研究文献中，比较强调中小银行的股权集中和股东当地化，以及由此产生的所有权激励和控制权激励。例如，Deyoung（2001）、Brickley 等（2003）研究发现，美国小银行的股东和员工数量少，股权比较封闭，大都没有公开发行股票和债券，银行高管（董事长和经理）占的股份较多，当地投资者也占有相当高的比例，且较多开展员工持股计划。这种股权结构保证了各方利益的高度一致，减少了银行所有者和银行经营者之间、银行高层和基层经理人之间的委托代理问题。在所有权激励和社区股东监督的双重作用下，关系型贷款中因决策权下放而带来的权利滥用问题得到很好的控制，银行经理人会努力生产软信息、发展关系型贷款，提高银行经营绩效。

但是，在研究我国的中小银行产权结构时，会发现不同的特点。我国大多数中小银行没有类似的股权集中和股东当地化特点，产权性质归属对中小银行的影响更为突出。由于不同性质产权代表着不同股东的利益，所追求的经营目标不同、风险偏好不同、限制条件不同，因而会影响银行的经营决策。就产权性质的归属来看，我国中小银行特别是地方性银行比较突出的特点是国有股（或国有法人股）占相当大的比例 。尽管很多城市商业银行已完成股份制改革，但在前十大股东名单中，不难发现地方政府还是以多种形式参与，或直接利用财政资金入股中小银行，或通过控制地方国有资产管理公司、国有企业等向中小银行注资成为其重要股东。后种方式虽然使持股链条延长，但政府对银行的控制力并未减弱。政府依然是银行的最终所有者，中小银行与地方政府仍有着千丝万缕的联系。

政府部门或者国有大型企业控股银行的主要问题是内部控制人问题，一方面，政府产权主体目标函数较为复杂，需要在政治利益、社会效益及银行经济效益之间平衡。在政府直接或间接控股的情况下，很可能银行信贷资金会更多地配置给国有企业、地方财政等，而私有企业和中小企业难以得到银行的信贷支持。祝继高等（2012）以我国城市商业银行为样本研究，对多家城商行前十大贷款客户信息进行统计，发现城商行的信贷资金主要流向是地方融资平台、地方土地储备中心、地方国有资产管理公司及地方政府和事业单位。城商行通过上述途径提供政府类贷款比例高达 52.38%，而民营企业仅有 14.50%。此外，政府控股的某些银行的所有者不明确，权责利不清晰、不统一，公司治理结构不完善，容易滋生各类机会主义行为；银行管理层的经营偏懈怠和保守，倾向于低风险、低收益资产，对可能为银行提供高收益的中小客户，因为不符合传统标准而回避。此外，部分中小银行股东人数众多，股权混乱，员工持股不规范，激励机制不健全，中小银行从业人员对收集、处理和传递软信息缺乏积极性。总之，我国某些中小银行产权结构以政府控制为主，信贷资金偏向于政府项目、大型企业等，小银行优势难以发挥，对中小企业的资金支持不足。

4.3.3　中小银行组织和决策架构约束

对关系型贷款而言，银行内部组织架构和决策层非常重要。因为通常的银行贷款审批，需要经过信贷层、审批层、决策层各个环节链条，才能得到最终的审批结果。鉴于软信息量化和传递的难度，信息在银行内部传递的速度、准确性和成本在很大程度上决定了银行关系型贷款的审批效率。理论上，中小银行在软信息传递方面，一是依靠简单的组织结构、较少的决策层级提高传递效率；二是将关系型贷款的决策权下放给直接掌握软信息的基层经理和信贷员，同样由于科层结构简单，即便由此产生银行内部的代理问题，解决代理问题的成本也比大银行低（Berger、Klapper 和 Udell，2001；Berger 和 Udell，2002）。

对照上述标准，我国大多数中小银行的组织架构和决策层对发展关系型贷款并无太大的优势。表面上看，中小银行组织结构相对简单，通常是"总行—分行（支行）—网点"的组织架构，一般从基层网点到总行只有三个层级。而大型银行层级结构一般为"总行— 一级分行—二级分行—支行—网点"五个层次。但实质上，中小银行的内部架构承袭了大银行的许多特征，内部沟通不够顺畅，拥有信息的人与拥有决策权的人很难达成一致，银行高层对基层分支行上传信息的理解，以及对中小企业信用风险判断存在差异，监督成本较高。特别是随着一些中小银行的规模扩张，总行与分支行的距离拉大，层级结构逐渐复杂化，银行所有权也随之分散，在信贷过程中形成新的、更为复杂的委托代理关系。由于管理链条拉长，贷款决策权上移，授信管理人员在授信审批和贷款发放过程中受到过多干预，导致对中小企业客户服务效率降低。从层级控制、所有权激励来讲，跨区域经营降低了中小银行发展关系贷款的能力。

在决策层方面，中小银行贷款审批权的设置大多比较集中，授权审批范围有严格规定。通常企业的授信额度、授信期限、利率、抵押担保（包括抵押物的种类、范围，以及抵押物价值确定、抵押率设定等）、还款方式等均是根据套用产品的具体规定办理，超出标准的小企业授信业务须经总行批准；此外，产品设计也归于总行，分支机构的设计方案要报总行审批。这些规定纵然有其合理成分，但难免有管理环节增多、自主性差、机制不灵活的弊端。也有一些中小银行针对中小企业贷款进行了充分授权，实行扁平化管理，但在尽职免责制度下，放权过多容易产生委托代理和道德风险问题。基层银行为追求盈利而过度承担风险，导致不良贷款增加，会影响银行持续经营能力。

4.3.4 中小银行经营能力约束

中小银行对中小企业金融服务功能的实现，最终要以其强大的经营能力为保证，但中小银行受制于资金、技术和人才弱势，在开展关系型贷款、为中小企业提供融资服务方面存在经营能力的约束。

（1）产品和服务创新能力不强。

中小银行整体创新能力不强，品牌形象不显著，获客能力不够。对信贷产品的开发多采取复制和移植方式，虽然产品名称五花八门，但实则在客户分类、产品定位上雷同，同质化现象比较严重，相当多的产品并不适应中小银行的特点。其消极影响表现为：首先，产品和服务品种单一，较难满足中小企业多样化的融资需求；从其他银行或地区直接移植的产品可能与本行客户和本地营商环境不符，使用效果不佳。其次，造成同业低水平竞争，打击了原创性产品的创新积极性。最后，银行产品创新主要是针对交易型贷款产品，尤其是抵押担保方式的创新，基于软信息的关系型融资产品创新非常短缺，以新模式支持中小企业融资还有很大的提升空间。

在服务创新方面，银行通常按客户级别提供不同质量的服务，对非优质客户的中小企业服务意识不强，不能根据中小企业实际需要进行流程优化和服务改进。如在续贷环节中，大企业在贷款到期前，就会启动续贷前的各项工作，而小微企业续贷的贷前调查、审查、审批、批复等环节通常在企业原贷款归还后进行，使得小微企业续贷时间明显延长而且效率较低。即便是针对中小企业的信贷服务，在客户覆盖上仍存在各种歧视。出于对风险和成本控制考虑，中小银行与大银行一样倾向于具有聚集特征的中小企业，如依托于产业链、商圈、电商平台、农村信用合作社的企业，银行可以集中获客、集中信贷、集中管理，这类企业较能受到银行重视，在政府和市场的共同推动之下，能够获得较为适合的信贷产品和较为便捷的服务。而规模小、分布散、处于创业期或新兴行业的中小企业则成为“弱势中的弱势”，仍被排斥在银行信贷之外，银行业务越往下沉难度越大。

总而言之，中小银行在开拓中小客户时与大银行之间没有形成差异化定位，目标客户定位方式比较粗糙，基本上还是着眼于符合银行贷款条件的优质中小客户。由于信贷产品趋同，与中小客户的需求不匹配，供需双方的结构性差异仍不能跨越。中小银行缺乏核心竞争力，虽然坐拥大量潜在客户，却不能提供有效的供给，中小企业客户的覆盖率不高，信贷排斥仍然普遍存在。

（2）对中小企业客户的授信评估能力不足。

银行对中小企业授信基本是套用传统的公司授信模式或个人授信模式。按照公司模式进行授信时，银行对中小企业贷款审批标准与大企业差别不大，主要关注财务指标等硬信息，很多银行要求中小企业提供规范的财务报表和合格抵押品，审批周期比较长，而能达到贷款标准的中小企业却很少。即使企业在银行、税务等部门积累了一些信用信息，也起不到多大作用。而按照个人客户标准（消费者信用评分模型）对中小企业进行授信，并没有把握中小企业的贷款特征，更多还是依赖抵押担保。只有小企业信用评分模型是中小企业专属的授信评价模型，但该模型也是基于硬信息的，需要相当多的信息数据投入。由于我国社会信用体系和信用服务中介机构的发展不足，没有足够多的和准确的历史数据作为支撑，小企业信用评分模型存在应用障碍。

从当前普遍存在的抵押物至上（或附加母公司担保、存款支持等条件）现象来看，除了少数中小银行注重软信息价值，能够采用关系型贷款技术，而不仅仅根据信用评分对中小企业进行授信之外，多数中小银行仍然依靠财务报表的资金流来评价中小企业借款人的还款能力，以严格的贷款审批标准和抵押担保条件来防范中小企业信贷风险，审批程序复杂、人力和时间耗费多，处理中小企业贷款的单位成本难以降低。

通过查阅对比多家中小银行最新版的小（微）企业授信管理办法，我们发现各银行中小企业授信的基本条件大同小异，大致包括：达到一定经营年限，符合人民银行征信标准，符合国家政策和银行信贷投向，具有合法、足值和有效的担保，法人小微企业信用评级或小企业主或个人工商户信用评分达到一定的标准等。此外，很多银行中小企业贷款划分属地营销区，要求授信客户、抵押物等距离经办机构较近，限制开展异地营销区授信业务。从这些管理办法来看，中小银行对小微企业授信主要还是采取交易型贷款技术，抵押担保、信用评级和评分标准仍是银行客户准入的红线，而关系型贷款技术并非主流，与理论研究有较大的差距。仅在重视属地营销区方面，对贷款行业务半径上的限制比较明显，可以看到一点与关系型贷款有关的地缘因素。

（3）关系型贷款的定价能力不足。

贷款定价是银行信贷的核心问题，需考虑很多因素。而关系型贷款的定价方法更为复杂，需要反映银企关系的价值，实现一户一价的差异化、精细化定价。这对银行的成本计算能力和信息系统提出了很高的要求，且操作成本高、内部管理难度大，很难在中小客户中普遍使用。实践中一般采取统一定价方式，定价权集中在总行。对于大企业贷款定价，银行一般有自己的定价系统，将相关财务信息、评级情况、担保方式等信息输入，系统就会自动测算出定价。小微企业贷款定价较多还是手工测算，但也是基于统一的规则，甚至沿用大中型企业贷款定价标准和方法，对客户关系和客户综合贡献的考虑有限，不符合关系型贷款的定价原理，不利于关系型贷款的成本覆盖。

长期以来，我国实行利率管制，存、贷款利率由中央银行统一制定，利息之外的收费也受到严格控制，商业银行没有贷款定价自主权。在利率市场化之后，特别是放开贷款利率上限之后，情况已经发生了很大的变化。但是，利率市场化对小微企业贷款的作用并不明显，出于自身趋利避害的动机，银行信贷部门和人员仍倾向于规避风险，采取低利率策略，选择优质客户。因为高利率并非等于高收益，对中小企业贷款定价，并非就是提高利率那么简单。高利率可能引发道德风险，以及随之而来的不良贷款追责，因此信贷决策要在盈利性和安全性之间进行权衡。这就是为什么我们会看到，在利率放开之后，银行的中小企业贷款利率并未大幅上升，而仅表现为贷款基准利率上的有限浮动。这也正是信贷配给理论所论述的市场失灵问题，高利率未必能解决高风险企业的资金需求问题。信贷员在可能的高盈利和贷款失败惩罚的权衡中，很可能更偏向于拒绝风险贷款。

实际上，尽管中小银行的客户中中小企业占了很大比重，但多数银行并没有掌握中小企业贷款的核心技术，缺乏准确识别中小企业风险的方法，很少对中小企业贷款定价进行精确计算和审核。以传统的央行基准利率 + 风险溢价的定价方法来看，对小微企业群体进行信用评价本身就是难点，银行缺少小微企业贷款的历史数据，不了解其实际风险状况，无法判断违约概率，因此这种定价方式对小微企业的适用性比较低。银行对普通客户更多地采取以产品和业务模式为主体的定价方法，对不同信贷产品确定浮动上下限，同时参考客户评级结果、期限和担保情况分档设定利率。这样的定价方式不仅没有达到关系型贷款定价的要求，甚至也没有达到按客户风险定价的要求。

关于国内银行在中小企业贷款定价中是否考虑了银企关系的价值，根据通常的了解，回答是否定的，对此所做的实证研究不多。但邓超等（2010）对湖南某城市商业银行中小企业样本的分析，证明在该银行的小企业贷款定价中，关系变量的影响不大，证明银行定价仍侧重于风险考虑，银企之间的长期合作关系（表现为关系租金或未来预期收益）对定价的作用不大。尽管很多学者对关系型贷款定价模型和方式进行了有价值的探讨，但仍停留在理论研究的层面，由于各方面条件尚不成熟，并未形成具有可操作性和实用性的方法，距离银行实践尚有很大距离。

（4）内部激励约束机制不完善。

中小银行内部的风控策略和绩效考核制度对中小企业金融服务有重要

的影响。首先，银行考核中虽然越来越看重中小企业专项指标和普惠金融指标，但规模指标无论对信贷人员还是银行仍无法回避。中小企业业务单笔金额小、操作成本高，同样规模的贷款需要信贷员维护数量庞大的客户，信贷员为采集软信息和维护客户关系付出大量的时间和精力，比做大企业业务来得艰辛，个人获得的回报相对有限。目前，银行的中小企业信贷任务越来越重，考核指标越来越多，中小企业条线疲于应付，很难激发主动性和创造性。

其次，在风险控制方面，商业银行都会建立风险控制体系，并追究不良贷款责任。但是，对下级银行严格的信贷控制、过高的风控要求，以及将贷款质量与信贷人员薪酬甚至事业前途挂钩的绩效考核方法，均不利于中小企业的关系型贷款。当前，中小银行一般实行贷款第一责任人制和贷款责任终身制，发生不良贷款会直接影响相关人员的薪酬福利，并且要担负终身责任。尽管银行对中小企业不良贷款追究都有“尽职免责”规定，但在实践中很难落实。由于利益驱动和监管不力，“尽职免责”可能导致责权利不一致，诱发信贷人员的违法违规行为，因此银行对“尽职免责”的认定非常谨慎，一般是从严处理。信贷人员为了避免操作风险和合规风险，宁可固守传统的抵押和担保贷款，尽量回避具有主观判断的软信息和关系型贷款，不愿主动接受风险较高的新型信贷产品。

（5）人力资源达不到相应的标准。

人力资源是中小银行的瓶颈。中小企业贷款特别是关系型贷款属于劳动密集型的业务，资本投入较低而人力投入占比高。据研究，一些小微贷款业务比较成功的银行，如浙江泰隆银行、民泰银行、台州银行等，客户经理的比重远远高于同行（何德旭等，2012）。与交易型贷款主要依赖于工作流程的科学性和执行的效率不同，关系型贷款更依赖于信贷人员的职业素质、经验和能力，甚至也包括其职业道德和敬业精神。因此，中小银行需要大批优秀的客户经理、产品经理和风险经理，开展充分的贷前调查和细致的贷后风险控制，以保证贷款质量。但整体而言，中小银行对人才的吸引力不如大型金融机构，很难招募和保持高技能人才队伍，业务培训不足，相关人员专业素质和能力达不到应有的水平，不能满足关系型贷款发展的要求。

4.3.5　中小银行跨区经营和规模扩张的影响

我国中小银行的成长是以资产规模扩张为核心的，采取的主要方式之一是实行跨区域经营。以城商行为例，在 2004 年以前，城商行是被严格限制跨区域的，其业务范围被限定在本市。后来随着一系列政策的颁布，有实力的城商行开始设立异地分支机构，2009 年城商行跨区域经营政策进一步放宽，异地分行的设立在数量上不再受限制，申请跨区域的流程也更加便捷，这促使大量城商行开始跨区域经营。然而，由于现实中的一系列风险因素，以及学术界普遍诟病的城商行跨区域选址扎堆等问题，2011 年开始，政策层面开始了对城商行跨区域的限制，全面收紧了城商行的跨区域进程。2013 年，中国银监会发布通知明确规定不允许城商行跨省区设立分支机构。此后，城商行普遍将异地设立村镇银行作为跨区域经营的手段，但是鉴于村镇银行本身的弱势，对城商行的资产扩张作用有限。2015 年以来，以城商行为代表的中小银行开始通过金融市场业务和同业业务，在异地设置网点开展业务，使资产规模急剧扩大。但是这种扩张模式容易产生风险隐患，近年来受到监管部门严厉制止而难以为继。

我国中小商业银行之所以一直热衷于跨区域经营有其内在的原因。在跨区域经营之前，城市商业银行的贷款被限制于单一城市，由于当地优势产业、优秀企业和优质项目资源有限，贷款集中度较高，风险会逐渐上升，而边际效益递减。开展跨区域经营在理论上可以把风险分散于更多地区和客户，提高银行经营绩效，同时也可以跟随客户进行跨区域发展，巩固原有客户群，提高市场份额，获得规模效应。此外，中小银行进行跨区域经营和增加业务功能，对银行资本补充、风险管理、公司治理、人员配置等方面提出了更高的要求，并非所有中小银行都需要并能够进行跨区域经营。有些中小银行不顾自身实际情况盲目跟风复制、过度追求资产扩张，对其经营绩效反而产生了消极影响，同时也妨碍了中小企业金融服务的发展。

中小银行实力有限，为了开展异地业务而增设分支机构、增加业务功能，需要大量、长期的资金和人力投入，资源从当地银行分流出去，势必对现有业务造成影响。同时，随着分支机构的建立，中小银行的管理链条拉长，总行与支行的地理距离加大，增加了银行内部信息传递的难度，也增加了管理成本。中小银行原有的、适合开展中小企业贷款的扁平化层级结构被改变，对中小企业贷款造成不利的影响。在跨区域经营的目的地选择上，中小银行的省内扩张，一般集中在省会及经济发达的地市；省外扩张大部分选择东部、沿海等地的一线城市，西部地区除较为发达的西安、重庆和成都之外，其余地区鲜有涉及。但是，发达地区市场金融竞争更加激烈，中小银行远道而来，发展基础薄弱，对当地的情况不熟悉，原有的地缘优势在异地难以发挥，中小企业业务模式难以复制。因此，跨区域经营的中小银行的目标客户群偏重大企业。

中小银行跨区域经营限制至今没有解除，但这种“一刀切”的监管政策也存在弊端，因为我国中小银行差异性非常大，不同规模、不同地域的中小银行跨区域经营对其中小企业金融业务的影响是不同的，特别是从较长的时间看，差异性更为显著。实力较强、地处金融发达地区的中小银行在跨区域经营过程中可以复制小企业金融服务模式，利用异地的优质产业、项目开发更多中小企业贷款，将服务送达更多地方，同时避免当地市场资金饱和所造成的低效竞争，以及单一市场贷款过度集中的风险。而实力薄弱、地处金融不发达地区的中小银行，跨区域经营之后调整缓慢，不仅无力开拓外地中小企业市场，也削弱了对本地中小企业服务的能力，大量本可以深耕的本地客户被忽略，加剧了地区间金融资源配置的失衡。

4.4 本章小结

本章以“小银行优势”为出发点，分析了中小银行对中小企业开展关系型贷款所必需的内部条件，以及现实中我国中小银行微观和内部层面的差距如何导致其对中小企业服务功能不能充分发挥。主要包括：银企关系约束、中小银行的产权结构约束、组织和决策架构约束、经营能力约束，以及跨区域经营和规模扩张的影响。

通过借鉴相关文献，本章首先归纳分析了软信息的特征及来源、关系型贷款技术对中小企业的适用性、中小银行优势的形成及功能定位。其中，关于软信息来源的分析对应关系型贷款潜力指数的社会网络维度；对中小银行优势形成的分析着重于经典的所有权激励理论、控制权激励理论与层级控制理论，对应关于我国中小银行产权、组织和决策架构约束的分析。

从中小企业软信息生成和利用的条件出发，本章构建了“关系型贷款潜力指数”，用以评价银行对中小企业开展关系型贷款的信息基础和潜在的可能性，进而探讨软信息与关系型贷款对缓解中小企业融资约束的作用。以中小板上市企业为样本的实证结果符合预期，中小上市企业整体面临融资约束，但关系型贷款潜力大小对缓解其融资约束具有显著的正向影响，从其四个维度看，中小企业的社会关系网络越紧密、面临的社会信任度越高、信息共享和营商环境越好，中小企业遭受的融资约束就越小。

现实中关系型贷款潜力未得到充分发挥，本章的分析指出，在发达国家非常重要的小银行优势来源在中国并不存在明显的作用。我国缺少长期和紧密的银企关系；中小银行的产权和组织结构，决定了现阶段也不存在对关系型贷款的所有权激励、控制权激励、层级控制优势，中小银行不具备足够的激励或动力开展关系型贷款。我国中小银行的经营能力达不到开展关系型贷款的要求，特别是在授信评估、贷款定价、产品和服务创新方面有较大欠缺，导致中小银行对中小企业贷款仍主要依赖交易型贷款，特别是抵押贷款，与大银行差异不大。中小企业中规模较大、实力较强者，能够达到银行贷款标准，成为中小银行的首选客户。关系型贷款不能落实，仍然是阻碍中小银行为更广泛的中小企业服务的主要因素。

第 5 章
实现中小银行对中小企业融资功能的市场约束

中小银行为中小企业服务的功能实现，不仅与银企关系、中小银行内部的产权和组织结构、激励约束机制等微观因素有关，也与中小企业信贷市场结构和市场竞争有关。在国内外文献中，从市场层面研究中小银行与中小企业融资关系的文献浩如烟海，为本章关于中小银行功能实现的市场约束研究提供了丰富的参考资源。

在现实世界中，市场因素对中小银行和中小企业融资的作用越来越不容忽视。一方面，随着金融市场的发展和利率市场化逐步完成，金融机构之间针对大型企业的信贷竞争更趋激烈，传统低风险市场趋于饱和，高风险的中小企业信贷市场成为各个金融机构的转战之地。另一方面，随着金融监管放松、网络金融发展，各种新兴的金融业态如小额贷款公司等也纷纷挤入中小信贷市场，成为新的供给主体和竞争主体。中小企业信贷市场结构和竞争因素与各种微观因素相互叠加，使中小银行与其他金融机构在中小企业信贷市场上呈现交叉、竞争和不平衡的现象，对中小银行的功能实现产生影响。在市场竞争条件下，中小优质客户和一般客户出现分化，中小银行的相对优势和客户定位因之而发生改变。这些问题在现有文献中尚较少涉及。为此，本章拟突破对关系型贷款和“小银行优势”等假说的传统讨论框架，综合微观和市场因素，尝试从银行业市场结构和银行竞争视角，对市场约束条件下中小银行的比较优势和功能实现进行重新阐释。

5.1　银行结构、银行竞争与中小企业关系型贷款：文献综述

在国内外文献中，涉及中小企业融资的市场层面研究集中于市场结构和银行竞争方面。自20世纪90年代以来，学界认为关系型贷款对于中小企业融资有利，因此相关文献聚焦于信贷市场竞争对关系型贷款的影响。20世纪初“小银行优势”假说提出，银行业市场结构问题开始受到重视，银行结构与银行竞争问题相互交织，对中小企业关系型贷款产生更为复杂的影响。遗憾的是，国内外现有研究尚不充分，也没有取得共识，特别是关于银行竞争影响的研究分歧较大。本节将通过细致的文献梳理，剖析现有研究的不足，提炼出有价值的研究方向。

5.1.1　银行结构与中小企业融资

如前文所述，在20世纪80年代，美国银行业并购潮使小银行数目明显减少，银行业朝集中化发展，人们担忧中小企业融资是否会受到银行规模和银行业组织结构变化的影响。多数研究者认为，银行并购如果伴随贷款决策权的上移，就会产生组织不经济，不利于关系型贷款发放，因此对中小企业的贷款会减少。显然，这一共识是建立在关系型贷款和“小银行优势”假说之上的。

国内有关中小企业融资问题的研究延续Berger等在21世纪初提出的“小银行优势”假说，一方面从理论上探讨“小银行优势”的形成机理，另一方面根据林毅夫等提出的金融结构与产业结构相匹配的研究思路，研究银行业市场结构对中小企业融资所造成的影响。以林毅夫等为代表的国内学者认为，我国以大银行为主的高度集中的银行结构是造成中小企业融资难的重要原因，因为大银行组织结构不适合为中小企业融资。要改变我国银行业的结构性缺陷，就必须大力扶持中小银行，使银行结构与实体经济的产业结构相匹配。这种观点得到一些实证研究的支持，如吴晗、段文

斌（2015），肖晶、粟勤（2016）的研究都证明中小银行市场份额的提升对中小企业融资具有重要意义，以中小银行为主的银行业市场结构能有效缓解中小企业的融资约束。

5.1.2 银行竞争对关系型贷款的影响

国外有关银行竞争对中小企业关系型贷款的影响的理论文献集中出现在 20 世纪 90 年代及 21 世纪初，但一直存在观点的分歧，大致有两大类。第一类文献基于银企长期关系的视角，认为银行业竞争不利于长期关系的维持，减弱了银行对信息的垄断，易造成竞争者“搭便车”的机会，银行长期信息租金提取困难，会导致发放关系型贷款的激励不足；同时，由于预期长期信息租金减少，致使原本有利的短期贷款条件恶化，因而加剧了中小企业融资约束（Petersen 和 Rajan，1995；Cao 和 Shi，2001；Mcintosh 和 Wydick，2005；Ogura，2010），这种观点被学界称为“信息假说”。第二类文献基于信息投资的视角，认为当银行可以同时提供关系型贷款和交易型贷款时，就会出现替代效应。由于竞争对交易型贷款的不利影响要大于关系型贷款，因而竞争导致银行信贷资源从交易型贷款转向关系型贷款业务，从而缓解中小企业融资约束（Boot 和 Thakor，2000；Hauswald 和 Marquez，2002；Dell’Ariccia 和 Marquez，2004），这种观点被学界称为“市场势力假说”。

与之相关的实证研究始于 20 世纪 90 年代，在近年成为热点论题。但基于不同的数据源和研究方法，实证研究结论比理论研究的差异更大。总体上呈现出三种结论：①银行业竞争有利于关系型贷款或缓解了中小企业融资约束（Scott 和 Dunkelberg，2010；Chong 等，2013；Leon，2015）；②银行业竞争不利于关系型贷款（Petersen 和 Rajan，1995；Zarutskie，2006；Fungácová 等，2017）；③随着银行市场结构的变化，银行业竞争与关系型贷款呈现非单调关系（Elsas，2005；Degryse 和 Ongena，2007；Presbitero 和 Zazzaro，2011）。

近年来，国内出现了不少关于银行竞争对中小企业融资影响的实证研究，结论也是不一致的。较近期的如张金清和阚细兵（2018）基于中小板和创业板上市公司数据的研究，显示银行竞争有利于缓解中小企业的融资约束；而边文龙等（2017）的研究则发现，尽管我国银行业市场集中度已经降低，但银行对中小企业依旧是被动式放贷，由于内部激励机制的缺陷，使得银行竞争的作用不明显，并未促进银行对中小企业的放款。另有些研究显示，用以表征竞争程度的银行集中度与中小企业信贷可得性（或中小企业受到信贷配给的概率）之间存在非线性关系（张晓玫、潘玲，2013；刘晓光、苟琴，2016；程超和柳凌韵，2020），因此从中小企业融资角度而言，应该存在一个最优的银行集中度。

关于银行市场结构和市场竞争如何对中小企业融资产生交织影响，Presbitero 和 Zazzaro（2011）强调银行市场结构对竞争效应的影响，并聚焦于关系型贷款在企业所获贷款中的比例；而 Canales 和 Nanda（2012）强调竞争对银行市场结构效应的影响，并聚焦于贷款数量和贷款利率条件。在国内的研究中，肖晶和粟勤（2016）的实证指出，市场竞争能显著缓解中小企业融资约束，且该作用与中小银行在信贷市场的比重有关。中小银行比重越大，市场竞争带来的企业融资约束缓解效应越大，而市场垄断带来的企业融资约束程度越高。盛天翔和范从来（2020）在研究金融科技对银行小微企业信贷供给的影响时，发现银行业市场结构与小微企业信贷供给之间呈现倒 U 形关系，而金融科技有助于促进银行业整体的小微企业信贷供给，并影响银行业最优市场结构。金融科技发展水平越高，促进小微企业信贷供给的最优银行业竞争程度越高。上述研究在一定程度上揭示了银行竞争与银行业结构两个因素交织，共同对缓解中小企业融资约束产生影响，但并未在一个完整的框架内解释银行结构与银行竞争对中小企业融资的交叉影响的机理。

5.1.3 总结评述与研究启迪

综上所述，国内外学界关于银行结构、银行竞争对关系型贷款或中小企业融资影响的研究成果非常丰富，但一直存在理论上的分歧、实证上的差异。除此之外，现有研究还存在以下不足。

已有文献一般单独研究银行业市场结构（通常涉及银行组织结构差异）对中小企业融资的影响（可称之为结构效应），或是单纯研究银行竞争对关系型贷款的影响（可称之为竞争效应）。本书认为，单独探讨结构效应忽视了银行间竞争的作用，因为竞争能够对不同组织结构的银行的差异化金融服务提供激励；而单独研究竞争效应则忽视了信贷市场上银行构成的异质性问题，两者都有顾此失彼之嫌。作为类比，Raith（2003）证明了市场竞争对于企业管理的激励效应，竞争加剧提高了管理激励效应，同时与风险偏好正相关。但是此模型的前提假定是同质可替代产品和同质企业。与此类似，市场竞争对于组织结构异质的银行的中小企业融资服务会产生何种影响，尚有待于深入研究。

近年来，国外有实证研究发现银行竞争对中小企业融资影响的非单调关系，并进一步指出银行业市场结构对竞争效应具有重要的影响，即银行结构的差异导致竞争效应的差异。但实证研究多数停留在现象的发现，目前尚未有较为完备的理论框架将银行结构、银行竞争和中小企业融资三者联系起来，并对其相互影响进行综合和整体的分析。依据上述分析，本章提出下列研究思路。

第一，将银行结构、银行竞争和中小企业融资联系起来，从理论上阐释三者之间的关系，以此为基础揭示中小银行服务中小企业的市场约束。此处银行结构是指不同规模和组织结构的银行集合及其比例特征，特别是中小银行相对于大银行的比重。通过分析不同市场结构下银行竞争对中小企业信贷资金配置效率的差异化影响，可以揭示中小银行对中小企业资金配置效率与市场条件的关联性，并进一步明确市场约束的具体表现。

第二，对中小企业信贷资金配置效率将从两个方面衡量，一是银行能否正确识别高质量中小企业，从而解除其信贷配给；二是银行是否给予高质量中小企业有利的贷款条件，特别是适当的贷款利率。以往研究偏向对中小企业贷款可得性的研究，但随着金融发展特别是利率市场化推进，中小信贷市场上价格机制的作用加强，应得到更多的研究。

第三，回到“小银行优势”假说的逻辑起点，考察中小企业、中小银行内部的相关重要因素（包括中小企业群体的风险分布、信息结构、中小银行信息利用效率、资金成本、信息租金等）如何经由银企、银银信息不对称的作用，使得银行竞争对中小银行的中小企业信贷资金配置效率产生影响。

第四，本章关注的重点是银行业市场结构和银行竞争的交叉作用，涉及不同的市场主体。所以，在研究方法上并不是单独分析中小银行对中小企业的资金配置效率，而是以整个中小企业信贷市场为研究对象，对比分析由大型银行、中小型银行组成的不同结构类型市场的特征，以及银行竞争对各类型市场的中小企业信贷资金整体配置效率造成的差异化影响。但是，本章所有的分析都包含并最终指向对中小银行给中小企业信贷资金配置效率的解答。

5.2 银行业结构和竞争对中小银行资金配置效率的影响：理论分析

本节以中小企业信贷市场为研究对象，分析市场各参与主体的特征，研究不同的银行业市场结构中，银行竞争对大型及中小型银行的中小企业融资服务比较优势的影响。在正式分析之前，需要界定几个关键概念：中小企业的风险分布特征、信息结构、银行信息利用效率等。

5.2.1 中小企业的风险分布特征与信息结构

根据 Stiglitz 和 Weiss（1981）的经典论述，银行信贷配给的关键问题并不在于单个企业的风险高，而在于银企信息不对称导致的逆向选择和道德风险。作为信贷市场的资金供给方，银行面对的是信贷市场上的企业群体，逆向选择的程度与企业群体质量（或企业群体项目质量）的分布状况有关。企业群体质量的分布越分散，整体方差越大，则银行面临的逆向选择程度越大。中小企业群体作为高风险群体，企业质量、项目质量的风险特征恰恰是分散分布的，因此导致中小企业信贷市场的失灵。由于中小企业群体质量参差不齐，且信息透明度低，银行很难正确识别其信贷风险，故导致中小企业的逆向选择以及银行对中小企业的惜贷。

对银行而言，银企信息不对称表现为中小企业不能按银行要求提供信贷决策所需要的硬信息，但中小企业不乏有价值的软信息。在软、硬信息之间存在一个信息结构。一般认为，企业的信息结构与企业规模呈正相关。企业规模越小，涉及的公众利益越少，需强制披露的信息越少，因此中小企业的信息结构越偏向软信息。难以处理的软信息结构限制了银行对中小企业信贷风险的评估，银企信息不对称导致中小企业融资困难。相反，大型企业的信息结构偏向于硬信息，有助于减弱银企之间信息不对称的程度，提高银行对其信贷风险评估的准确性。

5.2.2 银行结构与信息利用效率的差异

银行对企业信贷信息的利用包括信息获取、处理与传递三个方面。信息获取是指银行通过贷前风险识别与评估、贷中项目跟进与监控、贷后绩效评价与客户关系维护获得企业信贷相关的信息。信息处理是指对获取的信息进行提取、加工、分析，构建信用评分模型并对信贷风险进行评估，对合同利率进行定价，为信贷决策提供依据。信息传递是指贷款项目的相关基础信息及处理后的信息在初级经办人员与最终有权限审批人员之间的传递。

信息获取的工作一般由银行客户经理完成，银行规模和组织结构的差异会对客户经理的工作产生不同的激励。一般而言，科层结构复杂、决策权集中的大型金融机构缺乏对客户经理产生正向激励的权限分配与问责机制。项目业绩考核涉及多个层级、不同权限的经办人员，代理链条过长，使客户经理没有必要去努力获取客户信息，尤其是较难收集的软信息。相反，扁平、决策权分散的中小银行则能对客户经理努力获取软信息产生较强的激励作用。

信息处理的效率取决于银行的信息技术水平。一般而言，大银行拥有成熟完善的信用评价体系，对标准化的硬信息有一套流程化的处理模式，具有较强的信息处理能力。但大银行在处理软信息方面不占优势，因为软信息处理需要客户经理主观和经验化的判断，这是依靠与企业长期直接的接触交流才可能具有的素质，显然不是大银行及其客户经理所擅长的。从企业信息结构看，若企业可资利用的信息以标准化的硬信息为主，则大银行具有信息处理优势；若可资利用的信息以不可量化的软信息为主，则小银行具有信息处理的优势。

信息传递效率同样也与银行组织结构密切相关。信贷审批流程中不同权限的层级距离越长，信贷信息（特别是软信息）越有可能在传递的过程中失真，从而导致错误的贷款决策。

综合上述对信息利用三个方面的对比分析，考虑到中小企业的信息结构特征，我们认为，大银行对中小企业信贷信息的利用效率较之中小银行低。

5.2.3 信贷市场构成及银行的比较优势

以信贷市场和信贷合约为分析对象，我们将作为资金需求方的企业划分为大型企业和中小型企业，作为资金供给方的银行划分为大型银行和中小型银行，结合企业的信息结构，对信贷市场的构成要素进行如下分析（见表5-1）。

从信贷资金需求方看，不同规模企业所拥有的财务、项目等信息具有不同的特点。如前所述，大型企业的信息更多偏向经审计或公开的标准化硬信息，而中小企业更多偏向未经审计或不可证实的软信息。信贷资金需求方不仅具有差异化的信息结构，还具有不同的项目质量。银行信贷决策就是利用企业信贷信息，对项目质量与风险进行评估，并通过一定的金融产品与企业达成交易，拟定恰当的信贷合同条款（包括额度、期限、利率、抵押物等），从而获得风险收益。金融产品是信息聚合而生的产物，如果银企信息不对称，银行就无法准确预估风险，因而无法达成信贷交易。

表 5-1　信贷市场的构成要素

<table>
<tr><th>资金需求方</th><th>信息特征</th><th>项目质量</th><th>资金供给方</th><th>组织特征</th><th>金融产品
（信息聚集）</th></tr>
<tr><td>大型企业</td><td>标准化硬信息</td><td rowspan="2">高或低</td><td>大型银行</td><td>科层结构复杂
决策权集中</td><td rowspan="2">信贷合约
（额度、期限、
利率、抵押物等）</td></tr>
<tr><td>中小型企业</td><td>非量化软信息</td><td>中小型银行</td><td>扁平
决策权分散</td></tr>
</table>

从信贷资金供给方看，大型银行和中小型银行具有不同的规模和实力，由此带来不同的资信评级、吸储能力和资金成本。大型银行的信用评级较高，吸储能力强，资金成本低。此外，大型银行规模化、标准化的贷款技术优势能显著降低贷款的单位成本。相对而言，这些都是中小银行的弱势所在。但从信息利用效率看，大银行的信息利用效率只是体现在对大型企业的信贷决策上，而中小银行因其有利的组织结构特征，对中小企业信贷所依赖的软信息利用效率较高。表 5–2 总结了信贷市场上大型银行和中小型银行的相对优势，表中的“√”和“×”分别表示相对优势与劣势。

表 5–2　大型银行和中小型银行的信贷比较优势

	大型银行		中小型银行	
	信息利用效率	资金成本	信息利用效率	资金成本
大型企业	√	√	×	×
中小型企业	×	√	√	×

5.2.4　银银信息不对称、信息租金与中小银行资金配置效率

（1）银企、银银信息不对称。

中小企业信息透明度低，其项目质量信息通常属于企业私有信息，银行在信贷关系开始之前很难获取，双方拥有信息的差异构成了银企之间的信息不对称。按照金融功能的观点，金融机构的功能在于解决银企间信息不对称问题，使得高质量企业与低质量企业被区分开，信贷资金得到优化配置。根据前文分析，大银行对中小企业的信贷信息利用效率较低，导致

对中小客户质量甄别缺乏效率，无法规避低质量企业的逆向选择风险，因而宁可选择信贷配给策略。相对而言，中小银行与中小企业之间保持着长期密切的关系，使其对中小企业的信息利用效率提高。随着金融服务关系的推进，中小银行获得的信息越来越多，可以更准确地评估企业和项目的风险，并拟定与风险收益相匹配的合约条款，因而在一定程度上解决了银企之间的信息不对称问题。

贷款银行对中小企业的信息掌握具有私有性和排他性，无论是在合约签订阶段，还是维持与续订阶段，对于非贷款银行而言，某个客户的项目质量信息只为合约双方所有，仍然不是公有信息，这就产生了另一种信息不对称，即银银信息不对称问题。也就是说，银银信息不对称问题的解决只限于达成交易的双方，其他银行仍然面临非本行客户的逆向选择问题。正如在所有信息不对称的情形下，信息优势方都可以通过独占重要信息从中牟利一样，这种银银信息不对称也恰好成为贷款银行垄断客户信息、阻隔潜在的竞争者并提取高额信息租金的筹码。

（2）信息租金与中小银行信贷资金配置效率。

按照“小银行优势”假说，竞争使得不同规模的银行根据各自的比较优势进行专业化分工，大型银行专注于服务大型企业，也凭借资金成本优势少量涉足中小企业业务；中小银行则凭借其信息利用效率的优势专注于中小企业业务。按照这种思路，只要提高信贷市场上中小银行的构成，就能够缓解中小企业融资约束（减轻信贷配给、降低融资成本）。然而事实并非完全如此，尽管中小银行的出现能有效缓解银企信息不对称问题，帮助高质量中小企业获取银行信贷，但并不能解决银银信息不对称问题，由于贷款银行处于信息垄断地位，银银信息不对称导致贷款银行能够在特定银企关系中对客户提取不合理的超额信息租金（以应对中小企业群体离散的风险分布和信息结构偏向软信息的不利环境），超额信息租金是银行垄断信息的利润，但不利于高质量的中小企业，会推高其信贷成本。如果高质量企业意识到这种风险（Boot，2000），就可能不愿从银行借款，相反，低质量企业更愿意从银行借款。这就重新加剧了市场的逆向选择问题，降低信贷资金配置效率，阻碍中小银行对中小企业融资功能的实现。

由此可知，在中小企业信贷市场，信息租金一方面是关系型贷款的必要条件，另一方面，在关系型贷款条件下，信息租金与信贷资金配置效率两者之间存在难以调和的矛盾，建立更多的中小银行可能并不能解决中小企业融资遇到的全部问题，信息租金是一个需要考虑的重要因素。由此得出本章第一个推论。

推论 1：银银信息不对称导致中小银行垄断信息并提取过高的信息租金，抑制了中小银行对中小企业信贷资金的配置效率。

Canales 和 Nanda（2012）在针对墨西哥中小企业借贷的研究中发现，组织结构分散的银行比层级集中的银行对市场环境更敏感，在处于垄断地位时更容易出现挑选顾客、限制信贷、提高利率等特征。这项研究表明，垄断会阻碍中小银行对中小企业融资服务功能的实现，“小银行优势”发挥是需要市场条件的。因此，下文的关注点就在于，探讨市场竞争能否抑制中小银行提取过高的信息租金，从而提高对中小企业信贷资金的配置效率，在缓解对中小企业信贷配给的同时，降低中小企业的融资成本。

5.2.5　银行竞争影响信贷资金配置的异质化效应

（1）中小企业信贷市场结构类型及特征。

为了深入分析市场竞争如何影响着银企、银银信息不对称程度，银行的信息利用效率，信息租金及中小企业信贷资金配置效率，本章将中小企业信贷市场按照信息利用效率的不同划分为两类特征结构：大银行占据主导的市场和中小银行占据主导的市场[①]。这两类市场的信息特征和资金配置特征如表 5-3 所示。

---

① 各类银行比重大小的相对概念。意在强调信贷市场信息利用效率的相对水平，以及银行竞争导致的异质化后果。

表 5-3 中小企业信贷市场分类及其特征

大银行占主导地位		中小银行占主导地位	
信息利用效率	逆向选择程度	信息利用效率	逆向选择程度
低	高	高	低
信息租金	信贷配给	信息租金	信贷配给
低	高	高或低	低
信贷资金配置效率		信贷资金配置效率	
低		低或高	

在大银行占主导的信贷市场上，银行业对中小企业信贷的信息利用效率相对较低。较低的信息利用效率导致较高的银企信息不对称程度及逆向选择程度。由于难以甄别中小企业贷款项目的质量，银行基于损失风险对中小企业整体上采取高度的信贷配给策略。此外，由于银行所掌握的中小企业贷款信息量较少，大银行主导市场的银银信息不对称程度也较低，无法提取较高的信息租金，不足以激励银行去开拓中小企业客户。在这种市场结构中，中小银行的地位不高，对中小企业的信息利用效率处于较低水平，整体呈现与大银行相似的特征。严重的信贷配给决定了信贷资金配置效率低下。

在中小银行占主导的信贷市场上，银行业对中小企业信贷的信息利用效率相对较高。高效的信息利用解决了银企信息不对称问题，使高质量的中小企业被甄别出来，逆向选择程度和信贷配给程度降低。此外，高效的信息利用也导致较高的银银信息不对称程度，如果没有市场竞争的制约，贷款银行就有可能垄断信息并向客户收取不合理的信息租金。此外，在中小银行占主导的市场上，大银行固有的组织结构特征限制了其对中小企业信息利用效率的提高，面对中小银行的竞争压力，其信贷资源配置仍以大型企业为主。在这种市场结构中，信贷资金的配置效率低下主要由较高的信息租金所导致的。

（2）银行竞争对信贷资金配置效率的异质性影响。

在大银行占主导的信贷市场，银行竞争主要是在大银行之间进行的。随着银行竞争加剧，大银行会更努力建设标准化信息系统，采取流程化信息处理及权限集中制度，促进硬信息的交互与决策支持，从而巩固和强化对大企业的信息利用优势。然而对于中小企业而言，大银行之间的竞争并不能改善大银行对中小企业信息利用的低效状态。尽管大银行可以凭借资金成本优势，少量涉足中小企业信贷市场。但随着竞争加剧，不仅大银行资金成本优势逐渐减弱，不足以弥补信息利用效率的劣势，而且由于大银行抢占部分中小银行的优质客户，阻碍了中小银行针对中小企业的信息利用技术发展，倒逼中小银行信贷资源向大企业转移。总之，在大银行主导市场上，竞争加剧将使得中小企业融资约束境况进一步恶化，信贷资金配置效率处于低水平。

在中小银行占主导的信贷市场，银行竞争以中小银行之间的竞争为主，随着竞争加剧，中小银行会努力改善中小企业相关贷款技术，以巩固和强化对中小企业客户的信息利用优势。如通过适度下放中小企业授信权限、缩短层级距离，或加强对客户经理的激励措施等（如将薪酬与不良率、客户保持等绩效指标挂钩）办法，来推动软信息的生产和利用，进一步提高对中小企业信息的利用效率，从而获得信贷合约竞价优势，降低逆向选择程度和信贷配给程度。与此同时，合约竞价有助于抑制中小银行对中小企业提取的信息租金，使银行在长期银企关系中平滑提取信息租金，从而有效降低中小企业的融资成本，提高信贷资金配置效率。

Beatriz 等（2018）对法国中小企业融资成本与银企关系的研究表明，关系型贷款确实存在“逆周期效应”[①] 的益处，但仅有单个银企关系的企业并没有因此受益，因为存在着银行对私有信息垄断的行为，而地区银行竞争却能够显著改善这种状态，这种现象符合本章的分析。当我们区分信贷市场的主导银行及可能提取的信息租金时，可以发现在大银行占主导的

① 指在经济上行期索取较高利率，经济下行期索取较低利率，相当于流动性保险功能。

信贷市场上，信息租金较低，市场竞争不利于中小企业相关贷款技术的形成与改善，反而会使信贷配给更严重；而在中小银行占主导的信贷市场上，信息租金水平较高，市场竞争会促进中小银行改善信贷技术，使信贷配给减弱，同时合约竞价有助于抑制信息租金水平，从而降低中小企业融资成本。

综上所述，大银行占主导的中小信贷市场不能满足中小企业融资需求，在这样的市场上，不仅信贷配给比较严重，而且银行竞争机制对中小企业融资会产生负面的影响。相反，中小银行占主导的信贷市场符合中小企业需要，可以减少信贷配给问题，但是需要避免中小银行对信息的垄断，使得银行竞争机制为差异化、高效率的信贷资金配置提供市场激励，于是得到以下推论。

推论 2 ：在大银行占主导的信贷市场，银行竞争加剧中小企业融资困难；而在中小银行占主导的信贷市场，银行竞争有利于提高中小银行对中小企业的信贷资金配置效率。

5.3 银行结构和竞争对中小银行资金配置效率的影响：实证检验

本节通过企业层面数据和地区信贷市场层面数据，运用动态面板估计的差分 GMM 方法，从地区银行竞争、银行结构层面，以中小企业融资约束为衡量基准，实证检验银行竞争对中小企业融资的非单调效应，并阐释非单调效应对中小银行资金配置效率的含义。

5.3.1 研究设计

（1）模型设定背景。

为验证本章理论分析的主要结论（即推论 2），实证研究拟从企业融资约束入手研究银行竞争对中小企业融资的影响。

按照前文分析，本章关注的重点在于银行是否给予高质量中小企业项目相对有利的信贷条件。由于中小企业信贷市场上存在信息不对称问题，中小企业项目融资具有较高的信息成本，导致银行拒绝授信或施加不利的合约条款。当外源融资市场不能够解决企业高昂的融资成本问题时，企业就会面临融资约束。

本章中融资约束指的是企业外源融资成本持续高于内部资金成本的状态，综合反映了企业的外源融资困境，包括信贷市场信息不对称程度、信贷配给程度以及信贷资金配置效率。

学界关于融资约束的度量方法主要包括三大类。第一类是利用企业财务数据回归模型的系数敏感性作为融资约束的判断标准，认为企业存在融资约束时，特定财务指标会对另一类财务指标产生依赖，从而对其变化敏感。系数敏感性方法以FHP模型（1988）为代表，以ACW模型（2004）为批判性拓展。FHP模型通过衡量企业投资—现金流敏感性来判断企业的融资约束。认为企业面临融资约束时，更加依赖内部现金流以支持投资项目，从而有更高的投资—现金流敏感性。ACW模型通过衡量企业现金—现金流敏感性识别企业的融资约束。认为企业面临融资约束时，出于预防性需求，会持有更多的现金以支持未来的投资决策。

第二类是结构化指数法，即先验的按某些特征将研究的样本进行分类，选择企业的特定财务数据，构建结构化指数，衡量企业的融资约束。结构化指数方法以KZ指数(1997)最为经典，以WW指数(2006)和SA指数(2010)为重要拓展。对于测度单个企业的融资约束程度，以及融资约束造成的财务后果方面具有较强借鉴意义。但是结构化指数的构建过度依赖于样本的选择，并且按照特定财务指标对样本进行分层、分类，研究的主观性较强。

第三类是问卷调查法，获得企业经理人关于企业投资需求、资金缺口、融资环境的看法，借此衡量企业的融资约束。问卷调查法的优点是获得企业经理人的亲身经验，对企业融资需求与满足状况有直观的认识。不足是问卷调查容易反映经理人的主观偏差，不能准确识别企业的财务困境是由过度投资导致的对资金过度渴求，还是因经营不善导致的资金缺口，还是由内外资金成本差异导致的融资约束（邓可斌和曾海舰，2014）。所以从客观性上，问卷调查法并不能准确衡量企业面临的融资约束。

（2）模型设定与变量定义。

按照本章实证研究之目的，即验证银行竞争对中小企业融资约束的非单调效应。本章选取投资—现金流敏感模型作为基准模型，衡量企业面临的融资约束；同时构建银行竞争、银行结构等变量与现金流的交互项来验证非单调效应。之所以选择投资—现金流敏感模型，是因为对于中小企业而言，其股权集中度较高，企业管理者与所有者往往为同一家族成员，委托代理问题对投资—现金流敏感性的影响并不突出。在姚耀军和董钢锋（2014，2015）验证金融结构重要性，以及葛结根（2017）探究并购缓解融资约束的论文中，证实了投资—现金流敏感性模型和现金—现金流敏感性模型具有相同的解释力，也从侧面支持了本书模型的选择。

基于欧拉投资方程，参考战明华等（2013）、姚耀军和董钢锋（2014）的实证模型，本书将式（5–1）设定为基准模型，用于衡量企业融资约束；式（5–2）设定为拓展模型，用于交互银行竞争、银行结构等影响融资约束的金融变量。

基准模型如下：

$$\frac{I_{it}}{K_{i,t-1}}=\beta_0+\beta_1\frac{I_{i,t-1}}{K_{i,t-2}}+\beta_2\left(\frac{I_{i,t-1}}{K_{i,t-2}}\right)^2+\beta_3\frac{S_{i,t-1}}{K_{i,t-1}}+\beta_4\frac{CF_{it}}{K_{i,t-1}}+\beta_5 inQ_{i,t}+\lambda_t+\mu_i+\varepsilon_{it} \tag{5–1}$$

拓展模型如下：

$$\frac{I_{it}}{K_{i,t-1}}=\beta_0+\beta_1\frac{I_{i,t-1}}{K_{i,t-2}}+\beta_2\left(\frac{I_{i,t-1}}{K_{i,t-2}}\right)^2+\beta_3\frac{S_{i,t-1}}{K_{i,t-1}}+\beta_4\frac{CF_{it}}{K_{i,t-1}}+\beta_5 interact_{j,t}\cdot\frac{CF_{it}}{K_{i,t-1}}\ \beta_6 inQ_{i,t}+\lambda_t+\mu_i+\varepsilon_{it} \tag{5–2}$$

其中，I 为企业投资，K 为资产额，S 为企业产出，CF 为现金流，Q 为托宾 q 值。interact 为金融系列向量，包括银行业竞争水平、银行业结构水平、金融深化、金融结构水平等。λ 为时间固定效应，μ 为个体固定效应，ε 为随机误差项。i、t、j 分别标识企业个体、时间、企业所属地区。

为验证推论 2，本章的实证模型关注重点在于系数 β_4 和系数横向

量 β_5。$\beta_4 > 0$ 表明企业面临融资约束，β_5 的正负号分别表明交互变量 interact 对现金流系数的正负影响，分别表示恶化或缓解企业融资约束。异质化非单调效应由 interact 的内部构造验证。

值得指出的是，尽管学界对托宾 q 值引入投资模型颇具争议，集中在衡量偏误和股票市场有效性方面。但是，欧拉投资方程是一个动态的投资方程，包含投资的滞后项。模型易用动态面板差分 GMM 方法估计，并用变量的高阶滞后项作为工具变量，一定程度上消除了托宾 q 值产生的内生性问题。另外，随着我国股票市场限制股的陆续解禁，股票发行过审从严，市场有效性得到一定程度的改善。基于上述考虑，本书将托宾 q 值纳入模型。

变量定义与测度方法如表 5-4 所示。学界关于银行竞争的测度包括两类方法：结构法，如衡量市场整体集中度的赫芬达尔—赫希曼指数 HHI 和 CRn；非结构法，如 Lerner 指数、Boone 指数。前者适用于测度市场整体具有的竞争力水平，后者更倾向于衡量某类产品市场、单个企业的竞争程度。非结构法一般选择企业特定的财务数据构建模型来测度竞争程度，模型假定与数据选取具有较大自由度，易导致结论的不稳定。从本章理论分析及实证目的看，赫芬达尔—赫希曼指数 HHI 更切合本书的研究需求。依照经济金融界统计数据常用分类，借鉴姚耀军和董钢锋（2015）、李广子等（2016）的定义，本书将工、农、中、建、交五大商业银行分类为大型银行，其他银行类金融机构分类为中小型银行。

表 5-4　变量定义与测度方法

类型	变量名称	符号	测度方法
被解释变量	企业投资	I/K	购建固定资产、无形资产和其他长期资产支出 / 期初总资产
解释变量	前期投资	L.（I/K）	企业投资的一阶滞后
	调整成本	L.（I/K）^{2}	前期投资的平方
	企业产出	S/K	前期营业收入 / 期初总资产
	现金流量	CF/K	经营活动产生的现金流量净额 / 期初总资产
	投资机会	lnQ	市值 / 总资产，取自然对数

续表

类型	变量名称	符号	测度方法
交互变量	金融深化	FD	（证券交易额 + 金融机构各项贷款余额）/GDP，取自然对数
	金融结构	FS	证券交易额 / 金融机构各项贷款余额，取自然对数
	银行竞争	HHI_K	地区各类银行营业网点机构个数、从业人员、资产总额分别核算的赫芬达尔—赫希曼指数，k=1,2,3
	银行结构	LB_K	地区各类银行营业网点机构个数、从业人员、资产总额分别核算的大银行比重，k=1,2,3

5.3.2 样本选择与数据描述

本章实证样本来自中小企业板上市企业。在样本选择上，可能导致一定程度的样本选择偏误，因为上市中小企业质量相对较好，具有更好的融资条件，理论上应面临更小程度的融资约束。但是这恰好符合本章的论证逻辑，本章论述的重点在于高质量中小企业项目是否获得相对有利的信贷合约条款，因为对这类企业的融资约束测度可以体现信贷资金配置效率的高低。中小企业板上市企业样本符合这一研究目的。从学界历来的实证文献看，中小企业板企业样本是研究中小企业融资很好的切入点，如张晓玫和潘玲（2013）、姚耀军和董钢锋（2015）的研究都做出了有价值的边际贡献。

中小企业板企业的财务数据和托宾 q 值（2009—2017 年）均来自 CSMAR 数据库，选择后危机企业样本是为了避免宏观经济波动对企业融资环境的影响。在样本处理过程中，剔除了以下样本个体及观测值：① ST/*ST、金融类、资不抵债企业；② $I_{i,t}/K_{i,t-1}>1$ 或 $CF_{i,t}/K_{i,t-1}>1$ 的年度数据，这可能是第 t 年企业重大并购、重组造成的。筛选完毕，共获得 872 家企业财务数据构成的非平衡面板数据。

样本企业分布在 31 个省、自治区及直辖市，不包含中国香港、中国澳门和中国台湾地区。省级层面证券交易额根据 Wind 数据库两地证券交易所的月度数据整理而得。各省、自治区、直辖市的金融机构各项贷款余额、各类银行营业网点机构个数、从业人员、资产总额根据人民银行历年发布的《中国区域金融运行报告》整理而得。地区生产总值数据来自国家统计局。

变量的描述性统计如表 5–5 所示。另外，本书进行了变量相关性检验，企业层面数据相关性系数均小于 0.5，不能表明存在多重共线性。地区层面金融变量是交互项的构成部分，交互项与现金流量存在较强相关性。对此，本书严格限制纳入交互项的变量个数，并采用滞后变量作为工具变量以削弱相关性的影响。

表 5–5　主要变量描述性统计

变量	均值	中位数	标准差	最小值	最大值	观测数
I/K	0.079	0.056	0.081	0.000	0.809	5098
S/K	0.659	0.559	0.481	0.047	7.609	5098
CF/K	0.052	0.051	0.095	–1.023	0.777	5098
lnQ	0.753	0.747	0.685	–2.489	3.747	5708
FD	1.363	1.201	0.791	0.020	4.185	248
FS	0.657	0.610	0.903	–1.722	3.398	248
HHI_1	0.304	0.289	0.087	0.221	0.804	245
LB_1	0.345	0.332	0.107	0.207	0.890	245
HHI_2	0.321	0.304	0.096	0.209	0.925	245
LB_2	0.472	0.454	0.093	0.293	0.961	245
HHI_3	0.260	0.239	0.094	0.174	0.934	245
LB_3	0.399	0.388	0.102	0.198	0.966	245

5.3.3　实证结果与分析

（1）银行竞争对企业融资约束不存在单调效应。

利用动态面板估计的差分 GMM 方法，表 5–6 列出了基准模型和拓展模型的估计结果。其中拓展模型交互变量分别列出以营业网点机构个数、从业人员、资产总额核算的各地区银行竞争和银行结构变量。

基准模型现金流量系数估计值显著为正，表明中小板中小企业存在显著的融资约束。对应于前文的分析，即高质量中小企业面临着融资约束问题。金融深化 FD 与现金流量交互项系数为负但不显著，表明由证券交易额和贷款余额构建的金融深化指标未能显著缓解中小企业融资约束。按照前文的分析，部分原因在于中小企业融资更多仍依靠间接融资渠道，而银行业的发展对中小企业融资存在异质化效应。结合金融结构 FS 与现金流量交互项系数及显著性水平，可以发现证券交易市场未能显著发挥信息发现与资金配置功能，中小企业上市所带来的融资约束缓解是有限的。

拓展模型的结果表明，以营业网点机构个数核算的地区银行竞争和银行结构变量与现金流量交互项系数不显著，表明银行竞争和银行结构对中小企业融资约束均不存在显著单调效应。表 5–6 列出的以从业人员、资产总额核算的交互变量的模型估计结果同样证实了不存在单调效应。这一结论不同于姚耀军和董钢锋（2014）验证的以中小银行资产总额比重核算的银行结构对中小企业融资约束具有单调缓解效应。除了数据处理与模型设定方面的差异，本书认为样本年度是造成这种差异的主要原因，因为姚耀军、董钢锋研究的时间窗口（2006—2011 年）横跨金融危机期间。根据 Bolton 等（2016）的分析，关系型贷款较之交易型贷款通过在正常经济形势下收取较高利率，经济下行期收取较低利率，能够抑制经济下行的不利影响。Berger 等（2017）研究进一步表明，金融危机期间，小银行较之大银行更能提供流动性保险以缓解中小企业融资约束，此时大银行正经历流动性冲击而不利于提供中小企业融资服务。因此，涵盖危机期间的样本可能过高估计了中小银行发展对中小企业融资约束的缓解作用。边文龙等（2017）通过对 90 个县域金融结构的分析，也证实了结构化竞争指数对中小企业贷款比重不存在显著单调效应。但他们的实证分析止步于此，未考虑可能的非单调效应。

此外，表 5–6 中的其他数据显示前期投资的系数显著为正，表明企业投资具有一定的连续性。前期投资滞后影响企业当期财务值，最终影响当期投资水平。同时，企业投资调整成本为前期投资的凸函数，调整成本系数显著为负，这证实了欧拉投资方程的有效性。企业产出的系数显著为负，表明存在融资约束的企业投资行为偏离了最优路径。可能的解释是，存在融资约束时，企业投资带来的边际产出不足以覆盖边际成本，导致产出增长作为投资决策的先决信号效应减弱。

表 5-6　单调效应估计

变量	基准模型	拓展模型							
		FD	FS	HHI_1	LB_1	HHI_2	LB_2	HHI_3	LB_3
L.（I/K）	1.059***（0.259）	0.974***（0.260）	0.969***（0.254）	0.857***（0.244）	0.953***（0.250）	0.819***（0.274）	0.846***（0.268）	0.734***（0.240）	0.884***（0.243）
L.（I/K）^{2}	−2.113**（0.768）	−1.826**（0.755）	−1.802**（0.735）	−1.624**（0.714）	−1.891***（0.718）	−1.525*（0.798）	−1.583**（0.781）	−1.297*（0.679）	−1.680**（0.695）
S/K	−0.054**（0.024）	−0.044*（0.027）	−0.040（0.027）	−0.055**（0.026）	−0.058**（0.025）	−0.053*（0.278）	−0.052*（0.027）	−0.047*（0.027）	−0.045*（0.027）
CF/K	0.149**（0.075）	0.165（0.141）	0.157（0.103）	0.271（0.191）	0.151（0.267）	0.236（0.319）	0.154（0.526）	0.303（0.250）	0.427（0.327）
FD×（CF/K）		−0.022（0.075）							
FS×（CF/K）			−0.026（0.068）						
HHI_k×（CF/K）				−0.448（0.573）		−0.326（0.977）		−0.722（0.816）	
LB_k×（CF/K）					0.025（0.675）		−0.014（1.121）		−0.647（0.806）
lnQ	0.041***（0.015）	0.038**（0.016）	0.038**（0.016）	0.035**（0.015）	0.042***（0.015）	0.037**（0.015）	0.041***（0.015）	0.043***（0.014）	0.035**（0.014）
年度虚拟变量	—	—	—	—	—	—	—	—	—
样本容量	3263	3263	3263	3213	3213	3213	3213	3213	3213
工具变量数	45	51	51	51	51	51	51	51	51
AR（1）P	0.000	0.000	0.000	0.000	0.000	0.000	0.000	0.000	0.000
AR（2）P	0.104	0.142	0.143	0.119	0.085	0.159	0.147	0.182	0.117
Sargan P	0.616	0.637	0.579	0.607	0.715	0.647	0.646	0.569	0.606
Hansen P	0.199	0.243	0.155	0.302	0.337	0.202	0.216	0.199	0.146

注：***、** 和 * 分别表示在 1%、5% 和 10% 显著性水平上显著，括号内数值为修正标准误。

AR（1）和 AR（2）是扰动项相关性的检验指标，Sargan 和 Hansen 是检验工具变量有效性的指标，四类指标都通过了显著性检验。限于篇幅，本表没有列出年度虚拟变量系数及显著性水平。模型估计用到的工具变量集包括 L（3/.）.dependent variable 和 L（2/.）.（other variables） collapsed。

托宾 q 值衡量的投资机会很好地解释了投资支出，表明市值管理对于企业的投资扩张具有正向效应。较高的市值水平反映了企业投资较低的资本成本，可以适度扩张投资水平。但是，对于不完善的资本市场和融资约束问题严重的中小企业，应审慎对待托宾 q 值对企业投资机会的作用。

（2）银行竞争对企业融资约束存在非单调效应。

利用差分 GMM 方法，表 5–7 和表 5–8 列出了银行竞争、银行结构对中小企业融资约束的非单调效应估计结果。与表 5–6 比较，除了现金流量，企业层面的变量系数与显著性水平是稳健的。值得指出的是，实证分析未找到金融深化 FD 和金融结构 FS 对企业融资约束的非单调效应，进一步表明整体金融发展对中小企业融资并没有显著影响。

表 5–7 展示了银行竞争 HHI_k 二次项与现金流交互项系数显著为负。表明随着银行竞争的加剧（即银行竞争变量降低），银行竞争对企业融资约束的缓解存在一个临界点：当 HHI_k 低于临界值时，其对投资—现金流敏感性的缓解程度增强，企业融资约束缓解；当 HHI_k 高于临界值时，其对投资—现金流敏感性的缓解程度减弱，企业融资约束恶化，即银行竞争对企业融资约束存在非单调效应（见图 5–1）。结合表 5–8 展示的临界值与分位点，进一步证实了样本中存在的非单调效应。

银行结构变量 LB_k 适用于同样的分析（见图 5–1），当 k=1 和 k=3，即以营业网点机构个数和资产总额来核算各地区银行结构变量时，银行结构二次项与现金流交互项系数显著为负。表明随着银行结构的变化（如 LB_k 减小，也就是大银行占比下降时），其对企业融资约束缓解存在一个临界点：当 LB_k 低于临界值时，其对投资—现金流敏感性的缓解程度增强，企业融资约束缓解；当 LB_k 高于临界值时，其对投资—现金流敏感性的缓解作用减弱，企业融资约束恶化。也就是说，银行结构对企业融资约束同样存在非单调效应。但是，k=2 时，即以营业网点从业人员核算的银行结构 LB_k 二次项与现金流交互项系数为负但不显著。可能的原因是，大银行人员配置相对冗余，导致对中小企业信贷服务的低效率。所以，本书未就此项核算银行结构得到显著的结果。

表 5-7　非单调效应估计

变量	拓展模型					
	$(HHI_1-a_1)^2$	$(LB_1-b_1)^2$	$(HHI_2-a_2)^2$	$(LB_2-b_2)^2$	$(HHI_3-a_3)^2$	$(LB_3-b_3)^2$
L.（I/K）	0.880*** （0.255）	0.913*** （0.263）	0.870*** （0.261）	0.948*** （0.260）	0.855*** （0.251）	0.907*** （0.253）
L.（I/K）^{2}	−1.730** （0.740）	−1.808** （0.766）	−1.717** （0.770）	−1.896** （0.766）	−1.643** （0.719）	−1.709** （0.731）
S/K	−0.058** （0.025）	−0.058** （0.025）	−0.049* （0.027）	−0.053** （0.026）	−0.055** （0.027）	−0.052** （0.026）
CF/K	0.150** （0.073）	0.172** （0.076）	0.154** （0.075）	0.154** （0.071）	0.166** （0.074）	0.160* （0.090）
interact×（CF/K）	−1.771*** （0.586）		−1.836* （1.05）		−2.336*** （0.628）	
		−1.653** （0.814）		−2.592 （2.27）		−2.371* （1.417）
lnQ	0.036*** （0.014）	0.039*** （0.015）	0.041*** （0.015）	0.037** （0.015）	0.041*** （0.014）	0.036*** （0.014）
年度虚拟变量	—	—	—	—	—	—
样本容量	3213	3213	3213	3213	3213	3213
工具变量数	51	51	51	51	51	51
AR（1）P	0.000	0.000	0.000	0.000	0.000	0.000
AR（2）P	0.104	0.097	0.110	0.092	0.111	0.120
Sargan P	0.676	0.686	0.655	0.641	0.695	0.689
Hansen P	0.266	0.294	0.139	0.245	0.204	0.141

注：临界值 a_k 和 b_k 是使得 Wald 统计量最大的参数。其余注解同表 5-6。

表 5–8 临界值与分位点

	机构个数		从业人员		资产总额	
临界值	a_1=0.28	b_1=0.35	a_2=0.30	b_1=0.50	a_3=0.27	b_1=0.47
分位点	39%	61%	48%	77%	75%	87%

在时序统计特征上，如图 5–2 所示，随着我国银行业发展，大银行所占比重呈下降趋势，而银行竞争水平逐渐提高。在地区统计特征上，如图 5–3 所示，我国地区银行业发展存在银行竞争与银行结构的协同趋势：一般而言，大银行比重大的地区，银行竞争水平较低；大银行比重小的地区，银行竞争水平较高。结合表 5–6 银行竞争对中小企业融资约束的非单调效应和表 5–8 的临界值水平，本书证实了大银行占主导地位的信贷市场，银行竞争不利于中小企业融资；中小银行占主导地位的信贷市场，银行竞争有利于中小企业融资。

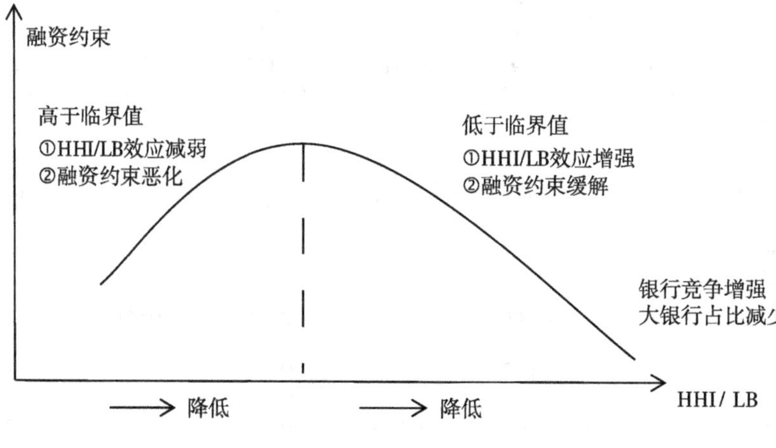

图 5–1 银行竞争对企业融资约束的非单调效应

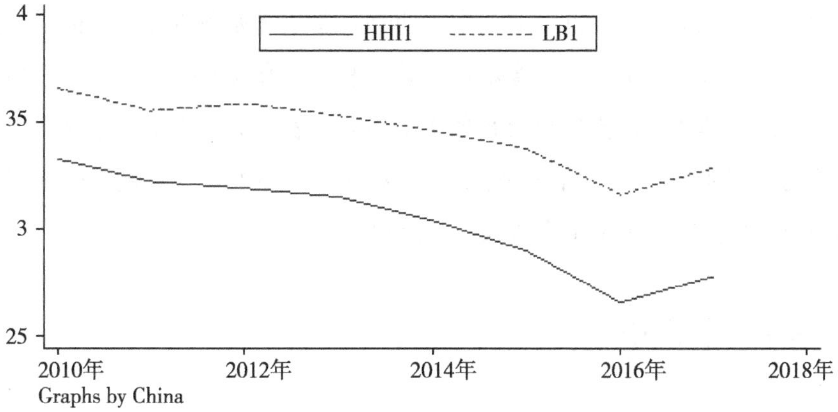

图 5-2　HHI_1 和 LB_1 均值变化趋势

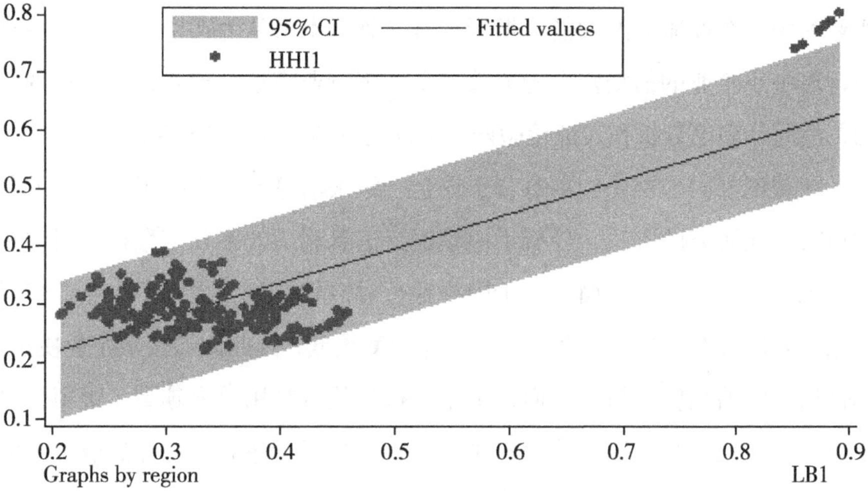

图 5-3　地区 HHI_1 和 LB_1 变化趋势

5.3.4　稳健性分析

针对托宾 q 值纳入模型可能导致的衡量偏误问题，本书进一步剔除托宾 q 值，实证结果显示各系数及其显著性水平与表 5-6、表 5-7 对比依然稳健。针对托宾 q 值测度方法的代表性问题，本书另外选取市值 /（总资产 - 无形资产净额 - 商誉净额）、（市值 + 负债合计）/ 总资产、（市值 + 负债合计）/（总资产 – 无形资产净额 – 商誉净额）分别测度托宾 q 值，实证结果与表 5-6、表 5-7 无显著差异。但考虑了无形资产净额与商誉净额的托宾 q 值，其代表的投资机会系数更加显著。表明对于中小企业而言，其相关的发展能力、发展前景对于其投资扩张更为重要。这从侧面印证了中小企业信贷更应注重中小企业软信息的观点。

5.4 本章小结

本章从信贷资金配置效率角度研究中小银行服务中小企业的市场环境约束。认为中小银行为中小企业服务的关键，是有效解决信息不对称问题，在客户甄别基础上提高信贷资金的配置效率。否则，中小银行就不能真正实现为中小企业服务的功能。根据现有文献，本书认为在市场层面，中小银行对中小企业的信贷资金配置效率受到银行业市场结构和银行竞争的制约，由此从理论分析和实证检验两个方面对此进行了深入研究。

在理论方面，首先，本章基于银企、银银信息不对称的视角，采取与大银行对比研究的方法，分析了中小银行信息利用效率和信息租金对中小企业融资的影响。一方面，由于中小银行对以软信息为主的中小企业信贷信息的利用效率较高，银企信息不对称程度较低，因此能够甄别企业质量，降低信贷配给程度；另一方面，中小银行的信息利用效率越高，银银信息不对称程度也越高。银银信息不对称导致中小银行垄断信息并提取过高的信息租金，增加了中小企业信贷成本，抑制了中小银行对中小企业信贷资金的配置效率。其次，关于银行竞争机制的作用，进一步的研究表明，在中小银行占主导的信贷市场，银行竞争有利于中小银行进一步提高对中小企业信息的利用效率，同时抑制中小银行对中小企业的信息租金提取，因而能有效缓解中小企业的信贷配给，抑制融资成本上升，提高了信贷资金配置效率。

在实证研究方面，本章对前文的主要推论进行了实证检验，实证结果与理论观点一致：银行竞争作为缓解中小企业融资约束的市场机制是有条件的，在大银行占主导地位的信贷市场，银行竞争恶化了中小企业融资约束；而在中小银行占主导地位的信贷市场，银行竞争缓解了中小企业融资约束。由此可见，中小银行占主导的信贷市场符合中小企业融资需要，但是应避免垄断型的中小银行信贷市场形成，利用银行竞争机制，为中小银行对中小企业差异化、高效率的信贷资金配置提供市场激励。

综合上述研究，本章最终的结论是：中小银行较高的信息投资效率是解决中小企业信息不对称问题和提高资金配置效率的关键，银行竞争的重点是信息投资效率的竞争。但与此同时，要解决信息租金问题造成的配置效率损失，市场竞争机制是必不可少的。所以，银行业结构和银行竞争不可分割，单纯提高中小银行的比重，或单纯促进银行竞争，都不一定能提高中小银行对中小企业信贷资金的配置效率，也就不能真正实现为中小企业服务的功能。

基于上述研究，可得到如下启示：①从解决银企信息不对称的角度，中小银行应保持或重建组织结构优势，进一步提高信息投资效率，唯有如此，才能在日益激烈的市场竞争中，保有对中小企业融资服务的核心竞争力。②从解决银银信息不对称的角度，政府应审慎评估各地区中小企业发展水平、银行信息投资效率，分步构建合理的银行竞争、银行结构层次。在中小企业贷款技术发展初期，适度鼓励信息租金提取，以培育相关信贷技术；在技术发展成熟阶段，要以竞争的市场机制来抑制信息租金水平。一刀切地追求银行竞争水平的提高，盲目放开民营银行、中小银行的准入并非良策。

第 6 章
实现中小银行对中小企业融资功能的环境约束

经济主体在进行决策的时候，总是努力追求自身利益的最大化，但又总是受到特定制度和环境的制约。例如，由于制度的原因，国有银行通常存在超出利润最大化以外的动机，如支持国有企业、开发特定的部门和区域等。同样，制度及其他环境因素也可以通过改变成本风险收益的对比，影响中小银行的偏好和经营行为。例如，近年来我国政府大力实施促进小微企业金融服务的政策措施，允许金融机构进行小微企业信贷资产流转（证券化），发行专项金融债券，使用央行再贷款、再贴现等工具，目的在于拓展金融机构为小微企业融资的资金渠道，影响金融资源的配置方向，增强金融机构对小微企业服务的能力。

中小企业融资由于受自身条件的限制，在融资渠道和融资方式上没有太多选择空间，其获得银行信贷资金的条件和价格很难依据对等的谈判来决定，需要依赖与资金供给者之间的信任关系以及融资环境的支撑程度。魏志华等（2014）的研究认为，相比国有企业而言，优化金融生态环境能更有效地缓解民营企业的融资约束，其中政府治理、制度文化、经济基础、金融发展四个要素都发挥了不同程度的积极作用。对中小银行而言，能够影响其为中小企业提供金融服务的环境因素相当宽泛，除体制机制及政策性因素之外，还包括经济和金融发展水平、经济周期和货币政策、社会信用环境、社会中介服务体系、地方政府的作用、营商环境和法律环境等。本章将侧重于研究制度和信用环境的影响，主要涉及以下三个方面的内容：一是政府干预问题，二是风险防范机制，三是社会信用环境。这三个方面存在不足时会削弱中小银行开拓中小企业信贷业务的动机，使其为中小企业服务的功能不能充分发挥。

6.1 政府干预与中小银行策略

在过去很长一段时间里，中国金融体制是政府主导型的。政府对金融资源配置起主导作用，金融机构的自主性比较低微。改革开放使我国金融体制发生了根本性变化，金融市场化有了巨大发展。但政府对金融活动仍存在一定程度的干预，不仅在大型国有金融机构如此，在中小银行中也存在。从“先天性”因素看，我国中小银行的产生是在金融体制由计划主导向市场主导模式过渡的阶段中形成的，政府在中小银行产生发展过程中发挥了重要作用。在中央层面，主要体现为金融体制机制的作用，在地方政府层面，主要表现为地方性中小银行在股东结构、公司治理、业务导向方面，都在一定程度上受到地方政府的影响。本节将着重分析地方政府在中小银行中的地位和作用，分析地方政府对中小银行的干预会如何影响中小银行对中小企业融资功能的发挥。

6.1.1 中小银行与政府关系的渊源

我国中小银行大部分是在政府主导下产生的。理论上，中小银行的设立是为了弥补大一统金融体系的功能缺陷，为中小企业、“三农”、地方经济和社会事业发展提供资金支持。在实践中，中小银行出现和发展的激励机制来源于地方政府。通过积极组建中小银行，地方政府也可以如中央政府一样，获得实际支配资金的垄断性租金和政策性租金（褚伟，2002）。在一定程度上，中小银行成为地方政府获得资金支配权的载体。

在中小银行诞生之际，存在三大政策背景，一是拨改贷，二是分税制改革，三是国有银行改制，这三大背景是决定中小银行与地方政府关系的基础。下文以重大政策为时间节点，分析中小银行与地方政府关系的渊源。

第一阶段（1978—1993 年），1979 年中央实施“拨改贷”政策，基础建设投资由财政拨款变为银行贷款，政府干预经济的手段从控制和运用财政资金转向通过国有银行获取资金支配权。由于当时国有银行实行“条块管理，以块为主”的管理体制，因而地方政府对国有银行分行有较强的控制权利，能够通过这种权利去影响银行的信贷配置（巴曙松，2005），所以对于中小银行的关注和干预程度并不高。

第二阶段（1994—1998 年），1994 年我国实行分税制改革，中央和地方财政收支占比发生明显变化，地方政府财政压力骤然增大。分税制改革之前的 1978—1993 年，地方政府在财政收入中占比的均值为 70.15%，分税制改革后的 1994—2016 年，这个比例下降到 49.02%。而同期地方政府财政支出占比则从 58.01% 上升到 76.11%[①]，收支差距拉大。1995 年，《中华人民共和国预算法》施行，限制了地方政府融资渠道。地方政府开始通过组建中小银行以利用地区金融资源，当时，正值城市信用社经营不善，风险凸显，央行着手整顿，强制重组。于是，地方政府积极以财政资金入股，加强对城市商业银行的控制（张军、金煜，2005）。

第三阶段（1998 年以后），国有银行股份制改革后开始实行垂直化管理，上收地方分行的信贷审批权，大大削弱了地方政府对国有银行地方分行的干预能力。于是地方政府进一步加强了对中小银行的干预以获得信贷配置的控制权（钱先航、曹廷求和李维安，2011）。与此同时，财政分权分税制改革也为地方政府发展当地经济提供了适当激励和压力（伍敏敏，2017）。各地方政府大力发展信托公司、证券公司等金融机构，努力将本地建成区域性融资中心、证券交易中心，以最大程度汇集本地储蓄，并吸引外地资金。这些措施使得地方政府控制的各类金融机构如雨后春笋般出现，而且城市商业银行的服务对象不再仅仅是地方中小企业和当地居民，增加了为地方政府的基础设施建设提供融资的功能。

6.1.2　地方政府在中小银行中的角色

地方政府影响中小银行的基础是拥有控股股权。以城市商业银行为例，

① 数据来源：中经网统计数据库，内容经过整理。

1994年央行整顿城市信用合作社，组建城市合作银行（即后来的城市商业银行）。为了有效化解地方金融风险，中央政府明确了地方政府在城商行的控股地位，对中小银行进行行政化重组。根据《城市合作银行管理规定》第二十三条规定，城市合作银行股本由当地企业、个体工商户、城市居民和地方财政入股资金构成。其中，地方财政为最大股东，其入股比例不得超过城市合作银行股本总额的30%，事实上造成了地方政府在城商行中一股独大的地位。当时对城市信用合作社整顿基本采取“一刀切”政策，例如，在民营经济和中小银行比较发达的浙江省，中小银行建立时一般由民营企业、个体工商户、城市居民和农户等入股组成，与其他地区相比，浙江相当数量的中小银行尤其是城市信用合作社有明晰的产权结构。但在合并城市信用合作社组建商业银行的过程中，仍大都采取了财政控股的做法（一般持股近30%），从而改变了这些机构原先的民营性质（史晋川等，1997）。由于各机构之间的产权结构不一以及经营绩效差异，导致新组建机构存在严重的利益冲突，管理层内耗加重，而硬性的股权结构调整更使得部分中小银行逐渐演变成机制不活的官办金融企业，导致一些宝贵的制度创新成果丧失（史晋川等，2003）。

地方政府对城商行的控股地位，决定了地方政府对城商行的介入很深。一方面，政府持股带给银行信用溢价（Adrianova等，2002），且政府作为出资者为银行提供了稳定的资金来源及合理的资金运用渠道（陈一洪，2014）。另一方面，地方政府通过对董事会、监事会的控制及高管激励机制，可以实现对城商行资金的支配权，直接或间接（如产业政策和财政支出政策）引导中小银行的信贷资金流动。边文龙、沈艳和沈明高等（2017）对14省90县金融机构的研究表明，61.16%的金融机构认为在贷款决策时会受到当地政府的影响。祝继高等（2012）以我国城市商业银行为样本研究发现，受地方政府控制较多的城商行信贷资金的配置数量最多的是地方融资平台，其次是地方土地储备中心和地方国有资产管理公司，再次是地方政府和事业单位。

近些年来，城商行的股权改革取得了显著成效，通过广泛吸收各类性质的产权主体实现了产权多元化，逐渐演变为包括国有股、国有法人股、非国有法人股、外资股和社会公众股等多种形式的股份制产权结构，在一定程度上分散了权利，弱化了地方政府的控制。但是，从城商行披露资料及一些学者的研究来看，政府通过直接或间接控股等形式仍持有大量城商行的股份，部分城商行仍继续保持地方财政部门、地方国有资产管理公司或国有企业为其最大股东（郑荣年，2013）。地方政府对城商行经营施加行政干预的现象仍十分普遍（洪正、张硕楠和张琳，2017）。

6.1.3　中小银行的策略及后果

地方政府的控制干预及行为偏好会对中小银行经营策略产生重要的影响。中小银行虽然生长在地方，在当地网点密布，周边有大量潜在的中小企业客户，且自身规模较小，组织结构扁平，在软信息收集和传递上应该具有优势。但无论如何，中小企业贷款总是具有相对高的风险和成本。此外，相对于其他性质的银行，政府产权性质的地方中小银行一般会获得更多的政府扶持。由于地方政府掌握着大量的项目资源和其他社会资源，包括地方中小银行管理层的人事任命权，这使中小银行经营者注重与政府关系的协调，会主动配合执行政府相关政策（吴敏，2014）。通常每年年初各银行都会对信贷部门下达指南，明确应支持的行业、限制性行业及回避的行业。不难理解，中小银行愿意优先将信贷资金投向地方政府基础设施和公共建设项目，或当地政府重点支持和担保的行业、企业。出于对收益和成本风险的权衡，银行缺乏为中小企业服务的内在动力，不能积极主动进行业务和管理创新，因而未必能充分发挥为中小企业提供金融服务的功能。

图 6–1 和图 6–2 反映了地方政府干预程度与城商行小微企业信贷的关联性。其中，地方政府干预程度以信贷资金分配的市场化指数来进行刻画，城商行小微企业信贷以城商行小微企业贷款余额占总贷款余额的比例来反映。从图 6–1 看，2011—2015 年，信贷资金分配的市场化指数逐步增大，表明政府干预的程度逐渐降低，与此同时，城商行小微企业贷款余额占总贷款余额的比例呈逐渐增大的趋势。

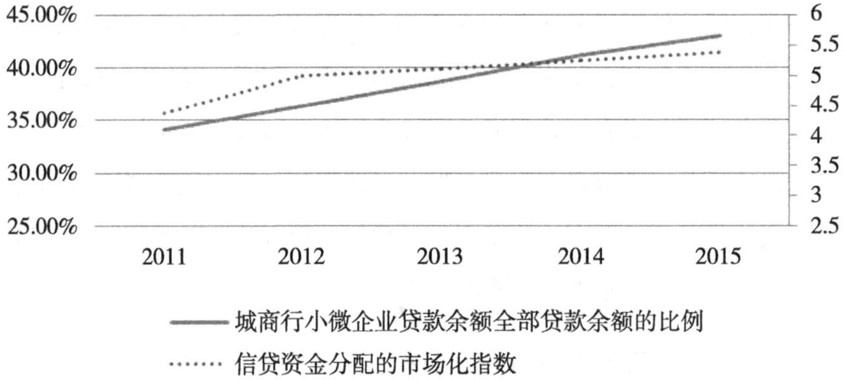

图 6-1 2011—2015 年城商行小微企业贷款余额占比与信贷资金分配的市场化指数

注：城商行小微企业贷款余额占比数据来源于《城商行发展报告（2017）》、信贷资金分配的市场化数据来源于《中国分省份市场化指数报告（2016）》。

图 6-2 对比显示了 2016 年随机挑选的 33 家城商行小微企业贷款余额占比，以及每一家城商行所在省份当年的信贷资金分配的市场化指数。显而易见，两者变动趋势基本一致。在信贷资金分配的市场化指数较高的省份，城商行小微企业贷款余额占比较高，反之则较低。

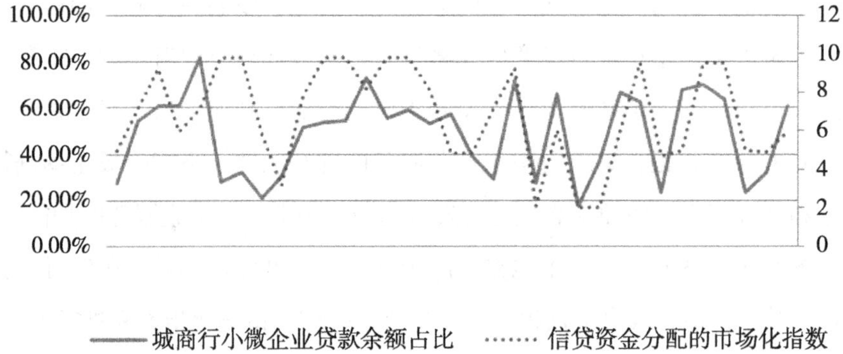

图 6-2 2016 年部分城商行小微企业贷款余额占比及所处省份信贷资金分配的市场化指数

注：本书获取 33 个城商行数据进行分省份处理，区域分布情况良好。城商行小微企业贷款余额占比数据来源于各银行 2016 年年报；信贷资金分配的市场化数据来源于《中国分省份市场化指数报告（2016）》。

综合以上横向与纵向的分析，可大致看出，在原有的制度安排下，地方政府干预程度与城商行小微企业信贷之间具有一定的关联性。进一步的实证检验可参看本章的 6.4 部分。

近年来我国地方债务问题引起政府和社会的巨大关注，随着地方债务治理加强，特别是“终身追债”制度的实施，地方政府的举债活动（包括隐性债务）得到遏制。可以预见，地方政府干预城商行的动机将会减弱；未来城商行经营进一步走向市场化，将推动其业务下沉，利用自身比较优势深耕中小信贷市场。

6.2　风险防范机制的缺陷及其影响

中小银行定位于地方性金融机构和中小企业服务机构，其客户结构比较单一，贷款投向中小企业的比例及整体不良贷款率高于大型银行，故其风险防范和化解一直是监管部门非常关注的问题，也是政府对中小银行政策存在不确定、不连贯性的主要原因。根据斯蒂格利茨等人的研究，发展中国家在金融市场化过程中，较为安全的借款人可以获得国有银行的资金支持，而偏好风险的借款人则会更多成为中小银行的客户，这种“逆向选择”，会导致风险向中小银行集中（Stigliz 等，1981）。这意味着，在计划经济时代因行政化资金配置而被抑制的部分金融需求，在金融放开之后，会强烈地趋向从新兴的中小银行获得融资。通过中小银行突破传统的“大银行—大国企”的资金流动格局，将一部分金融资源配置给中小企业，原本是政府发展中小银行的初衷，但容易导致另一个问题的出现，即客户源的高风险性叠加中小银行自身资本金、风控能力的“先天不足”，会使中小银行成为风险集中之地。

在中小银行组建之初，针对中小银行高风险问题的社会性防御机制不够完善，风险分担和补偿、风险监管的制度建设赶不上中小银行的发展速度。中小银行自身出于风险控制的考虑，对中小企业的融资意愿不高，特别是遇到整体经济风险上升时，中小企业就会首当其冲。

6.2.1 中小企业政策性融资担保制度缺陷

中小企业信用担保制度对中小企业融资起到增信作用，对中小银行则是一道风险防御机制。在信用贷款依然困难重重的情况下，中小银行对中小企业的贷款主要采取保证贷款方式，在保证贷款中又倾向于担保贷款，以避免耗时、烦琐的贷款抵押手续。此外，诸如知识产权等动产抵质押融资由于存在估值难、处置难的问题，在实践中往往是叫好不叫座。因此，中小企业融资担保制度是否健全，事关中小银行能否充分发挥为中小企业服务的功能。

1993 年，我国第一家全国性专业信用担保机构——中国经济技术投资担保公司成立，此后经过 20 多年的发展，融资担保业取得了巨大的发展，全国各地的众多担保机构成为我国企业融资与信用服务领域的重要力量，形成了政策性担保、商业性担保与互助性担保三者并存的多元化融资担保体系，分担了中小银行的中小企业贷款风险。但是迄今为止，融资担保行业的担保能力尚不能满足金融机构进行风险分担和防御的需要。根据相关资料，当前中小企业融资担保主要存在三个方面的问题：一是担保机构服务小微企业的意愿走低。来自全国中小企业信用担保机构信息上报系统的数据显示①，2016 年上半年，2954 家担保机构的个人和小微企业在保责任余额同比下降 10.9%；相比较而言，中型、大型企业在保余额分别同比增长 9.1% 和 79.5%。二是担保机构偏离担保主业。2016 年上半年，担保机构新增融资性担保业务额同比下降 12.6%，而非融资性担保业务同比上涨 55.5%，占新增担保余额的 21.2%，较 2015 年同期提高了 8.1 个百分点，这对中小企业融资来说无疑是非常不利的。三是担保机构的经营风险增大。2016 上半年，担保机构新增代偿额同比增长 6%，代偿率达到 3.1%，同比增加 0.6 个百分点。代偿率超过 3% 的省、区、市从 2015 年同期的 10 个上升到 21 个。拨备覆盖率由 2015 年上半年的 119.9% 下降到同年 6 月末的 81%，代偿压力和风险明显增加，无疑会削弱担保业对中小企业的担保

① 数据来源：《2016—2017 年中国中小企业发展蓝皮书》。

意愿。担保业面临的巨大压力给中小银行扶持中小企业带来了不小的挑战。

我国中小企业融资担保实行中央、省、市三级体系，大中型融资担保公司多为国有独资或国有控股企业，占据主要的市场份额。政策性融资担保以公共资金承担商业性机构贷款的部分风险，不以营利为目的，担保利率较低，与一般担保机构相比具有公益性质，在降低金融机构贷款风险的同时可以降低企业融资成本，因而被认为是缓解小微企业和“三农”融资难、担保难的重要渠道。但是，当前我国中小企业政策性融资担保制度存在着诸多问题，如政府出资不到位、风险分担补偿机制不健全、担保机构经营不规范等，导致中小企业的担保条件较苛刻、担保费率较高，为中小企业增信的作用受到限制。

（1）政府性担保机构的资本金补充和代偿补偿问题。

政府性中小企业融资担保机构的定位不仅是市场参与者，同时也是政策执行机构，因此政府应为之提供长期、稳定的资金支持。在我国，地方政府对中小企业融资担保机构的注资方式各有不同，有的是单独出资，有的是政府与其他主体共同出资。虽然全国大部分地区都组建了政策性担保、再担保机构。但在过去很长时间，由于政府财力的限制，加上中央和地方财政对于政策性融资担保的资本金补充并无法律或政策性的规定，导致政府性担保机构资本金不足、杠杆水平过高，缺乏持续生存和自我发展的能力，与中小企业的担保需求量存在较大差距。同时地方政府对于中小企业融资担保机构的后续经营关注不够，对代偿支出没有相应的补偿机制，或即使采取补偿，但补偿力度不足，大多数地方担保公司实力薄弱，制约了融资担保体系的有效运作。上述情况也存在于再担保机构，由政府主导的再担保机构的股权投资和再担保业务规模与整个融资担保体系的规模不对等，使其无法发挥对融资担保行业的放大器和稳定器作用。

（2）政府性担保机构经营不规范问题。

在过去的某一段时间里，由于相关法律法规不健全，外部监管不到位，加上内控制度不完善，导致政府性担保机构经营出现一些不规范行为。例如，有些政府性融资担保机构违规发放过桥贷款、企业应急贷款等；对单个客户及其关联方提供融资担保余额超出政策规定上限，导致风险过于集中；甚至与所担保的中小企业合谋，将银行贷款资金分成使用，截取部分资金转贷于高风险项目，从中牟利（韩亚欣、何敏、李华民，2016）。有些政府性融资担保机构为规避风险、追求盈利而偏离公益性服务定位，转而开展商业性融资担保业务。对客户的信用评级等要求过高，担保费率过高，且因自身风控经营不足，普遍要求企业提供反担保。故其担保对象多数为国有或大型企业，并大量涉及政府债券发行和政府融资平台的融资担保业务。相比之下，为民营中小（微）企业提供担保的规模和比例不足。

（3）政府性融资担保的风险分担问题。

在过去一段时间，我国中小企业融资担保风险分担机制不完善，银担合作不畅，担保公司处于被动地位。加上债务追偿程序复杂，所以当出现风险时，担保机构代偿负担过重，有时甚至要承担100%的代偿责任，导致流动性资金不足，可持续经营的压力增大。2014年10月，安徽省在全国率先提出新型“政银担”合作模式，建立“4321”风险分担机制，即由市县承办的政府性融资担保机构、安徽省信用担保集团、银行业金融机构、融资担保业务发生地的市或县级财政四方按4∶3∶2∶1的比例分担代偿责任。安徽模式采取比例再担保模式，有效分担了融资风险，特别是加强了银行业金融机构的主动风险防控意识，是我国银担合作的破题之作，其经验在全国受到普遍推广。有些地方政府直接对辖区内各银行核对任务指标，并要求地方性银行率先执行。但在执行的过程中仍需要增强银行的积极性，使其主动履行风险分担责任，避免在开展“4321”融资担保业务时采取额外增信措施，保证政府融资担保和风险分担的目标得到落实。

值得关注的是，面对当前民营和小微企业的融资困难，以及融资担保行业的困境，我国政府近年来密集出台政策措施，督促地方政府建立以政府出资为主的担保类基金或机构。2017年《融资担保公司监督管理条例》出台，为小微企业融资担保提供了切实的规范。2018年7月，由财政部出资并联合20家有关金融机构设立的国家融资担保基金有限责任公司在北京成立，与各地财政部门设立的融资担保基金和省级再担保公司开展合作，增强了地方政府性融资担保机构业务拓展能力和抗风险能力。2019 年 2 月，国务院办公厅印发《关于有效发挥政府性融资担保基金作用切实支持小微企业和“三农”发展的指导意见》（以下简称《指导意见》），强力推动各级政府性融资担保机构回归担保主业、降低费率水平、聚焦于支小支农担保。《指导意见》明确政府性融资担保机构业务运作的“四个不得”：不得偏离主业盲目扩大业务范围；不得为政府债券发行提供担保；不得为政府融资平台融资提供增信；不得向非融资担保机构进行股权投资。规定国家融资担保基金和银行的风险分担比例原则上均不低于 20%，省级再担保机构的风险分担比例原则上不低于国家融资担保基金，最终原担保机构实际承担的风险比例不超过 40%[①]。该《指导意见》为增强政府性融资担保体系在中小企业融资方面的作用、推进银担合作提供了政策依据，其效果值得进一步观察。

6.2.2 中小银行风险监管制度缺陷

中小银行规模小，对外部冲击敏感，抗风险能力较弱。与国有大型金融机构相比，中小银行没有品牌优势，没有国家信用担保，缺少公众信任，风险更加显性化。根据央行《中国金融稳定报告（2020）》，目前国内大约 4000 家中小银行发展能力总体较好，评级结果在安全边界之内，风险可控。但从金融机构评级来看，中小银行评级分化明显，部分城市商业银行、农村商业银行的风险依然较高，农村中小金融机构整体评级垫底。根据人民银行公布的 2020 年第四季度金融机构评级结果，在中小银行中，民营银行和外资银行的评级结果较好，分别有 95%、74% 的机构分布于 1~5 级（绿区），且无高风险机构；城商行的评级结果次之，有 72% 的机构分布于 1~5 级，但也有 12% 的机构为高风险机构（资产占全部城商行的 4%）；农合机构（包括农村商业银行、农村合作银行、农信社）和村镇银行风险

① 参考新华网：缓解小微企业、“三农”融资难融资贵的重要举措——财政部有关负责人解读《关于有效发挥政府性融资担保基金作用切实支持小微企业和“三农”发展的指导意见》，2019 年 2 月 15 日。

最高，高风险机构数量分别为285家和127家，资产分别占本类型机构的8%、10%。

时至今日，我国金融监管制度和手段已发生了很大变化，对中小银行监管的重视程度也大大提高，监管的针对性和差异性增强，如近年来密集实施的定向降准、支农支小再贷款、扩大中期借贷便利合格抵押品范围等政策，都在一定程度上激励了中小银行对中小企业、民营企业和创新企业的贷款发放。但是，当前中小银行风险监管制度仍不完善，具体表现在以下几个方面。

第一，监管目标单一。对监管部门而言，保持金融体系稳定无疑是其首要目标，但同时也需关注监管政策对中小银行和中小企业造成的影响。自2017年以来，为了降低金融市场风险、整治交叉金融产品和影子银行，引导银行业金融机构回归信贷本源，监管部门陆续出台资管新规、流动性新规、大额风险暴露管理办法等强监管措施，在负债端将表外理财纳入广义信贷考核，将同业存单纳入同业负债，且要求不超过总负债的1/3；在资产端禁止银行通过发行存单购买理财、资金不能出省。这些措施使同业业务扩张速度显著放缓，非标融资收缩，信贷业务回升。但是，在抑制通道业务的过程中，银行表外类信贷渠道收窄，原来通过此方式融资的中小企业面临融资压力，对银行贷款的依赖增强。

第二，监管手段仍然不够细致。监管部门对中小银行的监管沿用传统模式，以促进其合规经营和稳健发展。为了提高金融资产的质量，监管部门对银行类金融机构制定了一系列合规类标准和风险类标准。但是，监管部门并未对关系型贷款和交易型贷款的监管进行细分。例如，通过资本充足率或现场、非现场检查进行的监管虽然符合交易型贷款的特性，但关系型贷款所依据的软信息无法被监管者识别或者正确评估，因而监管部门很容易将其视为风险资产。由此导致中小银行避免使用关系型贷款，以保证符合监管要求。

第三，监管冲击的非对称性。监管政策常常对大型和中小型金融机构造成不同程度的冲击，如2018年央行等部门推出《关于规范金融机构资产管理业务的指导意见》（即“资管新规”），要求去除通道业务、打破理财产品刚性兑付，回归净值型产品。面对激烈竞争的理财市场，中小银行不能再依靠券商和基金来管理运作资金，其在市场销售、产品设计、品牌声誉、投资管理等方面的劣势直接暴露出来。大部分中小银行由于资金不足，理财业务达不到规模效应，难以设立资管子公司，只能通过内设部门开展理财业务，与大银行的资管子公司相比，劣势更加突出。此外，在央行的流动性释放方面，公开市场业务、中期借贷便利的获得仍以大银行为主，中小银行获得的数量有限。资金来源渠道收窄，负债成本较高，对中小银行流动性管理产生不利影响，影响了中小银行的资产配置和盈利能力。杨柳等（2020）利用2008—2017年28家商业银行数据，研究银行业监管强度对商业银行信贷扩张的影响，证明了监管强度提高对城商行信贷的紧缩效应明显高于国有及股份制商业银行。

6.2.3 存款保险制度的“双刃剑”作用

作为政府金融安全网的重要组成部分，存款保险制度是保护存款人权益的防范性制度，对于及时防范和化解系统性风险、维护金融体系的正常运行发挥着重要作用。在2008年爆发的国际金融危机中，存款保险制度曾使一些严重亏损且无法挽救的银行有序退出市场，极大地维护了存款人的合法权益。

长期以来，与国有金融体系相适应，我国实行隐性存款保险制度，没有明确的法律法规或正式制度为广大金融机构提供存款保险服务，但政府被默认为是国有金融机构的最后担保人，在国有银行的存款被认为是绝对安全的。这种隐形担保机制一方面导致金融机构和存款人的风险意识淡薄，容易加剧道德风险；另一方面造成中小银行与大银行在信用等级和地位上的不平等。公众普遍认同大型国有银行的信用是国家信用，对地方性中小银行的信用认同度和品牌信任度偏低。

经过多年酝酿，2015年5月我国存款保险制度正式建立，宣告了显性存款保险制度的诞生，中国金融稳定制度建设有了重大进展。存款保险制度影响深远，在保障存款人权益、防范和化解金融风险、维护银行业健康发展等方面发挥了不可替代的作用。与此同时，存款保险制度对中小银行生存和发展也具有积极意义，它为实力薄弱的中小银行筑起了一道可靠的金融安全网，用以防范和处置中小银行挤兑风险，保护存款人利益，因而促进了市场主体的公平地位，提升了公众对中小银行的信心。事实上，自存款保险制度实施以来，中小银行吸纳的存款份额不断上升。此外，存款保险制度也为落实金融机构市场化退出机制提供了制度保障，有利于促进中小银行整体的健康发展。而显性存款保险制度的建立可能引发中小银行的道德风险。中小银行自身缺乏低成本资金来源，中间业务量小，在市场竞争加剧和存贷款利率完全放开的情况下，可能会为了争取客户资源而尽量提高存款利率、降低贷款利率，从而导致负债成本增加，盈利空间受到挤压。中小银行的资金成本上升及风险补偿收益下降，对其自身风险控制以及中小企业信贷均可能产生不利影响。

当前，我国重点领域的金融风险得到有效控制，守住了不发生系统性金融风险的底线。但由于国内外各种不确定性因素增多，加之受新冠肺炎疫情冲击，部分企业的债务违约风险加大，金融机构特别是中小银行面临的困难和风险加剧。在此背景下，2020 年党的十九届五中全会通过的“十四五”规划建议里提出完善存款保险制度，同年中国人民银行发布《中国金融稳定报告（2020）》也着重强调要健全存款保险制度，发挥存款保险早期纠正和风险处置平台功能。央行还授权参加存款保险的金融机构自 2020 年 11 月 28 日起使用存款保险标识。上述文件和措施表明，我国存款保险制度需要进一步健全和完善，以确保今后继续发挥防范化解重大金融风险的作用。可以预期，围绕存款保险制度的相关政策措施对于中小银行及中小企业信贷也会产生进一步的影响。

6.3 征信体系、社会资本的不足及其影响

中小银行要充分发挥服务中小企业的功能，需要依托经济主体所处的

外部环境，良好的信用环境是发挥“小银行优势”的前提条件。在实践中，除了中小企业本身信息不透明、不规范之外，社会信用环境和信用文化建设滞后、信息共享机制不健全、联合奖惩机制不完善、对失信人制裁不力等问题，会加剧信贷市场对中小企业的不信任。此外，社会资本发育不成熟，中介机构网络不完善，也会对中小银行开展中小企业关系型贷款造成不利影响。

6.3.1 征信体系不完善对中小企业融资的影响

征信体系是社会信用体系的核心。发达的征信体系可以帮助中小银行掌握中小企业的信用状况，降低调查成本，提高决策的准确度。龙海明、王志鹏（2017）对全球 102 个国家的征信系统和法律权利保护对信贷规模、信贷风险的影响所做的研究表明，征信系统对信贷规模有显著的促进作用，对信贷风险有显著的抑制作用；公共征信系统和私营征信系统并存、法律权利保护与征信系统并存有助于提高银行信贷水平。当征信制度能够准确评价中小企业信用，同时对中小企业信用违约进行约束时，中小银行可以依托征信体系对信用状况较好的中小企业进行融资。在我国，经过 20 多年努力，征信业从无到有取得长足进步，征信立法和制度不断完善，征信市场化越来越多元化，形成了政府加市场的双轮驱动产业模式。

我国公共征信体系主要包括金融信用信息基础数据库和公共信用信息共享平台，其中金融信用信息基础数据库是由中国人民银行征信中心组织各金融机构建立的，是全国覆盖范围最大和信息数量最多的征信系统，提供基础的征信服务。根据央行披露的数据，截至 2019 年年底，征信系统收录 10.2 亿自然人、2834.1 万户企业和其他组织的信息；个人和企业征信系统分别接入机构 3737 家和 3613 家，基本覆盖各类正规放贷机构；2019 年个人和企业征信系统累计查询量分别为 24 亿次和 1.1 亿次，日均查询量分别为 657 万次和 29.6 万次[①]。2020 年上线的二代企业征信系统的主要信

① 资料来源：2020 年 1 月 17 日中国人民银行征信中心有关负责人就二代征信系统切换上线相关问题答记者问。

息由金融机构报送，主要内容是企业过往的信贷明细及财务报表信息，信贷信息全面真实。但其信息维度较少，难以覆盖没有信贷记录的小微企业“白户”；且使用者多为政府和大中型银行类金融机构，其独有的征信数据有待于进一步高效利用。

我国的公共信用信息平台是各行政事业单位在履职过程中掌握的行政信用信息的归集平台，如工商管理总局建立的企业信用信息公示系统、中央及各级地方政府建立的“信用中国”共享平台等均属于此。与此同时，各地方政府也在努力建立地方性的中小（微）企业数据库或共享平台，通过汇聚工商、金融、税务、海关、法院等公共事业信息，作为对国家金融信用信息基础数据库的补充。这些平台采取多维度、替代性数据弥补信贷数据的不足，对中小微企业获取金融支持具有积极作用。但由于中小企业数量众多，收集信息难度大，加之有关部门责任界限模糊，各地信息化程度不一致，系统建设标准不统一，使部门和地区之间存在信息割据现象，信息公开、归集和共享存在一定的限制。银行要从外部获取高质量的中小企业信用数据仍然比较困难，特别是企业财务信息和企业主、股东、高管的信用信息不能有效融合，一些替代数据为基础的新型小微融资模式尚不能有效落实。

在市场化的征信服务方面，我国民营信息服务机构的商业化运作已有很大发展，与公共征信系统构成功能互补的整体，发挥了市场化征信的作用。截至 2019 年 6 月末，人民银行共备案企业征信机构 132 家，2019 年上半年对外提供各类征信产品和服务 22 亿次[①]。民营征信服务对缓解银企信息不对称、支持商业银行的小微企业贷款发挥了重要作用。

近几年来，伴随着政策推动及金融科技的爆发，我国征信体系建设迎来加速期。特别是“互联网 + 征信”改变了过去围绕银行构建信用体系的模式，新一代征信机构如阿里巴巴的芝麻信用、腾讯征信等，利用其拥有的电商交易、互联网金融、社交平台等数据优势，将云计算、大数据等技

① 资料来源：银保监会《2019 年中国普惠金融发展报告》。

术应用于征信拓展，将传统征信系统难以覆盖的小微客户信息纳入征信范围，发掘其信用价值，同时也推动着传统征信机构进行创新。但是，这些互联网征信服务相对于市场需求仍存在较大的差距。例如，各机构都立足于自己平台的数据，信息互通程度较低，购买整合外部数据的难度很大，征信机构在应用场景的丰富性和综合信用评估方面受限，难以满足市场需求，且易引发中小企业多头负债及债务诈骗的风险。此外，大数据征信的数据采集不同于传统征信以银行信贷和政府公共信息为主，其采集范围宽，包括很多社交、生活服务等非标准化、非结构化、“弱相关性”信息，数据质量和评估结果的科学性尚有待于实践检验，相应的监管逻辑及政策框架也亟待建立。

6.3.2　社会资本匮乏妨碍中小企业融资能力

金融本质上是以现有价值与未来收益进行交换的承诺，是债权人基于对债务人的信任而形成的一种关系。近年来研究信用关系的一个新视角是社会资本，社会资本是一个横跨多学科的概念，相对于物质资本和人力资本，社会资本是社会组织的特征，能够通过协调行动获得社会效率的信任、规范和网络（Putnam，1995）。根据边燕杰和丘海雄（2000）的解释，社会资本是“行为主体与社会的联系以及通过这种联系摄取稀缺资源的能力”。这意味着一个企业积累的社会资本越多、获得的社会信任水平越高、遵从的合作规范越严格、社会网络关系越紧密，其获取稀缺资源的能力也就越强。也就是说，社会资本能够部分替代正式制度，通过提高融资双方的信任水平，对金融活动和资源配置产生影响。

对中小企业而言，社会资本是嵌入到社会关系网络中的一切可利用资源，周宇亮（2017）将中小企业的社会网络分类为关系型网络（包括政企网络、银企网络）和结构性网络（包括企业网络、产学研网络、中介网络），前者着重于企业主个人关系的作用，后者侧重于组织层面的网络关系的作用。在企业生产经营过程中，企业和企业主都会不断与其他经济主体和外部组织之间进行互动、碰撞，各种经济行为随之嵌入社会网络，使信息得以分享和交流。中小企业的社会资本不仅包括传统的银企关系和政企关系资本，也包括与客户、供应商、竞争（合作）者、行业协会，甚至媒体之间等关系构成的社会资本。社会资本的存量的多少直接影响银行对它的借贷行为。原因是：其一，当进行借贷时，大量的社会资本可以成为关系型贷款"软信息"的重要来源，而社会网络可以为企业快速传递软信息提供通道，因而降低银企信息的不对称性，有助于银行对中小企业的信用评估和贷款决策。其二，社会资本是建立信用互助的基础。基于社会资本的信用互助大致有两种形式，一是参与联保贷款，二是建立互助担保机构。（江小林，2012）。在同等情况下，如果借款人拥有较强大的社会资本，就能获得更多的互助信用，也就有更多机会获得贷款或降低贷款成本。其三，社会资本可以向外界释放有利信号，如企业供应链的上下游企业有较强的实力和声誉，企业与上下游企业合作关系稳定，说明该企业经营状况可靠，有助于提高企业信用；此外熟人社会的行为约束力也能起到为借款企业提供软担保的作用，较高信任水平、较强合作规范、密集关系网络能够遏制企业的机会主义行为（Cheng 等，2016），降低银行信贷风险。

当前，我国中小企业的社会资本还比较薄弱，基于信任、互惠、规则等社会网络特性的社会资本不发达，社会资本对中小企业融资的作用不显著。究其原因，首先，社会资本产生的必要条件是中小企业与其他经济主体和外部组织之间横向的交往和互动，然而，我国大量中小企业处于分散状态，缺少可以依托的专业化集群、社团组织、行业协会等，难以在横向上形成广泛的社会网络、良好的信息流动和较高的信任水平。其次，社会资本促进中小企业融资的前提是具备有效的信息机制、社会声誉机制和惩罚机制，但从资金提供方看，目前我国银行业金融机构对社会资本相关机制的重视不够，在信贷审批、贷款定价方面尚无法充分考虑社会资本的价值。

未来随着社会经济和科技的发展，我国的社会网络关系将逐步摆脱地缘、亲缘的局限，形成更为密集和丰富的社会沟通和信息交换渠道，将有助于克服信息不对称对中小企业融资的约束，增强社会信任，降低信息成本，使社会资本对中小企业融资的“软信息”“软担保”作用得到充分发挥。

6.4　地方政府干预影响城商行小微企业贷款的实证检验

6.4.1　研究设计

（1）研究假设。

6.1 节阐述了我国城市商业银行的产生及其与地方政府关系的渊源，分析了城市商业银行的策略如何导致其偏离服务中小企业的初衷。本节从地方财政、官员考核机制出发，研究在财政压力和晋升压力之下，地方政府对地方国有企业、大企业和融资平台项目的信贷偏好，如何通过直接和间接干预城商行的贷款策略，对中小企业的信贷造成影响。

根据前人的研究，地方政府之所以控制和干预地方中小银行，主要是为了缓解财政压力（宋艳伟，2011）。在财政分税体制之下，地方政府本身成为资金需求大户，参与信贷资金的分配过程，因此不可避免会影响信贷资金的配置格局。地方财政压力越大，资金需求越突出，银行资金越会流向地方政府控制的融资平台、国资公司和土地中心（周中胜和罗正英，2011），因而可能相应减少对中小企业的信贷。

除财政压力之外，政绩考核及官员晋升机制对地方政府干预中小银行也会有一定的影响。在过去一段时间，由于国家对地方政绩的考核偏重经济绩效指标，地方官员努力发展经济，通过加大政府投资推动地方经济快速增长。大量的政府投资需要充足的资金支持，地方政府通过各种方式举债，地方性中小银行信贷资金也成为重要的渠道。钱先航、曹廷求、李维安（2011）的研究发现，当地方政府官员面临较大的晋升压力时，城商行会增加对建筑业、房地产业的贷款发放，其信贷资金配置具有较高的集中度，关联贷款比例也会提高。

由上述分析推知，当财政压力与晋升压力增大时，地方政府及官员倾向于将城商行信贷资金引导到容易产生高收入和高税收的企业或项目，此消彼长，城商行用于小微企业贷款的比例将降低。据此提出假设1。

假设1：随着财政压力和官员晋升压力增大，城商行小微企业信贷的占比降低。

此外，官员任期制度与晋升机制密切相关，学术界普遍的观点是，地方官员的任职期限和地方经济增长呈倒U形的关系。当地方官员任期较短时，晋升激励较大，会通过各种途径发展地方经济，并且可能产生短视行为。从长远来看，当任期时间更长时，晋升概率较小，激励效应将会弱化。因此，官员任期与城商行中小企业信贷之间的关系需要考虑任职的时间段。依据过往的文献，我们认为官员任期与小微企业信贷占比呈U形关系，转折点在4~5年（张军，高远，2007）。如果官员任期相对较短，其晋升激励较大，对城商行干预意愿较强。据此提出假设2。

假设2：当官员任职期较短时，城商行小微企业信贷的占比较低。

从干预能力和手段上看，如果地方政府是城商行第一大股东，或者地方政府对市场的整体干预能力较强，则更有可能对城商行信贷资金流向进行直接或间接的干预，从而最大化政府的自身效用。结合6.1对地方政府融资偏好的分析，提出假设3和假设4。

假设3：当城商行第一大股东为地方政府时，小微企业信贷占比较低。

假设4：政府干预市场的能力越强，小微企业信贷的占比越低。

根据“小银行优势”假说，跨区域经营使城商行逐渐丧失本地化的特征，减弱小银行优势。但同时，跨区域经营在一定程度上能减少地方政府干预的程度。据此提出假设5。

假设5：城商行跨区域经营对城商行小微企业信贷占比会产生影响，但两者之间关系不确定。

在理论上，引入境外投资者不仅能增加银行资本金，而且有助于实现城商行产权主体的多元化，存在境外投资者会在一定程度上减少政府对城商行的干预。据此提出假设6。

假设6：当城商行存在境外投资者时，城商行小微企业信贷占比上升。

（2）样本选取与数据来源。

随着小微企业融资问题日益受到关注，越来越多的城商行在年报中披露小微企业贷款相关数据。本书选取 2012—2016 年的城商行作为样本，截至 2016 年年底，我国共有 134 家城商行①，考虑到上市城商行治理结构较为完善，政府干预可能受到限制，因此样本中剔除了北京银行、南京银行、杭州银行等上市城商行。我们收集了各城商行年报及企业责任报告，并手工整理相关数据，剔除其中未进行小微企业贷款信息披露，或采用小企业贷款、中小企业贷款等口径的银行，以保持指标的一致，经过筛选最终样本包括 56 个城商行共 188 个观测值，形成独立混合截面数据②。

研究所需数据中，城商行小微企业信贷比例、城商行第一大股东性质，以及城商行微观层面的控制变量（银行资产规模、是否跨区域经营、是否存在境外投资者等）均来自城商行的年报及企业责任报告；综合压力指数是根据《中国城市统计年鉴》中各地 GRP 增长率、财政盈余和城镇登记失业率等数据计算而得；宏观层面的政府与市场关系指数来自王小鲁、樊纲、余静文编写的《中国分省份市场化指数报告（2016）》，存贷款规模和银行业结构数据来源于《中国区域金融运行报告》；经济发展水平数据来源于中经网统计数据库。

按照国家统计局常用的东中西和东北部的区域划分标准，表 6–1 显示了样本银行的地区分布情况。与 2016 年全部 134 家城商行的区域分布状况对照，可见样本银行的区域分布较为合理。

① 数据来源：中国银行业监督管理委员会 2016 年年报。

② 采用混合截面数据的主要原因是城商行披露年报中关于小微企业贷款的信息有限，甚至部分城商行没有进行年报披露，为了最大限度获得合理的观测值，采用混合截面数据。

表 6–1　城商行的地域分布情况

个数 / 所占百分比	东部地区	中部地区	西部地区	东北地区	合计
样本城商行	19（34%）	11（20%）	18（32%）	8（14%）	56（100%）
城商行总体	55（41%）	20（15%）	41（31%）	18（13%）	134（100%）

注：东部包括北京市、天津市、河北省、上海市、江苏省、浙江省、福建省、山东省、广东省和海南省。中部包括山西省、安徽省、江西省、河南省、湖北省和湖南省。西部包括内蒙古自治区、广西壮族自治区、重庆市、四川省、贵州省、云南省、西藏自治区、陕西省、甘肃省、青海省、宁夏回族自治区和新疆维吾尔自治区。东北包括辽宁省、吉林省和黑龙江省。

（3）模型和指标设定。

为了验证以上六个假设，在借鉴前人研究成果的基础上，结合研究目的，运用混合截面数据，构建以下多元回归模型：

$$Y=\alpha+\beta_1X_F+\beta_2X_w+\beta_3X_z+\beta_4X_h+\beta_{5t}D_t+\mu \tag{6–1}$$

式（6–1）中因变量 Y 表示城商行小微企业信贷在贷款总额中的占比。X_F 表示地方政府干预特征组变量；X_w、X_z、X_h 分别表示微观、中观和宏观的控制变量；D_t 是时间虚拟变量。下文说明模型中各指标的含义。

①被解释变量。

被解释变量为小微企业信贷占比（LP）。该指标是指城商行年末小微企业贷款余额占年末全部贷款余额之比，即模型中的因变量 Y。

②解释变量。

模型中主要解释变量包括综合压力指数、官员任期、城商行第一大股东性质、政府与市场关系等。

综合压力指数（PS），是将财政压力与晋升压力结合设计的综合指标，主要是考虑到二者有重合的部分，实际上难以进行区分。借鉴钱先航等（2011）和李长青、禄雪焕、逯建（2018）的研究，地方政府所面临的综合压力主要体现在 GRP 增长、财政收支、就业等方面。因此，综合压力指数（PS）从 GRP 增长率、失业率和财政盈余三个方面构造。其中，失业率是指当地城镇登记失业率，财政盈余 =（地方财政收入－财政支出）/ 地方财政收入。上述数据均来自 2012—2016 年的《中国城市统计年鉴》。

具体而言，将城商行所在的城市分为直辖市、副省级城市和地级市三类[①]。对于每个城市，将上述三个变量分别与同类性质城市的加权平均数进行比较，即直辖市与 4 个直辖市的加权平均数进行比较，副省级市与 15 个副省级市的加权平均数进行比较，而地级市则与本省所有地级市的加权平均数进行比较。在实际计算时，首先以各个城市的 GRP 为权重分别计算出三类城市的 GRP 增长率、失业率和财政盈余的加权平均数。然后一一进行赋值，规则是：若某城市的 GRP 增长率和财政盈余大于相应的加权平均数，则取值为零，反之取值为 1；若失业率大于相应的加权平均数，则取值为 1，反之取值为零。因此综合压力指数取值范围为［0，3］，当指数越大时，表明地方政府面临的综合压力也越大。为了避免内生性的影响，将构造的指数滞后一期，例如用 2011 年的数据构造综合压力指数，衡量 2012 年地方政府所面临的压力。

官员任期（TO）。为了构造与混合截面数据相符的官员任期数据，作者对任期的算法借鉴张军、高远（2007），谭之博、周黎安（2015）的方法，对当地官员（城商行所在城市的市委书记）任期按照月份计算，若当年上半年上任，则任期从当年算起，若当年下半年上任，则任期从次年算起。若刚好六月份任职，考虑到前后任官员之间会进行交接，仍然从当年计算官员任期。同样，若上半年或者六月份卸任，则卸任当年不计入任期，若下半年卸任，该年计入任期，即加上 1 年。

城商行第一大股东性质（SH）。用来衡量地方政府的直接干预能力。第一大股东的性质是通过对城商行年报中披露的报告期末前十名股东持股情况整理得出。如果第一大股东为地方财政局、地方国资委或者地方政府

① 划分标准参考《中国城市统计年鉴》。

投资公司，则第一大股东的性质为地方政府，SH 取值为 1。否则取值为零。

政府与市场的关系指数（REL）。用来衡量地方政府的间接干预能力。该指数值越大，表示市场化程度越高，政府对市场进行干预的整体能力越弱。该指数属于樊刚等的《中国分省份市场化指数报告（2016）》中市场化指数的一部分，同样，该指数也作滞后一期处理。

③控制变量设定。

微观层面，主要考虑银行和官员个体差异。选取银行资产规模（BA）、是否跨区域经营（ACR）、是否存在境外投资者（FI）及官员年龄（AGE）四个指标。其中银行资产规模（BA）以城商行资产的自然对数表示；对于跨区域经营（ACR）指标赋值，当城商行存在跨地级市经营时，取值为 1，反之取值为零；对于是否存在境外投资者（FI）指标赋值，当城商行存在境外投资者时，取值为 1，反之取值为零；官员年龄（AGE）是用当年年份减去官员出生年份计算得出，在回归时对其进行中心化处理。

中观层面，主要考虑城商行所处市场环境，选取省级的存贷款水平及银行业结构指标，其中存款与 GRP 比率（DEP）是以省级数据计算的存款余额占 GRP 比重，反映该省的储蓄率高低，而贷款与 GRP 比率（LOAN）是以省级数据计算的贷款余额占 GRP 的比重，反映该省的信贷水平或信贷风险。两者的计算方法为：以当年期初和期末存（贷）款余额的平均数除以该省当年的 GRP；银行业结构以大型银行资产规模 / 商业银行资产总规模（STR）表示[①]，也是省级指标，该指标值越大，说明银行业集中度越高。由于是年末资产规模数据，因此该指标滞后一期。

宏观层面，主要考虑城商行所在省份的经济整体发展水平，选取人均地区生产总值（GRP）这一指标，具体采用消除价格影响后的当年人均 GRP 的自然对数。该指标也滞后一期。

此外，考虑到本研究采用混合截面数据，因此设置时间虚拟变量（D_t）。

① 根据《中国区域金融运行报告》中不同机构类别的银行资产数据计算得出。商业银行包括：大型商业银行、股份制商业银行、城商行、城市信用社、农村合作机构、外资银行以及新型农村金融机构。

表 6–2　各变量定义及其计算方法

变量		计算方法
被解释变量		
城商行小微企业信贷比例（LP）		年末小微企业贷款余额 / 年末总贷款余额
关键变量		
综合压力指数(PS）	GRP 增长率	小于加权平均数取值为 1，大于取值为 0
	失业率	大于加权平均数取值为 1，小于取值为 0
	财政盈余	小于加权平均数取值为 1，大于取值为 0
官员任期（TO）		上半年及六月份上任取值为 1，下半年上任取值为 0，以后年份依次递增
城商行第一大股东性质（SH）		地方政府为第一大股东取值为 1，否则取值为 0
政府与市场的关系指数（REL）		源于樊刚等《中国分省份市场化指数报告》
控制变量		
银行特征	银行资产规模（BA）	城商行资产的自然对数
	跨区域经营（ACR）	跨地级市经营取值为 1，反之取值为 0
	境外投资者（FI）	存在境外投资者取值为 1，反之取值为 0
地方官员特征存贷款水平（省级）	官员年龄（AGE）	用当年年份减去官员出生年份
	存款余额与 GRP 比率（DEP）	期初期末存款余额平均数 / 该省当年的 GRP
	贷款余额与 GRP 比率（LOAN）	期初期末贷款余额平均数 / 该省当年的 GRP
银行业结构（STR）（省级）		大型银行资产规模 / 商业银行资产总规模
经济发展水平（GRP）（省级）		消除价格影响后的当年人均 GRP 的自然对数
时间虚拟变量(Dt）	2012 年（D_1）	2012 年取值为 1，其他年份取值为 0
	2013 年（D_2）	2013 年取值为 1，其他年份取值为 0
	2014 年（D_3）	2014 年取值为 1，其他年份取值为 0
	2015 年（D_4）	2015 年取值为 1，其他年份取值为 0
	2016 年（D_5）	2016 年取值为 1，其他年份取值为 0

6.4.2 主要变量描述性统计

表 6-3 显示了主要变量的统计值。城商行小微企业贷款占比均值为 0.4738（即 47.38%），与第 3 章所显示的数据比较吻合，但样本差异较大，小微企业贷款占比最大值是 2015 年江苏长江商业银行的 0.9435，最小值为 2013 年吉林银行的 0.1012。

综合压力指数（PS）的均值为 1.1862。其中，PS 值为 0 的观测值有 45 个，PS 值为 1 的观测值 72 个，PS 值为 2 的观测值有 62 个，PS 值为 3 的观测值有 9 个。PS 值从小到大，代表压力程度不断上升。观测值比较分散，有助于考察不同程度的压力对城商行小微企业信贷占比的影响。

任期均值（TO）为 2.79 年，说明官员平均任期较短。但官员之间任期差异较大。其中最大值为 10 年，最小值为 1 年的观测值达到 56 个。

城商行第一大股东的性质（SH）的均值为 0.84，说明城商行第一大股东具有地方政府属性，在 56 个样本行中，第一大股东为地方财政局、地方国资委或者地方政府投资公司的有 47 个，占比 83.93%，进一步说明多数城商行为地方政府控股。

政府与市场的关系指数（REL）的均值 6.19，其最大值为 8.78 ，最小值为 2.44，样本之间差异较大。该指数衡量的是政府间接干预城商行信贷的能力，不同地区之间较大的差异有助于研究地方政府间接干预对城商行小微企业信贷的影响。

控制变量方面，微观层面的 4 个控制变量，城商行资产规模的自然对数（BA）均值为 15.87，标准差为 0.96，说明不同城商行之间规模差异较大；跨区域经营（ACR）的均值为 0.80，在 56 家银行中有 45 家银行取值为 1，占比 80.36%，说明大部分城商行已经实现了跨地级市经营；是否存在境外投资者（FI）的均值为 0.13，在 56 个样本的城商行中，只有 7 个城商行引入了境外投资者，占比 12.5%，说明城商行在引入境外投资者方面仍处于较低水平。地方官员年龄（AGE）均值为 53.63 岁，最大值为 60 岁的官员有 2 人，最小值为 44 岁的官员有 2 人。

中观层面控制变量中，省级平均存（贷）款余额占 GRP 的比重（DEP 和 LOAN）的均值分别为 1.56 和 1.14，标准差为 0.34 和 0.29，不同省份差异比较明显，DEP 和 LOAN 最大值均在 2016 年甘肃省，分别是 2.35 和 2.06，最小值均在 2012 年河南省，分别是 0.99 和 0.64；银行业结构（STR）的均值为 0.4975，说明大型商业银行在银行业中仍然占主导地位，其中最大值为 2016 年福建省的 0.6667。最小值为 2014 年青海省的 0.2357。

宏观层面控制变量，经济发展水平（GRP）的均值为 10.63，标准差为 0.32，不同省份存在差异，其中最大值为 2015 年江苏省的 11.24，最小值为 2012 年云南省的 9.87。

表 6–3　变量统计情况

变量	均值	标准差	最大值	最小值
LP	0.4738	0.189755	0.9435	0.1012
PS	1.186170	0.854319	3	0
TO	2.787234	1.866521	10	1
SH	0.835106	0.372075	1	0
REL	6.190479	1.187254	8.78	2.44
BA	15.87265	0.958191	17.60989	13.36379
ACR	0.803191	0.398648	1	0
FI	0.132979	0.340458	1	0
AGE	53.63298	3.526580	60	44
DEP	1.563179	0.340002	2.348157	0.992341
LOAN	1.136266	0.287739	2.059290	0.641072
STR	0.49746	0.056606	0.666747	0.235670
GRP	10.63346	0.315414	11.24247	9.866045
D1	0.143617	0.351637	1	0

续表

变量	均值	标准差	最大值	最小值
D2	0.228723	0.421132	1	0
D3	0.239362	0.427833	1	0
D4	0.212766	0.410356	1	0
D5	0.175532	0.381437	1	0

6.4.3 实证结果与分析

表 6–4 和表 6–5 显示了因变量 LP 与各个解释变量之间的相关系数。由于时间虚拟变量与 LP 的相关系数很小，且样本量较少，不宜多使用虚拟变量，因此剔除时间虚拟变量进行估计。

表 6–4 变量相关系数表（1）

	PS	TO	SH	REL	BA	ACR	FI	AGE	DEP
LP	–0.099	–0.155	–0.307	0.333	–0.421	–0.135	–0.080	–0.107	–0.066

表 6–5 变量相关系数表（2）

	LOAN	STR	GRP	D1	D2	D3	D4	D5
LP	0.080	–0.216	0.252	–0.006	–0.028	0.028	–0.027	0.034

表 6–6 显示了城商行小微企业信贷占比的影响因素估计结果，发现 FI（是否存在境外投资者）、GRP（各省当年人均 GRP 的自然对数）与 LP 的关系不显著。按照前文的假设 6，城商行存在境外投资者时，理论上有助于降低地方政府干预程度，增加小微企业的贷款比例。但实证结果与此不符合，原因可能是，尽管引入境外投资者，但绝大部分城商行的第一大股东仍然是地方政府，因此境外投资者的作用并不明显。

表 6–7 显示了剔除 FI、AGE 和 GRP 之后再次进行估计的回归结果，模型整体的线性关系显著，对该模型的变量进行多重共线性检验和异方差检验，发现 VIF 值均小于 5，且模型不存在异方差问题。

表 6-6　城商行小微企业信贷占比的影响因素估计结果（1）

变量	系数	标准误	t 值
C	3.113865***	0.601565	5.176273
PS	-0.034462***	0.013036	-2.643627
TO	-0.014633**	0.006099	-2.399419
SH	-0.083511**	0.032548	-2.565783
REL	0.056541***	0.012075	4.682377
BA	-0.117792***	0.014226	-8.279980
ACR	0.064476*	0.032856	1.962402
FI	-0.028395	0.033679	-0.843123
AGE	0.004576	0.003320	1.378162
DEP	-0.243814***	0.060776	-4.011664
LOAN	0.253198***	0.074972	3.377220
STR	-0.698288***	0.233591	-2.989369
GRP	-0.060646	0.048162	-1.259203

注：*、**、*** 分别表示在 10%、5%、1% 的水平上显著。

表 6-7　城商行小微企业信贷占比的影响因素估计结果（2）

变量	系数	标准误	t 值
C	2.420601***	0.270282	8.955834
PS	-0.039598***	0.012525	-3.161605
TO	-0.010431*	0.005624	-1.854803
SH	-0.061275**	0.030281	-2.023526
REL	0.048704***	0.009853	4.942979
BA	-0.117534***	0.013871	-8.473181
ACR	0.058225*	0.032687	1.781276

续表

变量	系数	标准误	t 值
DEP	−0.209946***	0.057132	−3.674761
LOAN	0.220113***	0.069555	3.164580
STR	−0.551907**	0.216225	−2.552470

注：*、**、*** 分别表示在 10%、5%、1% 的水平上显著。

对各主要因素的实证结果分析如下。

（1）财政压力和晋升压力。

根据表 6–7 的数据，综合压力指数在 1% 水平下显著影响城商行小微企业信贷占比，系数为负，说明压力指数越大时，城商行小微企业信贷占比越低，由此证明了假设 1。

（2）官员任期。

官员任期在 10% 的水平下显著影响城商行小微企业信贷占比。系数为负，且如前文描述性统计所述，官员平均任期只有 2.79 年，说明在相对短的任期内，随着任期增加，官员的晋升激励增大，城商行小微企业信贷占比降低，证明了假设 2。

（3）政府持股。

城商行第一大股东的性质在 5% 的水平下显著影响城商行小微企业信贷占比。系数为负，说明当第一大股东为地方政府时，城商行小微企业信贷占比降低，证明了假设 3。

（4）政府与市场的关系。

政府与市场的关系在1% 的水平下显著影响城商行小微企业信贷占比。综上所述，政府与市场关系指数值越大，表示市场化程度越高，政府对市场进行干预的整体能力越弱。此处系数为正，说明地方政府干预市场的能力越弱，小微企业信贷占比越高。由此证明了假设 4。

（5）跨区域经营。

跨区域经营在 10% 的水平下显著影响城商行小微企业信贷占比，系数为负，说明当城商行存在跨区域经营时，其小微企业信贷占比上升，回答了假设 5 的疑问，说明跨区域经营减弱了地方政府干预的作用，其影响大于跨区域经营所导致的城商行地域优势和小银行优势的丧失。这与多数文献的结论有所不同。

在控制变量方面，银行资产在 1% 的水平下显著影响城商行小微企业信贷占比，系数为正，说明随着银行资产规模增大，城商行小微企业信贷占比降低。银行业结构在 5% 的水平下显著影响城商行小微企业信贷占比，系数为负，说明随着银行业集中度提高，中小银行所占份额上升，城商行小微企业信贷占比降低，这两个结论与以往文献中银行与客户规模匹配的结论一致。

为了使实证结果更加具有说服力，本书用 MCR（信贷资金分配的市场化指数）[①] 代替 REL（政府与市场的关系），衡量地方政府的间接干预信贷的能力，并进行稳健性检验。结果如表 6–8 所示。

表 6–8 城商行小微企业信贷占比的影响因素估计结果（3）

变量	系数	标准误	t 值
C	2.420601***	0.270282	8.955834
PS	–0.039598***	0.012525	–3.161605
TO	–0.010431*	0.005624	–1.854803
SH	–0.061275**	0.030281	–2.023526
REL	0.048704***	0.009853	4.942979
BA	–0.117534***	0.013871	–8.473181
ACR	0.058225*	0.032687	1.781276
DEP	–0.209946***	0.057132	–3.674761
LOAN	0.220113***	0.069555	3.164580
STR	–0.551907**	0.216225	–2.552470

注：*、**、*** 分别表示在 10%、5%、1% 的水平上显著。

① MCR（信贷资金分配的市场化指数）数据来源于《中国分省份市场化指数报告（2016）》。

回归结果表明，用 MCR 代替 REL 衡量地方政府间接干预信贷的能力，仍然能得到一致的结果。信贷资金分配的市场化指数在 1% 的水平下显著影响城商行小微企业信贷占比。其他变量的分析与前文也保持一致。

6.5 本章小结

本章分析了中小银行发挥为中小企业服务功能所需要的一系列环境因素，以及现实中外部环境存在的问题。主要包括：地方政府与中小银行之间的关系、风险分担机制和政府安全网、征信体系建设、社会资本及社会信任等问题，分析了上述问题如何影响中小银行对中小企业融资的意愿和风险控制能力。提出必须进一步改善外部环境以引导中小银行回归本源，形成在中小企业服务方面的专注性与专业性。

本章特别关注相关制度和环境的变化，如政策性融资担保的风险分担，针对交叉金融产品和影子银行的各种监管新规，公共征信系统和互联网征信的最新发展，以及当前社会关系和社会组织的发展变化等，本章分析了它们与中小银行对中小企业金融服务之间的关系。

本章实证检验了地方政府干预对城商行小微企业贷款的影响，实证结果符合预期：在样本期间，城商行中地方政府产权仍占很大比例，大部分城商行的第一大股东仍然是地方政府。地方政府的干预会对城商行小微企业信贷业务比重产生显著影响，其干预的动机和能力越强，城商行小微企业信贷占比越低。因此可以预见，随着当前我国地方债务治理的逐步推进，对城商行的小微企业信贷发展将会产生有利的影响。此外，城商行资产规模、跨区域经营会对其小微企业信贷产生显著影响。具体来看，城商行资产规模扩张不利于“小银行优势”的发挥，导致小微企业信贷占比下降；但跨区域经营有可能减轻地方政府的干预，提高小微企业信贷占比。

第 7 章

我国中小银行对中小企业融资功能实现的策略研究

经过多年的金融发展，我国中小银行数量和实力迅速上升，对于改善金融供给、优化金融功能、促进地方经济和中小企业发展发挥了重要作用。但是，相对于我国复杂的社会经济状况、普遍的二元经济结构，当前中小银行的服务功能尚存在很大的提升空间。前文关于中小银行对中小企业服务功能实现各种约束的研究显示，影响中小银行对中小企业服务功能实现的因素非常复杂，且具有多层面性。本章将依据前文所揭示的中小银行和中小企业融资关系的困境和问题的症结，探求释放中小银行优势、解决中小银行对中小企业服务专注性和有效性不足问题的破解之道。将从多主体协同角度，探讨中小银行、中小企业、市场中介机构、政府和环境层面的协同作用及破解各种约束的策略。

7.1　破解约束的现实背景与基本原则

7.1.1　打破僵局的现实背景

如前文所述，受当前经济、金融形势变化的影响，我国中小企业融资和中小银行发展面临双重困局：一方面，中小企业发展的外部环境严峻，融资条件趋紧，融资约束有增无减；另一方面，中小银行有限的优势领域受到大型银行业务下沉，金融科技、互联网金融与民间金融发展的多重挤压，中小企业信贷市场竞争日趋激烈，中小银行生存发展面临严峻的考验。本书在研究过程中越来越意识到，以往中小银行依靠经济发展红利、地方政府扶持、市场空缺填补而获取发展的模式，在如今已越来越难以为继。如果中小银行继续维持同质化经营模式、较低的自我发展和竞争水平，那么在未来将会有被大量兼并重组的风险。过去，在中小银行与中小企业所构成的命运共同体中，中小企业融资问题常常被视为主要问题，中小银行作为中小企业的融资主体则被给予厚望。但在今后，中小银行的自身生存发展问题或许会引起更多关注。

本书认为，在当前日益加深的困局中，正孕育着打破僵局的契机，机遇与挑战并存。主要背景如下。

（1）宏观经济条件。

中国经济仍处于转型的道路上，中小企业仍经历着经济转型期的阵痛，但是近年来，经济转型已初见成效，宏观经济保持增长态势，金融运行比较平稳，金融改革和发展继续深化，为打破僵局创造了稳定的宏观经济条件。

（2）政策环境。

在当前宏观经济政策导向下，政府鼓励金融机构服务实体经济，增加对中小企业的信贷供给，整个社会都在努力为民营企业、小微企业纾困，特别是监管部门除了追求稳定性目标之外，越来越关注政策对中小企业金融资源获取的影响。一方面，监管力度持续加强，中小银行的同业扩张、理财业务受到限制，金融资源“脱虚向实”；另一方面，涉及中小企业融资的差异化监管政策更为有力，推动中小银行增加对中小企业的信贷供给，为打破僵局创造了良好的政策环境。

（3）市场条件。

从2015年起，央行全面放开了商业银行利率管制，利率浮动限制取消之后，银行存贷款利率在很大程度上由市场自由决定。利率市场化导致市场竞争加剧，息差大幅度收窄，为中小银行成本控制和风险控制带来压力，不利于违约风险较高的中小企业获取融资。此外，中小银行对中小企业的融资仍具有较大的议价能力，且不必再按照央行统一规定的基准利率进行交易，可以在更大范围内自主定价，根据中小客户的风险状况、产品特点和目标利润来确定相应的利率，实施风险覆盖和差异化定价策略；或通过价格竞争争取更大市场和更优质客户。因此，利率市场化总体上有利于提高中小银行对中小企业融资的主动性，有利于提高信贷资金的配置效率，为打破僵局创造了更好的市场条件。

（4）微观基础。

在国家中小企业发展政策、银行业市场竞争和监管趋紧的多重因素作用下，我国中小银行对中小企业信贷供给持续增加，增速高于大型银行，并显示出对中小企业贷款明显的倾向性，说明相对于大型金融机构，中小银行对中小企业服务仍具有比较优势，服务意愿较强；相对于其他金融业态（如互联网金融平台、小额贷款公司、民间贷款等），中小银行能够为中小企业提供更充足的资金及较低的贷款利率。可见，尽管中小银行的优势空间有所缩小，但通过正确的市场定位和贷款技术的进一步开发，中小银行为中小企业服务仍具有相当大的潜力，打破僵局的微观基础依然存在。

（5）科技进步。

金融科技的发展对中小银行是一把双刃剑。一方面，在金融科技的背景下，中小银行的资金、技术、人才劣势更加凸显，其服务于中小企业的地缘优势、信息优势和成本优势有所弱化，争取客户资源的能力明显不足；另一方面，金融科技也为提高中小银行对中小企业的服务能力创造了新的手段。通过与金融科技企业的合作，中小银行可以获得社交、交易等平台的企业或其业主的整合数据，设法与自身所掌握的软信息融合互补；开发和使用更专业化的信贷评估和风控模型，同时针对小微企业短、频、快的资金需求特点来优化贷款审批流程，提高融资效率。此外，中小企业的市场空间极大，中小银行可借助金融科技摆脱经营区域和机构网点的局限，扩大覆盖范围和获客渠道，在更大范围上发展中小企业普惠金融。所以总的来看，金融科技为打破僵局创造了良好的技术环境。当然，中小银行如何抓住金融科技发展契机以提升核心竞争力，依旧是个不小的问题。

（6）社会环境。

普惠金融和金融公平理念日益普及，促使中小银行履行其社会责任。金融机构具有特殊的身份，不仅是追求盈利的企业，也是金融资源的分配枢纽，对其他企业的生存发展关系重大。金融机构掌控着金融资源并从中获得利益，不仅是自身努力经营的结果，也源自政府赋予的特许经营权。因此，应该履行为社会提供普惠金融服务的责任。在此种社会共识之下，金融机构对中小企业的规模歧视、身份歧视越来越行不通。打破僵局的社会环境越来越成熟。

7.1.2 破解约束的多方协同原则

造成我国中小银行服务于中小企业功能难以实现的原因是复杂和多层面的，前文逐个分析了中小银行对中小企业金融服务所遭受的内部约束、市场约束和环境约束。系统地解决这些问题需要通过全面的机制创新和多主体协同作用，以扭转中小银行行为偏好，强化其服务于中小企业的相对优势，从而破解中小银行发展和中小企业融资的双重困境。

将中小银行对中小企业服务的功能实现视为一个复杂适应系统（CAS）①，可以避免孤立讨论中小银行与中小企业之间的关系，深入分析中小银行与其客户、竞争对手、中介服务机构、监管部门及宏观环境之间的协同作用。首先，在这个复杂适应系统中，中小银行与中小企业处于核心层，是系统最重要的组成部分，因为中小银行功能实现根本在于银企关系的调整与适应行为。其次，由核心层向外，第一层是其竞争对手和中介服务组织，竞争对手即其他各类金融机构，包括大型银行、民间借贷组织、互联网金融企业等。其中大型银行抢占了市场上大量的优质客户与项目，在规模上和市场占有率上具有绝对优势，中小银行很难与其形成正面竞争。而新兴的互联网金融具有强大的数据挖掘技术和信息技术，拥有广大的网民基础，业务操作更为便捷，这些对中小银行的中小金融业务构成了一定威胁，其客户被分层和瓜分，竞争非常激烈。除竞争对手之外，第一层中还有中介服务组织，涉及融资担保公司、征信和信用评级机构、行业协会、

① 1994年，约翰·H.霍兰教授发表论文《隐秩序——适应性造就复杂性》，文中提出了复杂适应系统（CAS）理论。CAS理论的基本概念包括聚集、非线性、流和多样性四个特性；标识、内部模型和积木三个机制。

科技公司、非银行金融机构等一系列第三方机构，中小银行通过积极开展与它们的合作，可助力解决中小企业融资难题。从核心层与第一层再向外扩展是政府监管部门等政府机构，它们支持着中小银行的成长和发展，作为外部力量，通过督促、沟通和协调作用，影响中小银行对中小企业服务的意愿和能力。最后，上述所有参与主体都被囊括在社会、政治、经济及文化因素构成的宏观环境中，受到宏观环境的影响。

上述具有适应性的主体聚集在一起，构成了复杂系统。中小银行在为中小企业服务的过程中必须与其他主体及环境进行互动交流，并在自身行为上做出相应改变，最终实现对环境的适应。系统中各主体彼此之间也是按照规则相互作用，各个个体不断为环境做出适应性调整。如果不能适应环境，中小银行的功能实现是不可持续的。

7.2　中小银行策略：正确定位与能力建设

7.2.1　差异化定位与分类定位

定位属于战略问题。企业战略是通过对自身独有的内部资源、客户需求和市场环境的全面分析，明确企业经营方向和发展重点，获取竞争优势，以满足企业投资人的需求。从长期来看，金融机构之间的竞争归根结底体现为发展战略的竞争，而发展战略的重中之重就是确定企业的市场定位，在变化的局势中化被动为主动，寻找发展空间。如果战略定位不明确，或因为一时经营困难而轻易改变核心业务，就无法取得长期稳定的发展。本书认为，中小银行的正确定位涉及差异化定位和分类定位两个方面。

（1）差异化定位策略。

差异化定位策略是指中小银行避开与大银行的正面和同质化竞争，实行错位经营。整体而言，中小银行在规模、资金实力上无法与大银行相提并论，并不具有规模经济和范围经济的优势。但是，正如戈德史密斯（1990）所认为，银行差异性的重点并不在于资金实力、业务范围、资金来源，而在于资金运用的能力。中小银行的核心竞争力并不体现在规模庞大、技术领先或功能齐全上，而是体现在资金运用的差异化优势上。相对于大银行，中小银行拥有对中小企业服务的地缘优势、信息优势、成本优势，具有实施差异化经营的基础。因此，其战略目标应该定位于差异化经营，整合核心资源，专注中小企业金融服务，打造服务品牌，实现可持续发展。

要实施差异化战略，专注中小企业金融服务，中小银行必须主动采取措施来打破僵局。首要的是改变惯性思维，认识到优质客户不等于大客户，只要具备还款意愿和能力，小客户也可以是优质的。银行的功能就在于利用一切可获取信息，识别和服务于优质小客户。因而把问题焦点从客户转移到自身，主动优化自身的信贷制度，弥补由中小企业自身弱点和环境因素产生的信息不对称缺陷，克服成本和风险障碍，满足中小企业客户的特定需求，而不是将责任推给企业和政府。

实施差异化经营与中小银行追求成长性并不矛盾。尽管规模效应在金融市场中特别显著，大型金融机构总是极力追逐大业务、获取巨额利润。但是，并非所有金融机构都有条件开展大企业业务。中小银行的差异化定位表面是无奈之举，实际是理性的最优选择。从整体看，中小银行与大银行可以并行不悖，无论是大机构的兼并扩张，还是中小银行的自身成长，都会引起中小银行整体的变化，从而改变金融体系的组织结构，但不会导致中小银行整体的消灭。中小银行的存在仍具有多方面的意义，是金融体系不可缺少的组成部分。

（2）分类定位策略。

分类定位策略是基于我国中小银行的多样性特点，根据各个中小银行的不同发展层次和服务能力，确定其具体的目标客户群和服务方式。中小银行的范围极其宽泛，个体差异极大。按规模可以划分为中型、小型、微型银行，按地域可划分为发达地区与欠发达地区中小银行；城市、县域及农村中小银行；按服务范围可划分为跨省经营、跨市（县）经营、或仅在当地经营的中小银行。因此，应根据具体情况确定各自不同的定位和发展战略，解决各自发展的瓶颈问题。

对于股份制商业银行及少数头部城市商业银行（如北京银行、上海银行和南京银行等资产规模超过万亿元的城市商业银行），因其综合实力强、资产规模大、营业网点多、中小客户资源丰富，可以选择综合性经营模式，以一线城市及（或）省会城市为业务发展的重点区域，通过规模化经营降低中小企业金融服务成本，实现为中小企业服务的功能。

实力较弱的中小银行应聚焦于地方市场，利用地缘优势和政策优势，为本地区中小企业提供金融支持，与地方经济发展形成良性互动。地方性中小银行应抓住时机，重点对大中型银行尚无法渗透的领域进行深耕细作，切实开展对中小企业、个体经营户的关系型贷款，充分发挥自身优势，做强做精中小业务，不必急于追求规模扩张和跨区域发展。

中小银行可以探索专业化和特色化定位，研究不同中小企业客户群体的特点，对其需求进行细分，根据自身的专业经验和优势，整合有限资源，在具有比较优势的细分市场（特别是空白市场）上进行特色产品的开发和投放，形成对某一类或某几类客户的专业化、集中化服务。目前，一些从事双边贸易的专业银行，或服务高科技企业的专业银行等已取得一定成效，为客户提供中介、投资、担保等一站式服务。未来更多的中小银行也可以在特定的领域内开展业务创新并实施自己的专业化经营。

7.2.2　能力建设的两个关键点

中小银行能力建设的核心，是创造性地解决信息不对称问题，提高信息利用效率，有效识别高质量中小企业，同时控制贷款风险和运营成本，实现金融机构和中小企业的双赢。依据前文的分析，本书认为，中小银行的能力建设有两个关键点：对外建立长期稳定的银企关系，对内优化银行产权和组织结构。

（1）建立深刻的银企关系。

关系型融资理论认为，中小银行通过与企业建立长期、全面、密切的关系，可以减少对交易型贷款必需的硬信息的依赖，利用软信息优势提高对中小企业的融资效率。关系型贷款需要银企频繁接触和多次合作，强调软信息长期积累、多渠道获取和交叉验证。银企合作的时间越长、范围越广、关系越密切，银行对企业的认识就越准确，单位信息成本也越低、未来获利的可能性就越大。因此，中小银行能力建设的首要任务是建立和维护相互依存、相互信任的银企关系，与中小企业共成长。为此，中小银行应从以下四个方面着力。

第一，关注首次贷款客户，赢得客户信任。当前，银行已在很大程度上转变了工作方式，由坐等客户上门变为主动寻找市场和客户。但仍有很多中小企业将授信申请视为畏途而放弃对银行资金的争取。为此，中小银行应主动与中小企业建立联系，增加与中小企业客户的接触和交流，树立伙伴形象，取得客户信任。要特别关注和重视初创期企业，在控制风险的前提下，积极主动开展对中小企业的首次贷款，甚至为企业发展出谋献策，以培育优质和忠诚客户，与企业共谋发展，在未来形成持续高质量的授信。

第二，搭建网络化平台，提高获客效率。在银企关系建立中，客户获取和筛选非常重要，筛选客户是控制风险的第一步。中小银行要高效获取优质客户，需要大量的软信息，而商圈、供应链、行业协会等都是极具价值的信息来源。中小银行要善用当地商业社会的圈子或网络的信息沟通和行为约束力量，实现低成本获客。规模较大、实力较强的中型银行可进一步根据自身和当地情况，开发具有集合性质的中小企业贷款项目和产品，变零售为批量，降低贷款风险和成本，重点培育批量获客和批量贷款优势，实现规模效益。

第三，提供全方位服务，实现银企双赢。银行对中小企业服务常常关注授信业务，而实际上，中小企业也需要诸如存款、支付结算、现金管理等其他服务。从发展关系型贷款的角度，中小银行应该重视为中小企业客户提供全面、优质的金融服务，提升客户服务体验。通过为客户开设基本账户、办理多种业务、交叉销售等方式获得多方面的利益：一是增加企业对银行的黏度。二是从非信贷业务入手，将软信息收集的时间提前到发放贷款之前，预先积累一定的内部客户资料，特别是难于数量化和标准化的软信息，便于银行开拓首次贷款客户，克服“最先一公里”问题。三是便于银行对企业贷款使用情况进行监督，防范违约风险。业务种类越多，银行能够获得企业的信息就越全面、真实。四是获得诸如存款、代发工资、信用卡等中间业务收入，提高单户企业服务的综合经济效益。

第四，重视客户关系维护，提高客户忠诚度。关系型贷款的弱点在于软信息获得难，前期投入大，而失去却很容易，银行信息投资的收益难以保证。因此，保持银企关系的持续和稳定至关重要。中小银行不仅要努力建立银企关系，更要重视银企关系的维持，在贷后管理基础上强化对中小企业的动态激励机制，体现信息的长期价值。对于累积交易记录和履约情况良好的企业，可简化续贷流程，扩大授信额度，实现放款与还款无缝对接；并给予优惠贷款利率，降低企业贷款成本，增加企业对银行的黏性，防止优质客户流失。

（2）改善中小银行产权和组织结构。

中小银行实现服务中小企业的功能，除了要对客户关系管理下足功夫外，对内还须大力完善产权与治理机制。根据前文的分析，我国中小银行产权、控制权和层级结构的现状，决定了中小银行不具备足够的激励或动力开展关系型贷款。如股份制商业银行在业务规模和经营范围扩张的过程中，管理层级增多、内部协调成本上升、决策权集中，使来自基层的信息很难及时准确地传达到上级部门，导致对中小企业信贷市场敏感度下降，中小企业业务增速放缓。大多数城市商业银行和农村金融机构存在股权结构不合理的情况，内控机制也存在一些问题，如城商行的政府持股比例过大、高层管理人员选任行政化、董事会独立性不强、政府对经营决策干预过多等，对内不利于人员的考核和激励，对外不利于城商行形成合理的经济决策，过度依靠政府项目不利于其开拓当地中小企业市场。

由此可知，要发挥中小银行为中小企业服务的功能，需要清除阻碍“小银行优势”发挥的内部障碍，实现产权多元化，完善银行内部治理机制，优化银行组织结构，缩短决策链，实行决策权下移；同时在银行内部建立有效的激励约束机制，减少决策权下放所造成的代理成本。

7.2.3 能力建设的六大方向

本书第5章的研究表明，中小银行竞争的关键在于信息的竞争，重点是信息利用效率的竞争，信息利用效率高才能对信贷合约有足够的竞价能力。中小银行应以提高信息利用效率为核心，加强对中小企业服务的能力建设，增强产品服务创新，平衡中小企业业务发展与风险控制这两个核心目标。本书认为，中小银行能力建设重点涉及六大方向[①]。

（1）中小企业授信评估能力。

提高中小企业授信评估能力的原则是：适应中小企业融资需求的特点，提高授信审批效率，降低授信管理成本并控制银行风险。为此，需要解决三个主要问题，一是授信审批权设置问题，二是授信标准和审批程序问题，三是针对中小企业的信用评估技术问题。

在授信审批权设置上要平衡审批效率和风险控制之间的关系，中小企业的关系型贷款具有柔性化特点，需要借助信贷员和基层负责人的判断力，充分发挥他们的主观能动性。因此，须给予基层分支机构适当的授信审批权，以减少信息传递失真。审批权限下放可能产生不同程度的代理问题，需要银行根据各基层单位的业务规模、风险管控能力、所在地的经济及信用状况进行差别授权，同时对基层经理的决策进行必要的监控和约束。

在授信标准和审批程序方面，当前大多数中小银行对中小企业的贷款标准和流程管理与一般的公司信贷业务并无本质上的区别，较少体现软信息和关系型贷款的作用。信贷人员出于个人规避风险的考虑，宁可照章办事。为此，中小银行须借鉴国内外经过长期实践检验的小企业授信模式，形成关系型贷款的授信标准、操作方法和相应的风险控制手段。

在中小企业的信用评估技术方面，中小银行的优势在于可以投入足够多的人力和资源开展实地调查、面谈及其他间接调查，以验证“硬信息”

---

① 参考2005年7月中国银监会发布的《银行开展小企业贷款业务指导意见》，以及随后提出的建立和完善小企业授信的“六项机制”，具体内容是，商业银行开展小企业贷款要着重落实利率的风险定价机制、独立核算机制、高效的贷款审批机制、激励约束机制、专业化的人员培训机制、违约信息通报六项机制。

的真实性，同时考察企业经营者的身份性格、企业运作状况、企业信用、企业文化、供应商及客户关系、社会形象等，为贷款决策提供第一手资料。在实践中，很多中小银行创造了独特的调查技术和信用评估方法，如浙江泰隆商业银行通过“三品、三表”[①]，对客户资料的真实性进行核实，减少对财务数据的依赖；泉州市商业银行的“二轻、二重”[②]法以私有信息搜集和分析为主，提高贷款审批决策效率，控制不良发生率。但总的来看，基于软信息的信用评估方法和技术仍不成熟，现有的成功经验多属于个案，尚未形成系统的知识和普适性的操作方法。并且信息搜集依靠大规模人力投入，运营成本不易控制，对某些中小银行来说成为开展关系型贷款的最大障碍。

（2）关系型贷款定价能力。

尽管众多研究者认同交易型贷款和关系型贷款的分类，但传统商业银行理论和实践均针对交易型贷款，关系型贷款处于非主流地位。迄今为止，国内对关系型贷款技术的研究和应用仍非常有限，特别是如何对关系型贷款进行定价，没有公认的理论模型和操作方法。在实践中，中小银行贷款定价方式非常简单，虽然贷款利率名义上实现了市场化，但金融机构的贷款利率仍以基准利率为依归。边文龙、沈艳、沈明高（2017）对来自 14 省 90 县金融机构的研究发现，样本县级金融机构一年期以下的平均贷款利率绝大多数年份都保持在基准贷款利率的 1.3 倍以内，因而推测发放中小企业贷款的收益难以覆盖风险，需要用其他业务的利润去补偿，导致金融机构陷入两难境地。近年来，监管部门要求银行对小微企业条线实行优惠的内部资金转移价格，以降低小微业务的内部筹资成本，并降低最终的贷款利率，也说明贷款定价并非真正市场化。

面对上述问题，从短期看，中小银行应重视提高定价能力，增加价格弹性。可以根据自身的信息处理能力，结合当地市场竞争状况，制定简单

① “三品”指人品、产品、抵押品；“三表”指水表、电表、报表。

② “二轻”指轻抵押、轻财务报表；“二重”指重第一还款源，重分析。

适用的贷款定价模式，对不同客户实行差别化定价，以适当的利差弥补贷款成本和风险。从更长远来看，中小银行要创造条件，对关系型贷款采用关系定价的方式，除考虑成本覆盖、风险补偿之外，要结合银行掌握的信息程度和银企关系程度进行定价，充分体现长期关系价值和客户综合贡献的作用，以此降低中小企业的融资成本。

关系型贷款定价与现行的交易型贷款定价方法相比，后者基于单次交易，分别对每笔贷款进行定价，而不太考虑对再次融资的影响。关系型贷款则考虑与企业保持持续的关系，不仅存在后续贷款，而且还着力发展企业其他方面的金融业务。在首次发放贷款之后，银行可以在更多获得企业经营状况和内部信息的基础上合理预测企业未来的盈利和偿债能力，后续贷款基于成本覆盖收益原则进行修正定价。不仅如此，基于长期和多业务收益预期，银行还可以将关系价值纳入定价模型，从而适当降低对中小企业贷款的当期定价。

（3）产品服务创新能力。

提供对客户有吸引力同时又具有盈利价值的金融产品是中小银行为中小企业服务的保证。中小银行亟须提高金融产品和服务创新能力，避免依靠模仿复制大银行产品而进行同质化竞争。因此，产品设计要以中小企业客户需求为中心，为不同的客户度身定做金融产品和服务。例如，根据中小企业所处的生命周期阶段提供不同的融资方案，创业初期的中小企业融资需求强烈而缺乏抵押资产，比较适合企业股东个人或第三方的财产担保融资、专利技术质押融资、中小企业联保贷款等；对于处在成长期的中小企业，可以为其提供流动资金贷款，或针对库存商品提供商品融资，针对应收账款提供专户监管贷款；在企业成熟期，由于中小企业与银行具有较长的合作关系，相互信任程度提高，可以提供信用贷款、信用加保证组合贷款等；对于已获得私募投资但需要更多资金的企业，可以提供并购贷款或企业债券等融资工具。

在很多时候，银行产品以标准化的居多，要实现为中小企业服务的功能，需要在服务创新上下更多的功夫，在服务内容、服务方式等方面更贴近客户需求，以解决其急难问题。例如，当前中小企业融资到期之后“信贷断点”问题相当突出，中小企业续贷比例低于大企业，“过桥”资金成本压力较大。这种现象与关系型贷款的特点相抵触，与建立长期银企关系背道而驰。本书认为，中小银行应该而且能够改变中小企业续贷服务模式，将续贷作为银企关系建设的重要组成部分，优化续贷流程设计，提高中小企业的续贷比率。山东菏泽巨野县的例子可为佐证，为了解决小微企业续贷问题，该县人民银行支行联合辖区银行业机构制定管理办法，对续贷流程进行规范，要求对于符合条件且有续贷意向的企业，银行业机构提前 30 天开展续贷调查，对受理、贷前调查、审查、审批、批复等环节逐一设置办结时限；强化贷后风险监控机制。这一改进既符合监管部门的要求，又充分体现了贷款手续的简便快捷，在不增加商业银行风险的前提下，实现了还款和续贷的无缝对接（中国人民银行菏泽市中心支行课题组，2016）。

（4）贷后风险管理能力。

贷后管理是银行控制中小企业贷款风险的重要环节，但是相对于贷前细致的调查、评估和审批环节而言，银行贷后管理往往遭受忽视，特别是非财务数据等软信息对贷后管理的作用不足，本期贷后管理与下期贷款发放不能首尾相连、形成高效率业务循环。为此，中小银行应加强贷款风险管理的制度建设，建立授信后风险预警体系，对中小企业的经营、财务状况等信息进行持续收集，并结合经济周期、行业竞争等状况作定期展望、快速反应。应注重以金融科技力量提高贷后风险管理效率，建立贷款全流程动态监控，最大限度化解授信风险。

此外，中小银行应加强与政府、其他金融机构和中介服务机构的信息沟通和协作，加入同业之间违约信息通报机制（黑名单制度），重视对客户违约记录的查询，及时录入客户违约信息并定期向其他金融机构进行通报，以便激励诚信行为，对失信企业予以联合制裁。

（5）内部激励约束机制。

关系型贷款以软信息搜集和处理为基础，需要银企之间大量的人际接触、信贷员及相关授信人的主观判断。因此，中小银行须建立内部激励和约束相容的机制，鼓励信贷人员在有效控制风险的前提下拓展中小企业业务。

中小银行应坚持以正向考核激励为主，以绩效考核推动中小业务发展。由于中小企业金融服务有其特殊性，客户信息积累和长期关系价值显现需要一定的时间，因此对中小企业业务和中小客户经理的绩效考核应有别于其他银行部门，要设立单独的考核指标，引导和鼓励客户经理做大中小业务的基础客户群，对中小企业贷款不良率考核给予差异化风险容忍度。中小企业信贷岗的薪酬水平、职位升迁应与其业绩考核结果挂钩，并给予适当倾斜。对在中小企业服务中表现突出的经营单位和个人给予及时表彰和奖励，以提高相关人员的工作积极性，防止人才及其所掌握的软信息流失。

要防范分权授信管理体制下信贷人员的道德风险，防止信贷人员因追求贷款数量而忽视风险防范，或为个人私利而违规操作，发放人情贷款。为此，应完善授信责任制度，平衡对不良资产追责与中小企业授信尽职免责之间的关系。此外，总行可选派优秀的管理人才到异地分行，对异地分行进行风险监控；还可以对授信审批权实行动态管理，根据授信人员的考核情况来提高或降低其审批权限，强化内部有效制约机制。

（6）高效能专业队伍建设。

中小银行对中小企业的金融服务，特别是关系型贷款的开展要涉及大量的人员投入。何德旭、王朝阳和张雪兰（2012）对浙江温岭市县域部分金融机构人员配置状况进行对比，发现民泰、台州、泰隆三家地方性银行平均到每个网点的客户经理人数明显超过大型国有银行，符合软信息搜集的现场调查和人际接触的特点。中小银行要发挥服务中小企业的地缘优势和信息优势，须拥有一支专业化、高效能的业务团队，具有对中小企业服务的认同感和责任感，愿意专注于中小金融业务，有相当的专业素质和业务经验，最好有当地的人际关系。

中小银行应建立高效培训机制，从信贷员招聘开始，对新人进行理念教育、技术手段培训（如获客手段、数据挖掘方式等），使其快速成为成熟的信贷员。对客户经理、风险经理、分管中小业务负责人等进行分类培训，使他们拥有与岗位相应的知识体系和专业技能。值得强调的是，在中小企业关系型贷款中，银行通过重复和排他性使用前期所获信息，为客户提供后续贷款及其他金融服务的综合收益来补偿前期成本。因此，中小企业条线的队伍应能适应交叉营销和综合服务的要求，能够联动多条线为企业提供信贷、理财、保险、投资顾问等多种类金融服务。在金融科技发展的时代，金融科技对中小银行的冲击不仅在于对从业人员的需求减少，更在于对从业人员技术要求的提高，因此中小银行应重视技术性金融人才的培养（侯世英、宋良荣，2019），使其有机会晋升高级管理岗位，更好传承中小银行为中小企业服务的优势。

7.3　中小企业策略：提高自身获贷能力

银企关系建立和维持是银行和企业双方共同的问题，中小企业本身也负有责任。一般而言，中小企业除了在规模上不如大型企业、经营绩效不稳定之外，还具有以下劣势，其一，企业管理制度不健全，财务报表不规范，信息透明度低；其二，中小企业集中于发展成熟的传统行业，大多数中小企业在建立之初，选择低风险和低进入壁垒的市场，因此必然面临激烈的竞争。这些因素都不利于银行对中小企业的信用评估。中小企业要提高自身获贷的能力，一方面须积极调整经营结构，增强企业硬实力；另一方面要善于建立和维护银企关系，释放更多软信息，以便从众多中小企业中脱颖而出。

7.3.1　建立与维护银企关系

由于中小企业的信息获取不易且成本较高，因此保持与金融机构长期紧密的联系，有助于中小企业缓解资金紧张状况及降低融资成本。从中小企业角度建立和维护银企关系，有两个方面的问题值得关注。

首先，重视与中小银行建立多种业务联系。如在银行开立结算账户、代发工资、使用银行POS机等，形成交叉销售的关系。企业主本人也可考虑在同一家银行开办个人账户、信用卡等业务，以便通过多种渠道和业务往来向银行传递信息，特别是在信贷关系开始之前进行信用积累，能够减少信息不对称和信息不透明的影响，在需要融资的时候帮助银行信贷部门进行快速判断。当然，这需要银行方面建立部门之间有效的信息整合和信息共享机制，充分发挥内部信息的作用。

其次，重视与中小银行建立长期联系。中小企业应在平时多下功夫，与银行和信贷员保持良好关系，加强对银行贷款标准和程序的了解，避免临时抱佛脚；可以从小额贷款开始，在银行积累信用记录，逐步增加贷款数量，争取更优惠的贷款条件，实现长期关系的价值。适应关系型贷款的要求，中小企业可以考虑与少数银行保持长期、排他性的合作关系，允许银行提取合理的信息租金。同时加强对风险的防范，避免因经营不善而影响贷款归还，切实履行合同，保持诚信，夯实双方长期关系的基础。

7.3.2 主动向外界释放信用信息

为配合银行授信，中小银行应有意识地向外界释放信用信息。

第一，建立有效的信息公开渠道。将一些真实的、无损于企业利益的信息通过公开渠道对外传递；关注自身信用记录，以便在银行通过公共征信系统进行查询时，能顺利迈过授信评估的第一道门槛。在当前大数据征信的时代，中小企业要特别重视网络信用的取得。网上信用记录基于真实交易，可信度较高，中小银行出于风控目的，可能会更多地与第三方机构合作，通过网络信用数据评估中小企业的违约风险。因此，中小企业要诚信经营，谨慎经营，努力取得好的网络信用评价。

第二，完善资金和财务管理，优化信息结构。信息不对称是阻碍中小企业融资的主要障碍，具体表现为信息结构的不完整。企业不同的信息结构与不同的融资类型相适应，会产生不同的融资成本。从银行的角度看，硬信息具有融资的优先性，符合银行硬条件的企业很容易获得银行支持，且融资成本较低（李逸凡，2016）。而中小企业信息结构偏软，受限于银行关系型贷款技术的不发达，因而难以摆脱融资难、融资贵的困境。为此中小企业须尽力优化信息结构，逐步增加硬信息比例，保持软、硬信息之间的协调一致，使银行可以发挥两种信息交叉验证和相互增强的作用，从而增大授信概率、降低融资成本。

第三，主动向关系银行提供私有信息。私有信息是关系型贷款和小银行优势的基础。在公共信息系统落后、信息不对称的情况下，私有信息的作用尤其重要。中小企业在与银行建立了长期、密切关系之后，可以主动向关系银行提供公开途径没有披露的私有信息，以增加中小银行对自己的了解，提高银行对这些私有信息的预期收益。

第四，重视社会关系资本的积累。中小企业生活在商业网络中，要善用各种网络关系提升自己的信用。中小银行对中小企业的放款一般都不是孤立的，它们会偏向于从已经建立的关系网络中寻找潜在客户。因此，中小企业除了完善银企关系之外，还应扩大自己的其他社会关系网络，如借助政府政策资源和信息渠道与银行对接，向银行传递积极的信息。此外，社会关系资本也可以为中小企业提供软性担保，在目前担保机构运作和管理较为混乱的情况下，可以成立中小企业协会等自律性组织，在中小企业密集、融资需求旺盛且营商环境较好的地区，会员们通过互为担保等形式，利用社会网络中成员的相互监督和声誉机制，配合银行等金融机构的授信调查和风险控制，达到提高获贷率及降低违约率的目的。

7.3.3　以转型创新求金融支持

尽管中小企业融资问题受到政府高度重视，各金融机构也鼎力相助。但对于数量庞大的中小企业，银行能解决的问题依然非常有限。中小银行为中小企业的融资服务，并不是要求对中小企业实现全覆盖，而是能高效识别高质量客户，取得双赢的结果。因此，中小企业的自身素质仍然是决定其获贷能力的关键。本书认为，中小企业要反思自身存在的问题，改变传统经营理念，在创建和转型的关键时期，在行业选择上避免“两高一剩”产业，顺应“大众创业、万众创新”政策导向，积极选择当地主导产业、国家重点支持的民生领域，或依托当地重要产业集群及核心企业，在供应链上获得一席之地。有条件的企业要尽量避开中小企业扎堆的传统行业，提升科技含量，进军较高的产业层次，如战略性新兴产业、高成长性的服务业、满足个性化需求和精神需求的高端服务业等，通过创新发展获得金融支持。

7.4 中介机构策略：搭建多方合作桥梁

7.4.1 中小企业担保机构

担保公司是典型的第三方服务机构，其作用在于降低中小银行信贷资金的风险，帮助优质中小企业获得融资机会。但是，我国中小企业担保机构本身也面临诸多问题：①从整个担保行业来看，行业准入和退出机制尚未建立，监管制度不健全；担保公司运作不规范，如部分担保公司的注册资金存在虚假情况，抽逃资金现象严重，行业存在着一些不合理的潜规则。②担保公司整体素质偏低，内部管理不规范，担保机制创新能力弱，而且大部分担保公司内部风险控制机制缺失，业务操作随性较大，潜在风险不容忽视，其自身风险分散和资金补偿问题亟待解决。③担保公司和金融机构的权利义务分配严重不对等，银行在双方的合作关系中较为强势，一般会将更多的风险转嫁给担保机构。此外，在对企业进行资信审查时，银行与担保机构都独自进行，缺乏有效的信息沟通，甚至出现信息不对称问题。

针对上述三方面的问题，本书提出如下对策：①明确担保业监管责任主体，建立和完善担保机构的准入制度、资金资助制度、风控制度及行业自律制度，规范行业发展。②加强担保公司的内部管理，大力提高担保能力和风控能力；促进政策性担保与民间担保发展的有机融合，完善相关风险补偿机制。③构建中小银行与担保机构的合作机制，明确双方的风险责任，合理界定双方的权利义务。同时积极疏通双方合作渠道，加强信息沟通、共享和整合，提高业务效率。

7.4.2　中小企业征信和资信评级机构

在中小企业征信建设方面，当前我国公共征信服务体系不断发展完善，央行征信系统成为全国覆盖范围最大和信息数量最多的征信系统，2020 年 1 月二代征信系统上线，面向社会公众和金融机构提供征信查询服务，其服务效率和安全性显著提升，能更全面反映企业（特别是中小企业）的信用状况。在政策引导和市场激励之下，近年来市场上涌现出大量第三方征信公司，特别是“互联网 + 征信”的出现改变了过去围绕银行构建信用体系的模式，民间力量正积极探索全新的征信机制，搭建更有效的中小企业信用服务平台。

在征信业大发展的背景下，第三方征信公司应寻找既满足市场要求又适合自身发展的道路，积极参与构建中小企业信用基础数据库，扩大征信覆盖面和信用信息采集面，提高数据处理效率。可考虑专注于某一细分领域或业务环节提供具有针对性、定制化的征信产品和服务。例如，专注与政府合作，参与社会信用体系建设，或专注于场景应用，开发诸如供应链或其他场景下的征信产品等。此外，征信公司还应充分利用互联网、大数据及其他新兴技术对征信行业带来的巨大机遇，开展征信模式和技术的革新，针对中小企业征信数据较少的问题，推进线上线下相结合的征信业务发展模式，将基于大数据的线上业务与线下布局结合起来，下沉渠道，提高中小企业信用信息的完整、真实性。

在资信评级体系建设方面，须大力发展专业化的第三方评级机构，为中小银行对中小企业的授信评估提供中介服务支持。这种机构在国外已比较常见。第三方评级机构的发展可以改变以往单纯依靠银行对中小企业信用进行评估的状况，推进中小企业信用服务的市场化。当前的问题是，市场上对中小企业信用评级的认可度不高，银行对第三方评级机构信息产品的使用有限。在未来，第三方评级机构应努力树立专业、独立、公正的品牌形象，运用专业评级方法科学地评估中小企业信用，输出标准化的信用信息产品，提高评级结果的质量，满足不同主体对信用信息的需求。

7.4.3 金融科技公司

当前金融科技的快速发展给传统金融市场带来巨大的冲击，但与此同时，大批金融科技公司的出现也为金融服务模式创新、金融市场基础设施改善、金融监管水平提升带来全新机遇。金融科技公司作为技术服务商，可以连接中小银行与中小企业，有效助力中小银行解决中小企业融资难题。

金融科技公司可以通过直接输出产品服务解决方案，帮助中小银行克服技术短板，打造集成客户匹配、风险控制和智能系统应用的平台，在有效控制风险的前提下提升业务效率。中小银行可以借助金融科技改变传统线下的金融服务模式，逐渐将线下与线上的金融服务结合起来，使传统网点向轻型化、智能化、社区化的方向发展（巴曙松，2018）。在轻型化方面，有些中小银行已经或正在尝试借助金融科技打造具有轻资产、海量客户、收益较高的直销银行模式，并且通过大数据应用，实现风险覆盖和关系贷款定价；在智能化方面，利用人工智能技术，中小银行可获取更加精准的客户信用画像，优化信用评估模型，提高模型预测的准确度；在社区化方面，中小银行可以与金融科技公司合作，建立精细化的社区客户数据库，开展具有区域特色的金融服务和特色营销。

金融科技公司通过技术解决方案输出可以助力金融基础设施和金融监管水平提升，为中小银行服务中小企业提供更好的外部环境。例如，在征信基础设施方面，金融科技公司可以借助大数据和云计算技术量化用户众多的生活化数据，有效拓展征信体系的数据来源，实现数据的实时分析，以便更加准确预估未来状况；在征信覆盖对象上将更具普适性，可获取小微企业、低收入者等长尾群体的数据信息，并进行分类整理和存储，通过一系列标准化的操作，为评级机构进行数据的分析与解读提供支持。

7.4.4 非银行金融机构

除了第三方中介机构外，中小银行在服务中小企业的过程中还会面临一些非银行金融机构，与中小银行之间存在着既竞争又合作的关系，如小额贷款公司、商业保理公司、融资租赁公司、典当行等非银行金融机构与中小银行之间存在着较强的合作基础。

从商业保理公司的角度看，中小银行自身的保理业务对客户的风险承受能力和抵押资产要求较高，所以中小企业很难成为其服务对象。而商业保理公司并不十分注重客户资质，服务对象往往是真正的中小企业。对于中小银行来说，通过与商业保理公司合作，可以有效拓展客户渠道，减少对中小企业贷款风险的后顾之忧。对商业保理公司来说，中小银行将保理业务转介过来，可以弥补其在业务渠道方面的不足。可以说，双方的合作可以充分发挥各自所长，更好地服务于中小企业。

从融资租赁公司的角度看，中小企业不仅可以从银行端寻求融资服务，也可寻求专业的融资租赁公司的支持，中小银行通过给融资租赁公司提供贷款间接服务于中小企业。在此过程中，由于专业融资租赁公司具有对租赁物的所有权和处理能力，中小银行可以显著增强对信贷风险的控制能力。此外，中小银行也可以将融资租赁公司培育的优质中小企业纳入未来的授信范围，利用与融资租赁公司的业务合作来发掘潜在的客户资源。

7.5　政府部门策略：发展与监管并重

尽管中小银行具有服务中小企业的功能定位，但由于各种条件的制约，无法充分发挥应有的作用，且仅靠自身调整无法改变现状。世界上很多国家都建立了对中小企业融资支持的相关法律、制度和政策，以弥补市场机制的不足，推动金融机构更多地服务于中小企业。下文探讨政府应如何从政策促进、风险分散、社会信用建设等方面，为中小企业融资和中小银行经营提供良好的外部条件。

7.5.1　政府规制的基本原则

（1）普惠金融原则。

银行业金融机构的风险回避特性、僵化的内部制度、强势的市场地位造成其对中小企业的排斥，如果没有强大的外部力量介入、督促，内部优化是很难实现的（中国人民银行菏泽市中心支行课题组，2018）。政府应致力于金融普惠，维护中小企业获取金融资源的权利，在不破坏市场机制的前提下，确立小微企业生存和发展的基本底线，最大限度消除小微企业与大中型企业之间融资需求满足度的悬殊（李瑞雪，2016）。不仅维护机会和条件的公平，也兼顾结果的公平，对中小企业有所倾斜，纠正资源配置的不平衡，使中小企业获得的金融资源与其在国民经济中的地位相当。

（2）适度干预原则。

金融机构作为独立的市场主体需要拥有完整的决策权，政府干预必须扼守合理的边界，站在公正立场上，尽量以最小干预达到预期目标，尽量采取资金导向型的扶持政策，减少对金融机构经营活动的直接参与和行政干预，不增加金融机构承担的市场风险，才能获得金融机构的积极响应，激发其为中小企业服务的内在动力。设立针对中小企业融资的政策性金融机构，重新评估开发性金融的作用和政策，要做到目标明确、政商界限清晰，避免将中小企业金融服务行政化、公益化。

（3）以监管促发展原则。

政府对中小企业融资的扶持和中小银行的监管要综合考虑服务中小企业、开放金融市场的风险与成本，解决中小银行发展的政策性担忧。这需要监管层针对中小银行设计合理的监控指标，实施动态的风险监测，及时化解金融风险。与此同时，要以监管促发展，进一步开放金融市场，促进不同金融机构之间的有效竞争，减少银行垄断，增加金融机构信贷创新和资金供给；改善中小企业融资环境和中小银行发展环境，助力解决发展瓶颈问题。

7.5.2 基础性政策与支持性政策

（1）基础性政策。

基础性政策是指政府通过完善相应的法律法规、促进市场主体参与及公平竞争、构建社会信用体系等举措，提供中小企业金融服务的软、硬基础设施，为中小银行发挥对中小企业的服务功能创造基本的制度条件。要点如下。

①主导中小企业信用信息体系建设。2014 年，国务院原则通过了《社会信用体系建设规划纲要（2014—2020 年）》，我国社会信用体系建设进入规范和提速发展阶段。从政府层面进一步强化中小企业信用信息体系建设，首先，应提高现有的人民银行征信数据库的使用效率，融合企业和个人征信系统，整合高质量数据产品，成为切实有效的公共数据源。其次，推进各政府部门中小企业信用信息集成和共享，完善相关法律依据，解决条块分割问题；授权人民银行牵头采集行业监管数据，涵盖工商、税务、司法、公安、审计、环保、质检、海关、银保监会、证监会等部门，使中小企业信用信息更加公开透明，改善包括中小银行在内的所有供给方的信息不对称状况。最后，各地方政府应重视打造区域信用小环境，牵头建立地方中小企业信用信息体系，明确核心的主导部门，给予充分的人财物力支持；广泛开展对中小企业的信用宣传和教育，提高后者的诚信意识和风险控制能力。由于中小企业的信息特征，从征信系统获取的中小企业信息可能只有极低的使用价值，导致信息的获取与利用徒增信贷服务的社会成本。因此，对信贷信息公共系统的建设应审慎评估信息获取与利用的效率。

②推动市场各种融资中介的形成。逐步开放各类中介服务市场，培育专业化的融资中介组织，推动资信调查、信用评价、融资担保、咨询服务等市场主体的形成。我国中小企业数量众多，差异性极大，而现有的融资中介服务非常有限，远远不能满足需要。故政府应以发展和监管并重的态度开放市场，支持民间资本发起建立中小企业资信调查和信用评级机构、无形资产评估机构、流动资产评估登记机构等，作为独立的第三方对中小企业的信用状况、无形资产价值、动产价值等进行评估。中小银行可以通过服务购买解决贷款中的信息不足和抵押资产估值难等关键问题，从而弥补自身弱点，提高对中小企业的授信能力，降低信贷管理成本和风险。

③创造有利的竞争环境。本书第 5 章论证了在中小银行占主导地位的信贷市场上，银行竞争有利于中小银行提高对中小企业信息的利用效率，

同时抑制中小银行对中小企业的信息租金提取。但银行竞争作为缓解中小企业融资约束的市场机制是有条件的，从解决银银信息不对称的角度，政府应审慎评估各地区中小企业发展水平、银行信息投资效率，分步构建合理的银行竞争、银行结构层次。在中小企业贷款技术发展初期，适度鼓励信息租金提取，以培育相关信贷技术；在技术发展成熟阶段，以竞争的市场机制抑制信息租金水平，鼓励其他金融机构入驻本地设立网点和营业机构，削弱中小银行的强势市场地位。而非“一刀切”地追求银行竞争水平的提高，盲目放开民营银行、中小银行的准入。

（2）支持性政策。

政府对中小企业融资的支持性政策主要从三方面着手，一是直接对中小企业进行政策性支持，如调整税收，降低企业税负等。二是建立中小企业政策性金融体系，如中小企业政策性银行、政府性融资担保机构等。三是激励金融机构开展中小企业业务，如贷款贴息、风险补偿、不良资产核销等。

①完善政策性融资担保体系。当前，中小企业政策性金融体系特别重视建立由政府参与的银行融资风险分担补偿机制，通过提供公共产品解决市场失灵问题。我国中小企业融资信用担保发展应以政府为主导，首先，利用充实资本金或政府出资新建方式，使政府性融资担保机构尽快做大做强，形成省级的政府性融资担保集团，专注于支持中小企业，原则上不开展商业性融资担保业务，以发挥政策性融资担保体系的核心和龙头作用，带动形成多层次、覆盖广、费率低、可持续发展中小企业的融资担保发展格局。其次，吸引民间资金发展各种形式的信贷担保公司，政府性融资担保体系与银行体系、民间担保机构对接，实行比例担保，建立政银担合作及合理的风险共担机制；发展政府出资、实力强大的再担保机构，对符合政策的融资担保的代偿损失给予补偿，对政府性融资担保和再担保机构的考核以服务中小企业的功能发挥、代偿风险控制为核心，放宽或取消盈利性考核要求。

②搭建政银企平台以疏通信息渠道。建立覆盖众多中小企业的政银企

对接机制，以“政企关系”促“银企关系”，助力解决银企之间互不信任、信息不畅、融资项目落地难等问题。政府部门在进行行业管理和执行中小企业政策的过程中，可强制性要求中小企业提供必要的信息，通过政银企三者的对接更有效地识别优质企业和项目；此外，政府可通过建立和完善项目数据库，发布企业融资需求信息并跟踪落实，组织协调各方进行项目对接。

③针对中小企业融资的差异化激励政策。近年来，针对中小企业融资的差异化政策频繁出台。在差异化的货币政策方面，央行在制定和实行货币政策时考虑经济下行对中小企业融资的紧缩效应，采取差异性措施以抵消不利影响，如对金融机构的支农支小贷款实行定向降准，或对支农支小给予政策性再贷款、再贴现，均有利于增加金融机构的低成本资金来源，扩大金融机构对中小企业的贷款投放，降低中小企业融资成本。在经济衰退期，中小企业经营风险增大、盈利前景不明朗，容易遭受银行信贷的进一步排斥。但是，近年来的一些研究表明，在经济衰退期，中小银行的相对优势能弥补一般性信贷紧缩，向中小企业提供流动性和利率保证，减少经济波动对中小企业融资的负面影响（Berger、Bouwman and Kim，2017），因此，在政策方面可以着力增强中小银行的信贷能力，激励中小银行对中小企业放款。在差异化监管政策方面，应对中小银行采取简化的监管模式，减少其合规成本；提高中小银行对中小企业贷款损失的风险容忍度，放宽不良贷款核销限制，允许银行承担适当风险，加大对中小企业放款力度。

需要指出的是，差异化政策并不能解决银企间信息不对称问题，而且对信贷市场可能产生较大的干扰，因而降低信贷资金配置的效率。例如，Mayordomo 和 Rodriguez-Moreno（2018）的实证研究发现，欧盟自 2014 年降低中小企业信贷信用风险敞口的资本要求，这项支持计划导致银行差别化对待符合要求的中型企业和小微型企业，结果仅仅是中型企业缓解了信贷配给。银行依然以企业规模而不是项目质量来配置信贷资金，降低了增量可贷资金的配置效率。

7.5.3 强制性政策与限制性政策

为促进中小银行对中小企业的金融服务，政府除了采取激励性政策之外，也可以采取强制性与限制性政策，促使中小银行履行必要的义务，为本地经济和中小企业服务。

（1）强化对金融机构的考核。

尽管我国对金融机构的服务对象没有法律上的限定，但监管部门的要求（如“三个不低于”“两增两控”等）对各类型银行都有相当大的强制性，在一段时间内可以保持和完善。为提高政策有效性，央行和监管部门应强化对执行情况的监督和考核，形成检查制度化、结果公开化机制。目前，多数商业银行在其年报中只是笼统地表示完成了政策要求的目标，但未有实际数据公布。因此建议从制度上规定银行披露其真实的小微企业贷款数据，以接受社会监督，形成奖优罚劣的竞争环境，监管部门考核结果与银行增设机构网点、并购申请等挂钩，并纳入宏观审慎评估框架。

（2）限制地方性金融机构的激进扩张。

限制性政策主要指限制地方性金融机构跨区域、跨范围经营，要求地方金融机构按地域性原则开展业务，在当地的投资不低于吸储，杜绝“抽水机”行为。当然，由于金融业存在明显的规模效应，中小银行求大求全的动机较强。政府应对地方金融机构的跨区域经营给予明确的标准，实行分层次发展，允许符合条件的中小银行跨区域经营，不堵塞它们走向规模化、大型化的道路。对不符合条件的中小银行暂时限制在区域内发展，鼓励其服务地方，控制因盲目扩张造成的风险，等到规模和效益达到一定程度之后再进行跨区域发展。政府的作用是，为中小银行现阶段的经营提供良好的外部环境，并正确掌握其升级的条件和时机。值得补充的是，新兴的互联网银行颠覆了地域性概念，一个规模不大的互联网银行可以不分地域提供金融服务，利用网络信息优势降低信息成本，同时降低地域性风险。可以预期，随着金融和科技的发展，对中小银行经营的区域限定性政策也将逐步取消。

7.6　本章小结

本章依据前文所揭示的中小银行服务中小企业的各种约束及症结，探求释放中小银行优势、解决中小银行对中小企业服务专注性和有效性不足的问题。从多主体协同角度，探讨了中小银行、中小企业、市场中介机构、政府和环境层面的协同作用及破解各种约束的整体思路。

中小银行自身是破解约束的第一动力，其策略重点是正确定位与能力建设。其中，正确定位涉及差异化定位和分类定位两个方面，而能力建设围绕解决银企信息不对称问题，以建立长期稳定银企关系及保持组织结构优势为关键点，涉及中小企业授信评估、关系型贷款定价、产品服务创新、贷后风险管理、内部激励约束、高效业务队伍建设六大方向。

作为中小银行的客户，中小企业的策略是努力提高自身获贷的能力，一方面积极调整经营方向，增强企业硬实力；另一方面建立和维护银企关系，释放更多软信息，努力从众多中小企业中脱颖而出。融资担保机构、征信和信用评级机构、金融科技公司、非银行金融机构等中介服务机构作为中小银行及其客户关系的桥梁，可通过疏通多方合作渠道，助力中小银行解决中小企业融资难题。

作为推动中小银行服务中小企业的最重要的外部力量，政府的作用是提供中小企业金融服务的软、硬基础设施，构建合理的银行竞争、银行结构层次，强化中小银行服务中小企业的优势。同时，综合运用支持性政策、差异化监管政策、强制或限制性政策来改变中小银行的行为偏好，增强其服务中小企业的能力。

第 8 章
研究总结及展望

8.1 研究总结

在有关缓解中小企业融资难题的各种探讨中，发展中小银行以匹配中小企业融资需求是一个重要思路。此种观点由来已久，对理论和政策界都有极重要的影响。经过多年努力，我国中小银行的数量和业务规模已有了很大发展，在一定程度上体现出对中小金融服务的倾向性。然而时至今日，由于各种条件的约束，中小银行服务于中小企业的预期功能并未得到充分发挥。随着中国经济进入“新常态”，中小企业和中小银行的经营环境均发生了深刻变化，中小企业融资难和中小银行发展难，成为我国经济金融领域的突出问题。在此背景下，本书从中小银行比较优势和功能定位的视角，将中小企业融资和中小银行发展做合并研究，探讨破解约束、促进中小银行服务中小企业的新思路。

在理论机理方面，本书基于“小银行优势”假说及最优金融结构理论两条线索，将中小企业融资与中小银行的地位和作用联系起来，以“小银行优势”理论揭示中小银行功能定位的微观机理，并针对国内外学者对“小银行优势”假说的存疑进行理论剖析。分析指出，学界对“小银行优势”之所以产生争议，原因在于对软信息与硬信息、交易型与关系型贷款技术的划分绝对化，以及对银企规模匹配关系的绝对化；“小银行优势”的达成在内部必须具备深刻的银企关系和适合的银行组织结构，而外部条件诸如地缘因素、金融基础设施、银行市场竞争、金融科技等条件的变化，对“小银行优势”会起到加强或弱化的作用。对照上述条件，我国中小银行并不充分具备关系型贷款所必需的银企关系基础和银行组织结构，外部环境也存在诸多特殊问题，因此“小银行优势”的发挥存在严重障碍。

在现状考察方面，本书大量数据分析表明，近年来我国银行业金融机构对中小微企业的信贷支持呈现良好的增长态势，总体上实现了“三个不低于”目标。其中，中小银行虽然在小微贷款的规模和市场份额上不及大银行，但在相对性指标上明显占优，在服务动机、重视程度、额度安排、营业网点数、贷款审批时间、金融创新活跃程度等方面，中小银行特别是其中的城市商业银行和农村商业银行，对小微企业具有明显的倾向性。但是，这种倾向性并不表示中小银行已经充分发挥了“小银行优势”并专注于中小微企业金融服务，当前中小微企业融资过分依靠担保、贷款期限偏短、频率偏低、不良率偏高的现状，反映出银企之间缺乏长期密切的关系，中小银行缺乏开展关系型贷款的动力和能力，其服务于中小微企业的功能受到种种约束，与理论和政策的预期目标存在较大的差距。

为深入剖析上述问题，本书从内部约束、市场约束、环境约束三个方面对中小银行功能实现的障碍展开研究。

首先，从中小企业软信息生成和利用的条件出发，分析现实中制约中小银行关系型贷款潜力发挥的内在约束，即由于缺乏长期和紧密的银企关系，并受限于现有产权和组织结构，使得我国中小银行并不存在对关系型贷款的所有权激励、控制权激励以及层级控制的优势，因而没有足够的激励或动力开展关系型贷款。同时，我国中小银行在授信评估、贷款定价、产品和服务创新方面的能力达不到开展关系型贷款的要求，导致对中小微企业贷款仍主要依赖交易型贷款，特别是抵押贷款，与大银行差异不大。

其次，从信贷资金配置效率视角，研究中小银行对中小企业融资效率的市场约束。理论分析表明，在大银行占主导地位的信贷市场，针对中小企业信贷的信息利用效率较低，银行竞争会破坏中小企业相关信贷技术的形成，从而不利于中小企业融资；而在中小银行占主导地位的信贷市场，信息利用效率处于高水平，银行竞争能够降低信息租金水平，从而有利于中小企业融资。针对我国中小企业板的实证检验从地区银行竞争、银行结构层面证实了这种异质化效应，证明中小银行占主导地位的信贷市场符合中小企业融资需要，但应避免垄断型的中小银行信贷市场形成。

再次，对中小银行功能实现的环境约束的研究，着重从理论上论证我国中小银行产生和发展的政府主导模式，由于中小银行资金投放高度依赖于地方政府，开拓中小企业客户的意愿明显不足，并没有形成在中小企业服务方面的专注性与专业性。实证检验表明，在城商行中地方政府产权仍占很大比例，地方政府的干预会对城商行小微企业信贷业务比重产生显著影响，其干预的动机和能力越强，城商行小微企业信贷占比越低。此外，相关制度和环境（如政策性融资担保、针对交叉金融产品和影子银行的各种监管新规、公共征信系统和互联网征信发展、社会关系和社会组织的发展变化等）虽已取得明显进步，但中小银行为中小企业服务仍然缺乏完善的风险分担机制和政府安全网的支持。

最后，依据上述对中小银行服务中小微企业的各种约束及症结的分析结论，本书探求了释放中小银行优势、解决中小银行对中小微企业服务专注性和有效性不足的破解之道。从多主体协同角度，探讨了中小银行、中小微企业、市场中介机构、政府和环境层面的协同作用及破解各种约束的整体思路，提出了上述各主体的策略重点，特别是中小银行能力建设的两个关键点和六大方向，并针对当前众多相关政策进行分类评述，对减轻中小银行与中小微企业的关系障碍及制定相应的政策措施提出参考意见。

8.2　研究不足及展望

中小银行功能定位与中小企业融资的关系是一个相当复杂的课题，涉及诸多理论和现实问题，本书在此领域虽有一定的研究拓展，但受限于研究条件和研究者的能力，仍有很多缺陷和未尽之处，需要后续的持续关注和改进。

（1）本书研究受到数据可得性的影响较大，这也是中外有关中小银行及其信贷交易的研究中所普遍面临的问题。

尽管作者在指标和数据有效性方面付出了很多努力,但仍存在以下缺陷。

第一，由于我国中小银行与中小企业融资相关数据的可获得性较低，本书对中小银行的研究集中于股份制商业银行和城市商业银行，较少涉及村镇银行、小贷公司、民间借贷等金融机构，而后者从地理接近性和经营灵活性上看很符合关系型贷款的条件，具有传统意义的信息优势，具有很大研究价值，值得在今后做进一步的专门研究。

第二，由于同样的原因，本书选择中小企业板上市企业（资金需求端）为样本，对主要观点进行选择性的实证检验，尽管样本选择有一定的合理性，但仍因为忽略了非上市中小企业而存在样本选择偏差；而从中小银行（资金供给端）收集数据，目前只能通过各银行年报进行手工收集，由于各家银行统计口径不统一，涉及数据的适配性问题。依据从严的原则，有时不得不剔除样本或缩短样本期，从而牺牲了样本数量。此外，由于缺乏更底层的数据，书中某些表示地域特征的变量（如银行结构、银行竞争度等），不得不使用省级数据予以替代，对于研究的精度有不同程度的影响。

第三，在2012年前后我国政府部门和研究机构的相关出版物中，统计对象经历了从中小企业到小微企业的转变。虽然本书已对中小企业的概念给出了比较宽泛的定义，但在研究中仍不得不交替使用中小企业、小微企业的字样，以如实反映所引用的统计数据的口径，但这一客观问题也给本书叙述的连贯性造成一定的困扰。

要解决数据局限性问题并推进相关研究，一方面寄希望于政府权威机构实施中、小、微型企业融资分类普查，尽量覆盖各类金融机构，并持续跟踪，定期向社会发布，以便在大样本数据研究基础上得出更有普适性的结论；另一方面研究者可以在能力范围内深入调查特定地区的中小企业和中小银行，获取第一手数据，进行高质量的案例研究。前者着眼于样本的宽度，后者可着眼于数据的深度，两者并行不悖，相互印证。

（2）本书研究范围限于中小银行功能定位与中小企业融资问题，没有考察非银行金融机构（如证券业金融机构、保险业金融机构等）对中小企业的服务功能。但在现实中，中小企业需要贯通其整个生命周期的全方位金融服务。

随着金融服务方式和渠道日益多样化，包括各类金融服务主体、各种金融服务方式的协同作用对于中小企业越来越重要。在今后的研究中，应进一步将研究对象扩大到非银行部门和非信贷领域，探讨相关理论和现实问题。

（3）本书主要以中小企业贷款可得性或融资约束程度来衡量中小银行对中小企业的融资支持，没有深入到具体的贷款条件。

虽然在第 5 章尝试从信息租金、中小企业信贷成本角度研究中小银行对中小企业信贷资金的配置效率，但仅限于理论分析，缺乏对应的实证研究。实际上，中小银行对中小企业融资功能实现程度的衡量，应综合体现在融资可得性及贷款条件（如金额、利率、期限、还款方式等）方面。在今后的研究中，在数据可得的基础上，应加强对中小企业贷款条件的研究，全面探讨中小银行对中小企业融资的成本、充足性和持续性问题。

（4）在未来的研究中，可进一步探讨经济下行和信用紧缩形势下我国中小银行对中小企业融资作用的变化。

在 2007—2009 年国际金融危机之后，国外有些学者对金融危机背景下的中小银行作用进行了研究，认为宏观经济环境会影响中小银行对中小企业的信贷投放。由于政府和公众特别关心在经济下行和信用紧缩的压力之下，中小银行对中小企业融资的作用及效果，因此在今后进一步的研究中，可将其纳入分析框架之中，以期得到更为丰富的研究成果。

附　录

附录 A

表 A1　社会网络（SNET）度量指标体系因子分析模型基本情况

主成分因子分析模型概况			
成分	特征值	方差贡献率	累计方差贡献率
Factor1	1.34374	0.2493	0.2493
Factor2	1.25279	0.2092	0.4585
Factor3	1.06248	0.1681	0.6266
Factor4	1.00481	0.1316	0.7582
Factor5	0.96611	0.0883	0.8465
Factor6	0.92519	0.0684	0.9149
Factor7	0.88494	0.0328	0.9477
Factor8	0.79554	0.0301	0.9778
Factor9	0.76440	0.0222	1.0000
因子分析模型的 LR 检验和 Kaiser-Meyer-Olkin 抽样精度检验			
LR 检验的卡方值	439.55		
总体 KMO 值	0.5379		

表 A2 社会网络（SNET）度量指标体系的 KMO 抽样精度检验

变量	BN1	BN2	BN3	GN1	GN2	sN	CN	gN	EN
KMO 值	0.555	0.542	0.572	0.501	0.539	0.510	0.504	0.564	0.523

表 A3 社会网络（SNET）旋转后公因子的载荷矩阵

变量		Factor1	Factor2	Factor3	Factor4	Uniqueness
银企关系	BN1	0.6537	–0.1128	0.0098	0.1826	0.5265
	BN2	–0.0028	0.0070	0.0013	0.8082	0.3467
	BN3	–0.5485	–0.0405	0.0270	0.3627	0.5653
政企关系	GN1	0.1433	0.2985	0.6232	0.2982	0.4131
	GN2	0.3699	–0.4627	–0.1379	0.2955	0.5428
企业与供应商关系	sN	0.1038	0.5355	–0.4564	0.0216	0.4936
企业与客户关系	CN	0.0057	0.7508	0.0271	0.0359	0.4343
企业与行业协会关系	gN	–0.6517	–0.1161	–0.0296	0.0566	0.5578
其他社会关系网络	EN	–0.0653	–0.1548	0.6980	–0.1690	0.4561

表 A4 社会网络（SNET）因子得分矩阵

变量		Factor1	Factor2	Factor3	Factor4
银企关系	BN1	0.50531	0.01710	0.09685	0.03681
	BN2	0.08528	0.06594	0.36197	0.69341
	BN3	–0.34888	0.13464	0.10801	0.41434
政企关系	GN1	0.04865	0.07049	0.70883	–0.08699
	GN2	0.37800	0.23138	–0.14404	0.30142
企业与供应商关系	sN	0.02352	–0.55677	–0.04042	0.12974
企业与客户关系	CN	–0.10998	–0.48506	0.38589	–0.08030

续表

变量		Factor1	Factor2	Factor3	Factor4
企业与行业协会关系	gN	−0.44096	0.14708	−0.11123	0.20688
其他社会关系网络	EN	−0.08668	0.38734	0.32098	−0.42055

根据因子得分矩阵，公因子的综合得分可形成如下线性表达式：

$$Factor1=0.50531\times BN1+0.08528\times BN2-0.34888\times BN3+0.04865\times GN1+0.378\times GN2+0.02352\times sN-0.10998\times CN-0.44096\times gN-0.08668\times EN \quad (A1)$$

$$Factor2=0.0171\times BN1+0.06594\times BN2+0.13464\times BN3+0.07049\times GN1+0.23138\times GN2-0.55677\times sN-0.48506\times CN+0.14708\times gN+0.38734\times EN \quad (A2)$$

$$Factor3=0.09685\times BN1+0.36197\times BN2+0.10801\times BN3+0.70883\times GN1-0.14404\times GN2-0.04042\times sN+0.38589\times CN-0.11123\times gN+0.32098\times EN \quad (A3)$$

$$Factor4=0.03681\times BN1+0.69341\times BN2+0.41434\times BN3-0.08699\times GN1+0.30142\times GN2+0.12974\times sN-0.0803\times CN+0.20688\times gN-0.42055\times EN \quad (A4)$$

以表 A1 中公因子 Factor1、Factor2、Factor3、Factor4 的方差贡献率为权数计算社会网络指数（SNET），中小板上市企业社会网络指数的线性表达式如下：

$$SNET=0.2493\times Factor1+0.2092\times Factor2+0.1681\times Factor3+0.1316\times Factor4 \quad (A5)$$

附录 B

表 B1 信息共享（IS）度量指标体系因子分析模型基本情况

主成分因子分析模型概况			
成分	特征值	方差贡献率	累计方差贡献率
Factor1	1.87931	0.9397	0.9397
Factor2	0.12069	0.0603	1.0000
因子分析模型的 LR 检验和 Kaiser-Meyer-Olkin 抽样精度检验			
LR 检验的卡方值	4481.19		
总体 KMO 值	0.5000		

表 B2 信息共享（IS）度量指标体系的 KMO 抽样精度检验

变量	IS1	IS2
KMO 值	0.5000	0.5000

表 B3 信息共享（IS）旋转后公因子的载荷矩阵

变量		Factor1	Uniqueness
互联网使用频率	IS1	0.9694	0.0603
电话使用频率	IS2	0.9694	0.0603

表 B4 信息共享（IS）因子得分矩阵

变量		Factor1
互联网使用频率	IS1	0.51581
电话使用频率	IS2	0.51581

公因子的综合得分可形成如下线性表达式：

$$Factor1=0.51581\times IS1+0.51581\times IS2 \quad (B1)$$

中小板上市企业信息共享指数的线性表达式如下：

$$IS=0.9397\times Factor1 \quad (B2)$$

附录 C

表 C1 社会规范（BE）度量指标体系因子分析模型基本情况

主成分因子分析模型概况			
成分	特征值	方差贡献率	累计方差贡献率
Factor1	1.5888	0.7944	0.7944
Factor2	0.4112	0.2056	1.0000
因子分析模型的 LR 检验和 Kaiser-Meyer-Olkin 抽样精度检验			
LR 检验的卡方值	1285.8		
总体 KMO 值	0.5000		

表 C2 社会规范（BE）度量指标体系的 KMO 抽样精度检验

变量	BE1	BE2
KMO 值	0.5000	0.5000

表 C3 社会规范（BE）旋转后公因子的载荷矩阵

变量		Factor1	Uniqueness
公共服务	BE1	0.8913	0.2056
金融市场化	BE2	0.8913	0.2056

表 C4 社会规范（BE）因子得分矩阵

变量		Factor1
公共服务	BE1	0.56098
金融市场化	BE2	0.56098

根据因子得分矩阵，该公因子的综合得分可形成如下线性表达式：

$$Factor1=0.56098 \times BE1+0.56098 \times BE2 \quad (C1)$$

中小板上市企业社会规范指数的线性表达式如下：

$$BE=0.7944 \times Factor1 \quad (C2)$$

参考文献

[1] 巴曙松，刘孝红，牛播坤.转型时期中国金融体系中的地方治理与银行改革的互动研究[J].金融研究，2005(5).

[2] 巴曙松.新周期与新金融[M].厦门：厦门大学出版社，2018.

[3] 边文龙，沈艳，沈明高.银行业竞争度、政策激励与中小企业贷款——来自14省90县金融机构的证据[J].金融研究，2017(1).

[4] 边燕杰，丘海雄.企业的社会资本及其功效[J].中国社会科学，2000(2).

[5] 曹廷贵，苏静，任渝.基于互联网技术的软信息成本与小微企业金融排斥度关系研究[J].经济学家，2015(7).

[6] 陈一洪.金融市场化改革背景下城商行发展路径探讨——基于比较优势分析视角[J].金融发展研究，2014(8).

[7] 程超，林丽琼.银行规模、贷款技术与小微企业融资——对"小银行优势"理论的再检验[J].经济科学，2015(4).

[8] 程超，柳凌韵.银行竞争如何影响中小企业信贷可获性——基于市场规模结构的调节作用研究[J].南京审计大学学报，2020，17(2).

[9] 褚伟.中小银行：市场选择、非正式契约安排与制度变迁[J].经济评论，2002(2).

[10] 邓超，敖宏，胡威，等.基于关系型贷款的大银行对小企业的贷款定价研究[J].经济研究，2010，45(2).

[11] 邓超，周峰，唐莹.商业银行信任对小微企业信贷影响的研究[J].国际金融研究，2017(2).

[12] 邓可斌，曾海舰.中国企业的融资约束：特征现象与成因检验[J].经济研究，2014(2).

［13］傅勇．比较优势、市场定位与我国中小银行发展战略研究［J］．金融研究，2011（12）．

［14］戈德史密斯．金融结构与金融发展［M］．周朔，等译．上海：上海三联书店，1990.

［15］葛结根．并购对目标上市公司融资约束的缓解效应［J］．会计研究，2017（8）．

［16］郭田勇，李贤文．关系型借贷与中小企业融资的实证分析［J］．金融论坛，2006（4）．

［17］韩亚欣，何敏，李华民．大银行何以为中小企业融资——基于某大银行支行的实证分析［J］．金融论坛，2016（1）．

［18］何德旭，王朝阳．小银行必须有明确的市场定位——浙江民泰商业银行的启示［J］．银行家，2012（5）．

［19］洪正，张硕楠，张琳．经济结构、财政禀赋与地方政府控股城商行模式选择［J］．金融研究，2017（10）．

［20］侯世英，宋良荣．金融科技背景下中小银行转型研究：背景、战略布局与建议［J］．当代经济管理，2019（1）．

［21］黄宪，叶晨，杜雪．竞争、微金融技术与银行信贷业务边界的移动［J］．金融监管研究，2016（9）．

［22］江小林．社会资本视角下中小企业集群融资研究［J］．南方金融，2012（4）．

［23］李广子，熊德华，刘力．中小银行发展如何影响中小企业融资——兼析产生影响的多重中介效应［J］．金融研究，2016（12）．

［24］李华民，吴非，陈哲诗．谁为中小企业融资——基于信息处理能力跨期演化视角［J］．金融经济学研究，2014，29（5）．

［25］李华民，吴非．谁在为小微企业融资：一个经济解释［J］．财贸经济，2015（5）．

［26］李瑞雪．小微企业融资公平保障法律制度研究［D］．重庆：西南政法大学，2016.

［27］李长青，禄雪焕，逯建．地方政府竞争压力对地区生产效率损失的影响［J］．中国软科学，2018（12）．

［28］李志赟．银行结构与中小企业融资［J］．经济研究，2002（6）．

［29］梁笛．银行资产规模与中小企业信贷——大银行和小银行比较优势研究［J］．东南亚研究，2007（3）．

［30］廖海波．小银行优势假说研究［M］．成都：西南财经大学出版社，2016.

［31］林毅夫，李永军．中小银行发展与中小企业融资［J］．经济研究，2001（1）．

［32］林毅夫，孙希芳，姜烨．经济发展中的最优金融结构理论初探［J］．经济研究，2009（8）．

［33］林毅夫．新结构经济学——重构发展经济学的框架［J］．经济学（季刊），2011，10（1）．

［34］刘畅，刘冲，马光荣．中小银行与中小企业贷款［J］．经济研究，2017，52（8）．

［35］刘晓光，苟琴．银行业结构对中小企业融资的影响［J］．经济理论与经济管理，2016（6）．

［36］龙海明，王志鹏．征信系统、法律权利保护与银行信贷［J］．金融研究，2017（2）．

［37］马九杰，王国达，张剑．中小银行与县域中小企业信贷——从需求端对“小银行优势”的实证分析［J］．农业技术经济，2012（4）．

［38］马理，高冰，葛斌．中小银行、银团贷款与小企业贷款［J］．金融论坛，2018，23（6）．

［39］钱先航，曹春方．信用环境影响银行贷款组合吗——基于城市商业银行的实证研究［J］．金融研究，2013（4）．

［40］钱先航，曹廷求，李维安．晋升压力、官员任期与城市商业银行的贷款行为［J］．经济研究，2011（12）．

［41］钱先航，曹廷求．法律、信用与银行贷款决策：来自山东省的

调查证据［J］. 金融研究，2015（5）.

［42］乔元昊 . 银行与中小企业的关系［M］. 北京：经济日报出版社，2016.

［43］盛天翔，范从来 . 金融科技、最优银行业市场结构与小微企业信贷供给［J］. 金融研究，2020（6）.

［44］史晋川，黄燕君，何嗣江，等 . 中小金融机构与中小企业发展研究——以浙江温州、台州地区为例［M］. 杭州：浙江大学出版社，2003.

［45］史晋川，孙福国，严谷军 . 市场深化中民间金融业的兴起——以浙江路桥城市信用社为例［J］. 经济研究，1997（12）.

［46］宋艳伟 . 财政压力、地方政府干预与信贷资源配置［J］. 山西财经大学学报，2011，33（5）.

［47］粟勤，田秀娟 . 近二十年海外银行中小企业贷款研究及新进展［J］. 浙江大学学报：人文社会科学版，2011，41（2）.

［48］谭之博，周黎安 . 官员任期与信贷和投资周期［J］. 金融研究，2015（6）.

［49］王广谦 . 中国金融发展中的结构问题分析［J］. 金融研究，2002（5）.

［50］王庆文，吴世农 . 政治关系对公司业绩的影响——基于中国上市公司政治影响力指数的研究［A］. 中国第七届实证会计国际研讨会论文集［C］. 成都：西南交通大学，2008.

［51］魏锋，沈坤荣 . 所有制、债权人保护与企业信用贷款［J］. 金融研究，2009（9）.

［52］魏志华，曾爱民，李博 . 金融生态环境与企业融资约束：基于中国上市公司的实证研究［J］. 会计研究，2014（5）.

［53］翁舟杰，杨纮铸 . 大银行对中小企业融资缺乏效率吗——基于大银行与中小银行的对比性实证分析［J］. 西南金融，2012（6）.

［54］吴晗，段文斌 . 银行业市场结构、融资依赖与中国制造业企业进入——最优金融结构理论视角下的经验分析［J］. 财贸经济，2015（5）.

[55] 吴敏. 政府控制、治理机制与城市商业银行信贷行为[D]. 成都: 西南财经大学, 2014.

[56] 吴晓俊. 地方政府政策对中小企业融资成本影响的实证研究[J]. 财政研究, 2013(9).

[57] 肖晶, 粟勤. 破除银行业垄断能够缓解中小企业融资约束吗?[J]. 南开经济研究, 2016(5).

[58] 邢乐成, 梁永贤. 中小企业融资难的困境与出路[J]. 济南大学学报: 社会科学版, 2013, 23(2).

[59] 严成樑. 社会资本、创新与长期经济增长[J]. 经济研究, 2012, 47(11).

[60] 杨柳, 魏可, 冯源, 等. 银行异质性、金融监管强度与银行信贷扩张——基于PSTR模型的实证研究[J]. 上海金融, 2020(6).

[61] 杨晔. 我国社区银行发展定位与核心竞争力构建研究[J]. 当代财经, 2008(1).

[62] 姚耀军, 董钢锋. 中小企业融资约束缓解: 金融发展水平重要抑或金融结构重要——来自中小企业板上市公司的经验证据[J]. 金融研究, 2015(4).

[63] 姚耀军, 董钢锋. 中小银行发展与中小企业融资约束——新结构经济学最优金融结构理论视角下的经验研究[J]. 财经研究, 2014(1).

[64] 姚耀军, 李明珠. 金融结构、中小企业与反贫困——基于新结构经济学最优金融结构理论的经验研究[J]. 浙江社会科学, 2013(9).

[65] 易志强. 政府干预、跨区域经营与城市商业银行治理[J]. 中南财经政法大学学报, 2012(5).

[66] 殷孟波, 翁舟杰. 关系型贷款和小银行优势论述评[J]. 财贸经济, 2007(6).

[67] 虞群娥. 商业银行中小企业授信及监管机制研究——以浙江省为例[M]. 成都: 西南财经大学出版社, 2016.

[68] 战明华, 王晓君, 应诚炜. 利率控制、银行信贷配给行为变异

与上市公司的融资约束［J］.经济学（季刊），2013（4）.

［69］张杰，经朝明，刘东.商业信贷、关系型借贷与小企业信贷约束：来自江苏的证据［J］.世界经济，2007（3）.

［70］张捷，王霄.中小企业金融成长周期与融资结构变化［J］.世界经济，2002（9）.

［71］张捷.中小企业的关系型贷款与银行组织结构［J］.经济研究，2002（6）.

［72］张金清，阚细兵.银行业竞争能缓解中小企业融资约束吗？［J］.经济与管理研究，2018，39（4）.

［73］张军，高远.官员任期、异地交流与经济增长——来自省级经验的证据［J］.经济研究，2007，42（11）.

［74］张军，金煜.中国的金融深化和生产率关系的再检测:1987—2001［J］.经济研究，2005，40（11）.

［75］张晓玫，马文睿，宋卓霖.企业生命周期、银行贷款与现金持有行为——基于非上市民营中小企业的实证研究［J］.中国经济问题，2015（1）.

［76］张晓玫，潘玲.我国银行业市场结构与中小企业关系型贷款［J］.金融研究，2013（6）.

［77］张晓玫，宋卓霖，何理.银企关系缓解了中小企业融资约束吗——基于投资—现金流模型的检验［J］.当代经济科学，2013，35（5）.

［78］张一林，林毅夫，龚强.企业规模、银行规模与最优银行业结构——基于新结构经济学的视角［J］.管理世界，2019，35（3）.

［79］郑荣年.中国城市商业银行的股权结构与政府控制［J］.金融经济学研究，2013，28（3）.

［80］中国人民银行菏泽市中心支行课题组.小微企业“信贷断点”的修复机制问题研究［J］.金融发展研究，2016（10）.

［81］中国人民银行沈阳分行课题组，李良宏.完善固定资产管理绩效审计［J］.中国金融，2013（11）.

[82] 周鸿卫，文慧 . 基于小银行优势影响因素的中国社区银行改造研究 [J] . 上海金融，2011（6）.

[83] 周黎安 . 晋升博弈中政府官员的激励与合作——兼论我国地方保护主义和重复建设问题长期存在的原因 [J] . 经济研究，2004，39（6）.

[84] 周宇亮 . 社会网络与中小企业银行贷款 : 嵌入性视角 [J] . 商业经济与管理，2017（9）.

[85] 周中胜，罗正英 . 财政分权、政府层级与企业过度投资 : 来自地区上市公司面板数据的经验证据 [J] . 财经研究，2011（11）.

[86] 祝继高，饶品贵，鲍明明 . 股权结构、信贷行为与银行绩效——基于我国城市商业银行数据的实证研究 [J] . 金融研究，2012（7）.

[87] A Cole R,Mehran H.The Effect of Changes in Ownership Structure on Performance: Evidence from the Thrift Industry [J] .Journal of Financial Economics，1998，50（3）.

[88] Adrianova S,Panicos D,Shortland A.State Banks,Institutions and Financial Development [R] .Leicester:University of Leicester，2002.

[89] Almeida H,Campello M,Weisbach M S.The Cash Flow Sensitivity of Cash [J] .Journal of Finance，2004，59（4）.

[90] Arnoud W A Boot.RelationshipBanking:What Do We Know? [J] . Journal of Financial Intermediation，2000，9（1）.

[91] Banerjee A V,Besley T,Guinnane T W.Thy Neighbor's Keeper:The Design of a Credit Cooperative with Theory and a Test [J] .Quarterly Journal of Economics，1994，109（2）.

[92] Barth J,Caprio G,Levine R.Rethinking Bank Regulation:Till Angels Govern [M] .Cambridge:Cambridge University Press，2006.

[93] Basset,William F,Thomas F Brady.The Economic Performance of Small Banks，1985—2000 [N] .Federal Reserve Bulletin，2001.

[94] Beatriz M,Coffinet J,Nicolas T.Relationship Lending and SMEs' Funding Costs over the Cycle:Why Diversification of Borrowing Matters[J].

Journal of Banking & Finance，2018（1）.

［95］ Beck T,Demirgüç-kunt A,Martinez Peria M S.Banking Services for Everyone? Barriers to Bank Access and Use Around the World［J］.World Bank Economic Review，2008，22（3）.

［96］ Berger A N,Black L K.Bank Size,Lending Technologies,and Small Business Finance［J］.Journal of Banking & Finance，2011，35（3）.

［97］ Berger A N,Demsetz R S,Strahan P E.The Consolidation of the Financial Services Industry:Causes, Consequences,and Implications for the Future［J］. Journal of Banking and Finance，1999，23（2）.

［98］ Berger A N,Kashyap A K,Scalise J M，et al.The Transformation of the US Banking Industry:What a Long, Strange Trip it's been［J］.Brookings Papers on Economic Activity，1995（2）.

［99］ Berger A N,Klapper L F,Udell G F.The Ability of Banks to Lend to Informationally Opaque Small Businesses［J］.Journal of Banking and Finance，2001，25（12）.

［100］ Berger A N,Rosen R J,Udell G F.Does Market Size Structure Affect Competition? The Case of Small Business Lending［J］.Journal of Banking and Finance，2007，31（1）.

［101］ Berger A N,Udell G F.A more Complete Conceptual Framework for SME Finance［J］. Journal of Banking & Finance，2006，30（11）.

［102］ Berger A N,Udell G F.Relationship Lending and Lines of Credit in Small Firm Finance［J］.Journal of Business，1995，68（3）.

［103］ Berger A N,Udell G F.Small Business Credit Availability and Relationship Lending:The Importance of Bank Organisational Structure［J］. Economic Journal，2002，112（477）.

［104］ Berger A,Bouwman C H S,Kim D.Small Bank Comparative Advantages in Alleviating Financial Constraints and Providing Liquidity Insurance over Time［J］.Review of Financial Studies，2017，30（10）.

［105］ Berger A,Miller N,Petersen M,et al.Does Function Follow Organizational form?Evidence from the Lending Practices of Large and Small Banks ［J］.Journal of Financial Economics，2005（76）.

［106］ Berger A N,Black L K.Bank Size,Lending Technologies,and Small Business Finance［J］.Journal of Banking and Finance，2011，35（3）.

［107］ Bolton P,Freixas X,Gambacorta L,et al. Relationshipand Transaction Lendingina Crisis［J］.Review of Financial Studies，2016，29（10）.

［108］ Boot A W A,Thakor A V.Can Relationship Banking Survive Competition?［J］. Journal of Finance，2000，55（2）.

［109］ Brickey JA,Linck J S,Smith C W. Boundaries of the Firm:Evidence from the Banking Industry［J］.The Bradley Policy Research Center,Financial Research and Policy，2003（1）.

［110］ Canales R,Nanda R.A Darker Side to Decentralized Banks:Market Power and Credit Rationing in SME Lending［J］.Journal of Financial Economics，2012， 105（2）.

［111］ Cao M,Shi S.Screening,Bidding,and the Loan Market Tightness［J］. European Finance Review，1999，5（1-2）.

［112］ Cheng C S A,Wang J,Zhang N,et al.Bowling Alone,Bowling Together:Is Social Capital Priced in Bank Loans?［J］.Journal of Accounting Auditing & Finance，2017（1）.

［113］ Chong T T L,Lu L,Ongena S.Does Banking Competition Alleviate or Worsen Credit Constraints Faced by Small and Medium-sized Enterprises? Evidence from China［J］.Journal of Banking & Finance，2013，37（9）.

［114］ Craig McIntosha,Bruce Wydickb.Competition and Microfinance［J］. Journal of Development Economics，2005，78（2）.

［115］ De la Torre A,Martínez Pería M S,Schmukler S L.Bank Involvement with SMEs: Beyond Relationship Lending ［J］.Journal of Banking and Finance，2010，34（9）.

［116］ De Young R,Hunter W C,Udell G F.The Past, Present, and Probable Future for Community Banks［J］.Journal of Financial Services Research，2004，25（2–3）.

［117］ De Young R,Roland K P.Product Mix and Earnings Volatility at Commercial Banks:Evidence from a Degree of Total Leverage Model［J］.Journal of Financial Intermediation，2001，10（1）.

［118］ Degryse H,Ongena S.The Impact of Competition on Bank Orientation［J］.Journal of Financial Intermediation，2007，16（3）.

［119］Dell'Ariccia G,Marquez R.Information and Bank Credit Allocation［J］.Journal of Financial Economics，2004，72（1）.

［120］ Durguner S.Do Borrower–lender Relationships Still Matter for Small Business Loans?［J］.Journal of International Financial Markets,Institutions & Money，2017（50）.

［121］ Elsas R.Empirical Determinants of Relationship Lending［J］.Journal of Financial Intermediation，2005，14（1）.

［122］ Fazzari S M,Hubbard R G,Petersen B C,et al.Financing Constraints and Corporate Investment［J］.Brookings Papers on Economic Activity，1988（1）.

［123］ Fukuyama F.Trust:The Social Virtues and the Creation of Prosperity［M］.New York:Free Press，1995.

［124］ Fungáčová Z,Shamshur A,Weill L.Does Bank Competition Reduce Cost of Credit? Cross–country Evidence from Europe［J］.Journal of Banking & Finance，2017，83（10）.

［125］ Hadlock C J,Pierce J R.New Evidence on Measuring Financial Constraints:Moving Beyond the KZ Index［J］.Review of Financial Studies，2010，23（5）.

［126］ Harhoff D,Körting T.Lending Relationships in Germany – empirical Evidence from Survey Data［J］.Journal of Banking and Finance，1998，22（10）.

［127］ Hatice J.The New Paradigm in Small and Medium–sized Enterprise

Finance: Evidence from Turkish Banks[J].IktisatIsletmeve Finans,2014,29(335).

[128] Hauswald R,Marquez R.Relationship Banking,Loan Specialization andCompetition [J] .Indiana University Working Paper, 2002 (1) .

[129] Kallberg J G,Udell G F.The Value of Private Sector Business Credit Information Sharing:The US Case[J].Journal of Banking &Finance, 2003, 27(3).

[130] Kaplan S,Zingales L.Do Investment-cash Flow Sensitivities Provide Useful Measures of Financing Constraints? [J] .Quarterly Journal of Economics, 1997, 112 (1) .

[131] Leon F.Does Bank Competition Alleviate Credit Constraints in Developing Countries? [J] .Journal of Banking & Finance, 2015, 57 (61) .

[132] Mayordomo S,Rodriguez-moreno M.Did the Bank Capital Relief Induced by the Supporting Factor Enhance SME Lending? [J] .Journal of Financial Intermediation, 2018, 36 (10) .

[133] Ongena S,Smith D C.What Determines the Number of Bank Relationships? Cross-country Evidence [J] .Journal of Financial Intermediation, 2000, 9 (1) .

[134] Peek J,E Rosengren.Bank Consolidation and Small Business Lending:It's not just Bank Size that Matter [J] .Journal of Banking and Finance, 1998 (22) .

[135] Petersen M A,Rajan R G.Does Distance Still Matter? The Information Revolution in Small Busines Lending [J] .The Journal of Finance, 2002.

[136] Petersen M A,Rajan R G.The Benefits of Lending Relationships:Evidence from Small Business Data [J] .Journal of Finance, 1994, 49 (1) .

[137] Petersen M,Rajan R.The Effect of Credit Market Competition on Lending Relationships [J] .The Quarterly Journal of Economics, 1995 (110) .

[138] Presbitero A F,Zazzaro A.Competition and Relationship Lending: Friends or Foes? [J] .Journal of Financial Intermediation, 2011, 20 (3) .

[139] Putnam R D.Bowlling Alone:America's Declining Social Capital[J]. Journal of Democracy，1995（6）.

[140] Raith M.Competition, Risk, and Managerial Incentives [J]. American Economic Review，2003，93（4）.

[141] Scott J A,Dunkelberg W C.Competition for Small Firm Banking Business:Bank Actions Versus Market Structure [J].Journal of Banking & Finance，2010，34（11）.

[142] Shleifer A.StateVersus Private Ownership [J].The Journal of Economic Perspectives，1998，12（4）.

[143] Stamp J C.The Report of the Macmillan Committee [J].The Economic Journal，1931，41（163）.

[144] Stein J C.Information Production and Capital Allocation:Decentralized Versus Hierarchical Firms [J].Journal of Finance，2002，57（5）.

[145] Stiglitz J E,Weiss A.Credit Rationing in Markets with Imperfect Information [J].American Economic Review,1981,71（3）.

[146] Uchida H,Udell G F,Watanabe W.Bank Size and Lending Relationships in Japan [J].Journal of The Japanese and International Economies，2008，22（2）.

[147] Uchida H,Udell G F,Yamori N.Loan Officers and Relationship Lending to SMEs [J].Journal of Financial Intermediation，2012，21（1）.

[148] Weston J P,Strahan P E.Small Business Lending and the Changing Structure of the Banking Industry[J].Journal of Banking & Finance,1998,22(6).

[149] Whited T M,Wu G J.Financial Constraints Risk [J].Review of Financial Studies，2006，19（2）.

[150] Williamson O.Hierarchical Control and Optimal Firm Size [J]. Journal of Political Economy，1998（75）.

[151] Yoshiaki Ogura.Interbank Competition and Information Production:Evidence from the Interest Rate Difference [J].Journal of Financial

Intermediation，2010，19（2）.

［152］ Zarutskie R.Evidence on the Effects of Bank Competition on Firm Borrowing and Investment［J］.Journal of Financial Economics，2006，81（3）.

［153］ Zhang X,Song Z,Zhong Z.Does “Small Bank Advantage” Really Exist? Evidence from China［J］.International Review of Economics & Finance，2016（42）.

后 记

本书是在国家社科基金项目“我国中小金融机构服务于中小企业的功能实现问题研究”（编号：13BGL040）的成果基础上完成的，从书稿构思到最终成文历经多次修改、补充，凝聚了项目团队多年以来在普惠金融、中小企业融资方面的研究所得。

“我国中小金融机构服务于中小企业的功能实现问题研究”项目的提出，源自作者对弱势领域金融问题的长期关注。中小企业融资问题是一个长盛不衰的研究课题，而当前的社会经济环境、金融体系、中小银行和中小企业自身的深刻巨变，赋予了这个课题新的时代含义。近年来我国中小微企业融资问题受到各方热烈关注，最高决策层更是将之视为战略性问题。本书从多层面、多角度揭示中小银行功能定位与中小企业融资困境的关联和症结，着眼于构建中小银行与中小企业两者之间共生共荣的关系，为加快破解中小银行的发展约束和中小企业融资难题提供整体的思路。

在课题研究和本书的撰写过程中，武汉理工大学王仁祥教授、喻平教授，中国社会科学院金融研究所博士后王婧对研究思路和框架搭建提出了诸多宝贵意见；项目团队程东生、郑美美、魏译、付鹏等在第 3 章的数据与案例搜集整理方面做了大量细致的工作；李雪玲和田梦对第 4 章、第 6 章的相关实证检验，梁晓琪对第 5 章的机理和计量分析做出了重要贡献；刘海川、雷颖慧、冉雪梅、袁静茹、赵乐、张忠琪、王芳、陈秀琴等对项目完成提供了诸多支持。在此对上述同事、同学以及无法一一列出的项目其他参与者致以诚挚谢意。

本书在研究过程中，得到国家社科基金的资助，也得到武汉理工大学经济学院、研究生院，以及金融部门一些相关专家和朋友们的大力支持；企业管理出版社的编辑老师们为本书的出版付出了辛勤的劳动，在此一并表示诚挚的感谢。

最后，谨以此书献给我亲爱的家人，感谢他们对我日复一日投身研究工作的理解和支持。

由于作者的水平有限，书中疏漏之处在所难免，恳请各位读者给予批评指正，欢迎专家和读者们就本书进行交流和探讨。

胡国晖

2021 年 2 月 22 日

于武汉